Petra Busch (Hg.)
Mördchen fürs Örtchen

petra busch (hg.)

mördchen fürs örtchen

Originalausgabe
© 2011 KBV Verlags- und Mediengesellschaft mbH, Hillesheim
www.kbv-verlag.de
E-Mail: info@kbv-verlag.de
Telefon: 0 65 93 - 99 86 68
Fax: 0 65 93 - 99 87 01
Umschlagillustration: Ralf Kramp
unter Verwendung von:
© Michael Kempf - www.fotolia.de
© Pakmor - www.fotolia.de
Druck: Aalexx Buchproduktion GmbH, Großburgwedel
Printed in Germany
ISBN 978-3-942446-09-9

inhalt

vorwort

Ich wette, Sie sind gerade ziemlich geschäftig – und erleichtert, dort ein paar Minuten ganz für sich zu haben, wo die Welt sich in »Knüller« und »Falter« spaltet. Wo Sie gern zur kurzweiligen Spannungslektüre greifen. Und wo mich vor ein paar Monaten die Idee zu dieser Geschichtensammlung überfallen hat: auf dem stillen Örtchen.

Hochsommer. Autobahn. Nichts geht mehr: stehende Luft, stehende Fahrzeuge. Natürlich habe ich irgendwann Bedürfnisse. Ist ja menschlich, doch irgendwann auch kriminell: Dann nämlich, wenn sich nach Stunden noch immer nichts bewegt – außer in Blase und Darm. Welche Erlösung ist da der Schriftzug *Raststätte*. Und welcher Schock mein münzloser Geldbeutel, als ich Sekunden später trippelnd vor dem Drehkreuz zum Toiletteneingang stehe und mich nicht nur ein Münzschlitz hämisch angrinst, sondern auch der zahnlose Mann im mintgrünen Kittel, auf dessen schmaler Brust fett *Ihr freundlicher Service* prangt. Mit seinem triefnassen Mopp wischt er gelassen über meine Füße und nuschelt: »Schmeiße Geld rein.« Ich schüttle demonstrativ und verkehrt herum die Börse unter seinem Schnauzbart. Mein freundlicher Service entblößt lächelnd zwei letzte Zahnstümpfe, nickt, wischt. Wasser läuft in meine Sandalen. Nicht mehr lange, und das Wasser würde auch an andern Stellen bei mir triefen. Mein freundlicher Service putzt drei Fliesenreihen weiter. Ich klettere über das Drehkreuz. Spüre die Hand, die mein T-Shirt grob im Rücken packt. »Schmeiße Geld rein!« Ich reiße mich los, flüchte nach vorn, verriegle die Tür – und lasse die Hosen runter. »Geld«, bollert es an die Tür, und darunter kommen nasse Fransen auf mich zu. Plötzlich ist mir nach etwas ganz Bösem zumute. Den Mopp zur Waffe machen? Den Mann mit Papierhandtüchern knebeln? Ich spüle. Muss das jetzt hinter mich bringen. Schließe auf – und stehe einem Pulk gackernder Omas gegenüber. Eindeutig zu viele Zeuginnen. Ein Glückstag für meinen freundlichen Service.

Noch im Auto beschließe ich, das Trauma literarisch zu verarbeiten und poste auf Facebook die Statusmeldung: »Habe wegen 50 Cent gerade einen Beinahe-Mord auf dem Örtchen begangen.« Als ich zwei Stunden später vor dem Hotel parke, habe ich bereits sieben Zusagen von Autorinnen und Autoren. Und weiß: Nicht nur ich verbinde mit dem Lokus kriminelle Erlebnisse und Phantasien. Und die halten Sie jetzt in Händen: zweiundvierzig böse, phantastische, witzig-skurrile Mördchen im Umfang je einer Sitzungslänge.

Haben Sie also die Tür gut verriegelt? Geprüft, ob ums Eck nicht ein freundlicher Service lauert und Ihnen eins auswischen will? Ein Spanner von oben über die Trennwand schielt? Kein Dieb unter der Tür durchgreifen und Ihnen das Buch aus den Händen reißen kann …? Dann lesen Sie los: von tödlichen Sitzungen in Japan und anrüchigen Geschäften auf sechssitzigen Wildwest-Plumpsklos. Von Hinterlassenschaften auf der Präsidenten-yacht, in antiken Latrinen, teuflischen Herzhäuschen und im Nachttopf Gottes. Von Beschwernissen fanatischer Klopapier-sammler, eifersüchtiger Kater, schwäbischer Zugtoiletten-Putz-frauen, ostfriesischer Kuhstallbesitzer, Friedhofsbesucher …

Kurzweiliges Vergnügen wünscht Ihnen

Petra Busch
Im Februar 2011

null null

Hier ein Agent mit Doppelnull den Koffer in der Linken.
Am Austauschort im Bahnhofsklo soll ein Vermögen winken.

Top Secret und gefährlich ist, ganz klar, die Aktenlage,
brisant und heikel für den Staat, viel Geld wert, keine Frage.

Die Tür versperrt und hingesetzt, die Losung intoniert,
Den Koffer dann mit einem Fuß zum Nachbarn links spediert.

Papiergeraschel, dumpfes Poltern, Geräusche aller Sorten,
Die Spülung rauscht, es knarrt, es quietscht, nicht neu an
solchen Orten.

Ganz unverhofft wird jetzt von rechts das Losungswort geraunt,
Was den geheimen Topagenten ordentlich erstaunt.

Von links erscheint erneut der Koffer, doch dieser ist ihm fremd,
Im Innern ruhn Kosmetika und ein türkises Hemd.

Nach rechterhand verschiebt er ihn, nur um es zu probieren,
Nur ungern würd' er seinen Lohn für das Dossier verlieren.

Tatsächlich folgt die Antwort prompt in andrer Kofferform,
Der Inhalt ist kein Bargeld zwar, jedoch durchaus enorm.

Zwölf Magazine für den Herrn, ein Buch mit Doktorwitzen,
Den Koffer schiebt er gleich nach links, der kann ihm wenig
nützen.

Nun wird etwas zurückgesandt, ein Koffer zwar, doch jener
Enthält Schnaps, Rauschgift, Zigaretten, na das wird ja immer
schöner!

Nun folgend wechseln Koffer von verschiedener Couleur
Die Seiten und Besitzer, reisen hin und wieder her.

Unser Agent schaut nach, zerwühlt, filzt, stöbert und durchsucht,
Nach Geld oder Geheimpapier, wobei er leise flucht.

Er findet Schrumpfköpfe und Gift und ein paar Feuerwaffen
Auch einen echten Leguan und Felle von Giraffen.

Ein neuer Koffer bahnt sich an, in dem es leise tickt,
Die Folgen hat der Herr Agent so rasch nicht überblickt.

Es explodiert der Bahnhof samt den Zügen und den Schienen,
Samt Restaurant und Bahnhofsklo mit allen sechs Kabinen.

Die Doppelnull ist nun erlöst von allen Koffernöten,
Jetzt hat im himmlischen Orchester er eine Lizenz zu flöten.

urlaub mit renate

Renate mochte China nicht.
»Kahl-Heinz!«, sagte Renate. »Kahl-Heinz« ohne »r«.
Glatzen-Heinz. Seit vor Jahren meine Locken einer kahlen
Platte gewichen waren, nannte sie mich immer so, wenn sie
wütend auf mich war. Normalerweise sprach Renate ein
mustergültiges Hochdeutsch. Die Verballhornung meines
Namens ärgerte mich, und ich hatte mehrfach versucht, sie
darauf anzusprechen, aber sie hatte mir immer nur mit
betont unschuldiger Miene über den Kopf gestrichen und
gesagt »Aber so heißt du doch nun mal: Karl-Heinz!«

»Kahl-Heinz, hörst du mir überhaupt zu«? Ich hatte zuge-
hört. Ich war ein geübter Zuhörer. Ich wusste – zumindest in
den Grundzügen –, was Renate gerade gesagt hatte. Dass sie
lieber nach Mallorca gewollt hatte. Dass die Hitze unerträglich war. Dass sie Messer und Gabel zum Essen und Stäbchen
zum Mikado spielen bevorzugte. Dass sie Stehklos verab-
scheute. Dass sie keine als Reiseleiter getarnte Aufpasser
wollte, sondern entspanntes Promenaden-Shopping und ein
richtiges, echtes Abendprogramm mit Animation. »Das wäre
auch was für dich gewesen, Kahl-Heinz«, sagte Renate. »Da
hättest du mal richtig entspannen können. Du bist bald siebzig. Du musst einfach irgendwann aufhören, deiner Jugend
hinterherzulaufen. Eine Reise nach China! Du machst dich ja
lächerlich. Du machst *mich* lächerlich!«

Ich war damals fünfundsechzig. Ein paar Jahre zuvor hatte
ich das Internet für mich entdeckt. Als ich in einem Forum

über den Satz »Mein Leben kann unmöglich so gemeint gewesen sein« gestolpert war, hatte mir das zu denken gegeben. Also hatte ich Renate zu unserem Hochzeitstag eine Gruppen-Bildungsreise geschenkt. Ich hatte den Reiseort ausgewählt und sie das erste Mal seit fünfunddreißig Ehejahren nicht zuvor gefragt. Zwei Kinder, ein abbezahltes Reihenhaus, eine gute Rente und fünfunddreißig Jahre Zuverlässigkeit. Und dann hatte ich sie überrascht. Meuchlings. Renate war außer sich gewesen.

»Hast du gar nichts dazu zu sagen? Warum sitzen wir dann in diesem Kaff? Du sagst natürlich mal wieder gar nichts. Warum sagst du denn nichts? Sag doch mal was!«

Ich bin kein langsamer Denker. Ich nehme mir nur Zeit für Antworten.

»Renate«, antwortete ich ruhig, »Chongqing ist kein Kaff. Es hat knapp neunundzwanzig Millionen Einwohner und ist insgesamt größer als Österreich. Bis vor wenigen Wochen wussten wir noch nicht einmal, dass diese Stadt existiert. Und jetzt fahren wir seit fünf Stunden Autobahn vom Zentrum aus, um die Stadtgrenze zu passieren. Fünf Stunden Autobahn, stell dir das einmal vor!« Ich fand das wirklich faszinierend.

»Kahl-Heinz«, sagt Renate, »du brauchst ja Hilfe. Ich will nach Hause! Sofort! Ich kann dir offenbar gar nicht klarmachen, was du mir hier zumutest!«

Deshalb versuchte sie, es nun der ganzen Reisegruppe klarzumachen.

Ihr eigener Mann: unerträglich!

Dieses Land: voller Japsen!

Das ganze Umfeld: niveaulos!

»Frau Lüders«, sagte unsere Sitznachbarin im Reisebus aufmunternd, »nun nehmen Sie es doch mit Humor! Wir fah-

14

ren ja schon morgen heim.« Frau Himmelstoß war Historikerin aus München, hatte ein dickes Fell und war genauso unverwüstlich mopsvergnügt wie ihr kugelrunder Mann. Sie zwinkerte mir verstehend zu. Ich musste grinsen.

»Ja, lach nur ruhig darüber, dass es mir schlecht geht und entschuldige, dass ich nicht mitlache«, schnappte Renate. »Nur damit du es weißt: Das ist allein deine Schuld! Mit einem Mann wie dir, da vergeht einem das Lachen!«

Renate mochte China nicht. Und, zugegeben: China schien Renate auch nicht sehr zu mögen. Das hatte das Land zum Beispiel beim Essen am vorherigen Abend bewiesen. Anstand war Renates zweiter Vorname. Das Essenstablett kreiste, und Renate hatte lange vergeblich versucht, mit ihrem Stäbchen etwas zu fassen zu bekommen. Was sie schließlich erwischt hatte, war ein gebratener Taubenkopf gewesen. Angewidert hatte sie ihn nach einem kurzen Blick auf den Gastgeber und mit Todesverachtung gegessen. Da war sie konsequent. Was Renate einmal angefangen hatte, das hielt sie konsequent durch, koste es, was es wolle. Ein exotisches Essensbuffet. Ein langweiliger Film im Fernsehen. Unsere Ehe.

Dann war da das erstaunte Gesicht unseres Gastgebers gewesen: »Oh, Sie essen in Deutschland die Köpfe mit?« »Schön, dass wenigstens du dich gefreut hast, als ich den Kopf gegessen habe«, hatte Renate später gesagt. »Kahl-Heinz!«

Oder das Frühstück im Hotel. »Ich will Orangensaft! Diese ständige Hitze, und dann immer diese Heißgetränke! Das kann ja keiner ertragen!« Also hatte ich ihr Orangensaft bestellt. Der Hotelangestellte nahm meine Bestellung mit ungläubigem Blick zu Kenntnis. Am nächsten Morgen verbrühte sich Renate an kochend heißem Orangensaft die Lippen. »Diese kleinen Monster hier sind entweder geistig zurückgeblieben oder einfach bösartig!«, hatte Renate gesagt. »Die ganze Reise war einzig und allein deine Idee! Dieses Land macht mich krank!«

»Komm, Schatz«, sagte ich, als der Bus anhielt. »Wir sind da.«

Der Emei Shan ist einer der vier heiligen buddhistischen Berge. Ich hatte Renate erzählt, dass es dort Affen gab. Tibetmakaken. Sie hatte Bananen eingepackt. Diese Affen waren meine letzte Hoffnung. »Ein Bild mit einem Äffchen«, hatte Renate gesagt, »das wäre ja immerhin mal was. Du stellst dich dann dazu, Kahl-Heinz. Ein großer und ein kleiner Affe.«

»Komm, Schatz«, sagte ich, nahm sie am Arm und führte sie den schmalen, steilen Pfad hinauf. Affen-Hinweisschilder gab es überall. Man solle sie nicht füttern, hieß es da. Allerdings konnte ich keine Affen sehen. Stattdessen bestaunte ich Männer mit wettergegerbter Haut, bloßen Füßen und krummen Rücken, die übergewichtige Touristen auf Tragekörben den Berg hinaufschleppten. Die Touristen hockten ihnen auf dem Rücken wie das alte Weiblein in dem Märchen vom Gevatter Tod. Nur wenige Asiaten ließen sich tragen, dafür aber viele Europäer. Nicht dass es hier überhaupt viele Europäer gab. Deshalb hatten die meisten Träger auch nichts zu tun. Als Europäer war man hier ein Exot. Und wurde angestarrt wie ein hellblaues Schwein. Das Getragenwerden kostete umgerechnet fünf Euro. Bis zur Seilbahn – und das waren mindestens dreißig Minuten zu Fuß, unzählige ausgetretene Stufen, immer steil bergauf. Ich war schockiert.

»Das ist doch der gleiche Mist wie mit der Kinderarbeit«, platzte ich heraus. »Aus moralischen Gesichtspunkten dürfen wir keine Billigprodukte kaufen, die Kinder hergestellt haben. Und wenn wir es nicht tun, haben sie keine Arbeit. Schau, diese Männer hier, die schleppen sich doch zu Tode.

Und wenn man sich nicht von ihnen schleppen lässt, haben sie keine Arbeit.« Ich dachte an das kleine Mädchen, das wir am Tag zuvor im Varieté gesehen hatten. Es war höchstens acht Jahre alt gewesen und hatte sich mit den Zähnen an einer Metallvorrichtung festgehalten. Es hatte den Oberkörper hintüber gebeugt und sich dann Gewichte an die Füße hängen lassen. Sein Gesicht war schmerzverzerrt gewesen. »Siehst du? So sind sie, diese Chinesen«, hatte Renate gesagt, »keinen Anstand, aber Disziplin.«

»Es ist trotzdem nicht richtig«, wandte Frau Himmelstoß ein, die hinter uns getreten war, »da haben Sie ganz recht, Herr Lüders. Ich würde mich schämen, mich von diesen Männern schleppen zu lassen.« Dann lachte sie auf. »Außerdem: Jeder Gank macht schlank!« Sie hakte ihren Mann unter, und die beiden ließen ihre Speckrollen keuchend und lachend das erste Stück stufenübersäten Bergwegs hinaufhüpfen.

Frau Himmelstoß' gute Laune wirkte ansteckend, so dass ich mich mit einem »Komm« zu Renate umdrehte. Aber Renate war nicht mehr da. Sie stand ein wenig abseits und verhandelte mit Händen und Füßen gestikulierend mit einem der Männer mit den Tragekörben. Als ich bei ihr ankam, hatte sie den Mann bereits von fünf Euro auf drei heruntergehandelt. »Jetzt schau bloß nicht wieder so«, herrschte sie mich an. »Auch ich kann unser Geld nur einmal ausgeben. Und es ist ja schon wenig genug.« Das erstaunte mich jedes Mal. Ich hatte mehrfach gelesen, dass eine Beamtenrente deutlich über dem bundesdeutschen Durchschnitt lag. Und Renate kochte sparsam und kaufte sparsam ein. Außerdem hielt sie eisern an ihren Haushaltsregeln fest. Kein Trinkgeld, zum Beispiel, war eine dieser Regeln. »Diese Leute trinken doch ohnehin zuviel!« Wenn wir gemeinsam essen gingen, hatte ich mir angewöhnt, vor dem Verlassen des Restaurants immer noch einmal zur Toilette zu gehen, um dem Kellner bei der Gelegenheit von Renate unbemerkt ein paar Euro zuschieben zu können. »Entweder wirst du inkontinent«, hatte Renate in einer solchen Situation einige Woche zuvor gemutmaßt, »oder du hast keinen Anstand und lässt mich einfach gern alleine in einem Restaurant herumsitzen. Alt oder ein Rüpel«.

Der Träger schnaufte unter Renates Gewicht. Ihre Laune war offensichtlich wieder gestiegen. »Mach mal ein Foto, Kahl-Heinz. Für meine Rommeefrauen.« Sie ruckelte sich auf dem Rücken des hageren Mannes in Positur, so dass dieser aus dem Tritt geriet. Ich gehorchte. Von unten fotografiert sah sie aus wie eine fette Kröte in einem beigen Reisekleid und mit Sonnenhut. Unter den Achseln schwammen dunkle Schweißseen im hellen Stoff. »Du siehst seltsam aus. Das gefällt mir nicht«, urteilte Renate vom Rücken ihres menschlichen Reittieres herab. »Gib mir den Rucksack, ich kann ihn vor mich nehmen. In deinem Alter kommt man ja schnell aus der Puste. Hörst du, Kahl-Heinz? Den Rucksack. Willst du mich nicht hören, oder wirst du auch noch schwerhörig? Stur oder taub!«

Weil ich ein geübter Zuhörer war, tat ich, als ob ich sie nicht verstanden hätte und überholte sie schnell. Unser Reiseleiter bildete den Schluss der Gruppe, um sicherzustellen, dass niemand verloren ging. Als wir uns mit dem Ehepaar Himmelstoß bei einem Einkaufsbummel durch das Alte Viertel von Chongqing – direkt am Zusammenfluss von Jangtsekiang und Jialing – ein wenig von der Gruppe in den schmalen Gassen abgesetzt hatten, war unser Reiseleiter sehr unruhig geworden. Leider hatte ich trotzdem das Wunder des lehmig-gelben Jangtsekiang, der sich im Hafen von Chongqing mit dem rostroten Jialing mischte, nicht sehr lange bestaunen durften. »Sieht eklig aus«, hatte Renate befunden. Ich hatte es überaus ansprechend gefunden und wäre gern noch ein wenig auf den Stufen, die zum Hafen hinunterführten, sitzen geblieben. Es war dort so friedlich gewesen. »Nur die Sache mit dem Staudamm, die geht mir nicht aus dem Kopf«, hatte ich gesagt. »Eins komma vier Millionen Menschen, das muss man sich einmal vorstellen! Und bis 2020 noch mal vier Millionen, wegen der Erdrutschgefahr!« Ich fand das unvorstellbar. In unserem beschaulichen Bottrop wohnen überhaupt und insgesamt nur rund hunderttausend Menschen. Rund 54-mal ganz Bottrop – oder anderthalb mal ganz Berlin. Das ist doch unglaublich!

»Ach, Karl-Heinz«, hatte Renate sichtlich uninteressiert gesagt, »es gibt so viele Chinesen, da fallen so ein paar Millionen Tote gar nicht auf.«

»Tote?«

»Na, die bei dem Bau von diesem Staudamm gestorben sind. Sagtest du doch gerade. Bekommst du jetzt auch noch Alzheimer, oder willst du mich absichtlich verwirren«?

»Sie sind beim Bau des Drei-Schluchten-Damms *umgesiedelt* worden, Frau Lüders«, hatte Herr Himmelstoß erklärt. »Nicht gestorben.«

»Ach so«, hatte Renate gesagt und düpiert die Augenbrauen hochgezogen. »Na dann erst recht.«

Während ich den Berg hinaufstieg dachte ich an Augenbrauen und dreiköpfige Elefanten. Emei Shan, das heißt »emporgezogener Augenbrauenberg«. Und es heißt, dass der erleuchtete Samantabhadra einst auf seinem weißen, dreiköpfigen Elefanten diesen Berg hinauf geflogen ist. Samantabhadra verkörpert die Weisheit der Wesensgleichheit und die Güte. Das gefiel mir. Aber er gilt auch als Verlängerer des

Lebens. Bei diesem Gedanken zog ich ganz unwillkürlich eine Augenbraue in die Höhe. So etwas passiert mir selten. »Kahl-Heinz«, sagte Renate, die gerade an meiner Seite vorbeigetragen wurde, »du zuckst. Entweder kriegst du Parkinson oder du wirst einfach wunderlich.« Sie machte ein kurze Pause. »Ich habe Durchfall.«

Ich wusste, was das hieß. Ich hatte sie auf diesen Berg geschleppt – sinnbildlich zumindest –, ich war für das Suchen der Toilette zuständig. Wir erreichten ein buddhistisches Kloster. Ich fragte, ich fand, ich wies den Weg. Renate stieg von ihrem menschlichen Lasttier ab, und ich steckte dem Träger heimlich ein Trinkgeld zu. Zehn Euro. Umgerechnet. Ich fühlte mich trotzdem schlecht. Weil es den ursprünglichen Preis so abwertete und trotzdem zu wenig war. Renate blickte dem dürren Mann mürrisch nach: »Der Träger hatte hoffentlich schon einmal bessere Tage. Es war etwas holprig.« Sie schaute sich kurz um, fand Herrn Himmelstoß und teilte ihm mit: »Mir reicht es. Ich habe genug von diesem Berg.«

Ich geleitete sie die Stufen hinauf, vorbei an in leuchtendes Orange gekleideten Mönchen. »Noch mehr Kahl-Heinze«, sagte Renate und freute sich sichtbar über ihr originelles Wortspiel. »Aber noch immer keine Affen. Typisch. Zu viel des Schlechten, zu wenig des Guten.« Sie verschwand auf der Damentoilette. Zum Glück war es sehr früh am Tag. Mittags, so hatte man uns gesagt, waren hier Massen von Menschen, Berge von Menschen. Jetzt waren wir fast allein. Ich lauschte der Stille und beobachtete die Mönche, die einfach nur dasaßen und froh und unbeschwert wirkten. Ich fand das wunderbar und hätte mich gern einfach zu ihnen gesetzt. Heute war unser letzter Tag mit unserem Reiseleiter. Wir sollten alleine mit dem Bus zurück ins Hotel und morgen zurück zum Flughafen fahren. Vielleicht, so dachte ich, würde es ja gar nicht auffallen, wenn ich mich still zu den Mönchen setzen würde. Einfach nur in die Ferne schauen und an fliegende Elefanten denken. Das würde mir gefallen.

»Das ist ja un-er-hört!«, kreischte Renate. »Kahl-Heinz! Komm so-fort her!«

Die Mönche blieben unbewegt sitzen. Ich eilte. Die Damentoilette war leer. Nur Renate stand breitbeinig darin, sie hatte ihre Strumpfhosen auf die Knöchel heruntergelassen und mühte sich, sie nun den mit Wasser, Schlamm und Exkrementen besudelten Boden nicht berühren zu lassen. Renates Mund und Nase waren vom Ekel verzogen. Im Boden des Raumes waren vier Löcher, die voneinander durch niedrige, vollständig mit Blut besudelte Zwischenwände getrennt waren. Das kannte ich schon. Auf der Autobahn-Raststätte hatte Renate den ganzen Bus zusammengekreischt: »Kahl-Heinz! Das ist keine Toilette! Das ist ein Schlachthaus!« »Die Frauen«, hatte der Reiseleiter erklärt. Ganz ruhig. »Einmal im Monat. Das Blut. Sie verstehen.« Die chinesischen Toiletten waren für Renate ein besonders wunder Punkt. Weil es Stehklos sind. Selbst in der Innenstadt zwischen Marmor Trottoirs und McDonalds ohne Wasserspülung. »Die Großstädte in Chongqing sind sehr schnell gewachsen«, hatte der Reiseleiter entschuldigend gesagt. »Da bleiben Dinge auf der Strecke.« Zum Beispiel gibt es keine Türen. Und weil Europäer hier so selten sind, versammeln sich die Chinesinnen vor der offenen Kabine, um ihnen zuzuschauen und auf sie zu deuten. Beim Geschäft. Sie verstehen schon. Das kannte ich auch aus den Männertoiletten. Bei mir hatte sich daraus ein recht interessantes Gespräch entsponnen. Intimsphäre im chinesischen Bauernstaat. Ich fand das sehr interessant.

»Was ist denn, Schatz?«, fragte ich.

Renate tobte und zeigte mit der einen freien Hand auf eine große Plastiktonne. Sie reichte mir bis zu den Schultern. Das Wasser darin war dickflüssig und von undefinierbarer Farbe. Offensichtlich das Handwaschbecken. Handtücher gab es keine. Ebenso wenig wie Toilettenpapier. Was sich wohl auf dem Grund der Tonne befand?

»Sie werden sicher hin und wieder geleert«, mutmaßte ich, denn das hatte ich an der Raststätte beobachtet. Man kippte sie in große, verschlossene Container und karrte das Brackwasser fort. Wohin? »In die Sammelklärgrube«, hatte der Reiseleiter erklärt. »Aha«, hatte ich gesagt.

Renate drehte auf. Sie stampfte mit dem Fuß. Sie lief rot an. »Kahl-Heinz. Du wirst mir jetzt gut zuhören …«

Sie stampfte noch einmal auf den feuchten, gefliesten Boden. Ihre fleischigen Brüste wogten drohend zwischen den Schweißseen, die blaumäandrigen Beinlandschaften wogten mit. Ihr Hut fiel zu Boden. Sie griff nach ihm, während sie mit der anderen Hand ihre Strumpfhosen festhielt. Ihr Bein rutschte weg. Es gab ein schmatzendes Geräusch, das an eine reife Frucht erinnerte, als sie mit ihrem Kopf auf die Fliesen aufschlug. Dann war es still.

Ich bin kein langsamer Denker.

Zwei Minuten nur. Länger brauchte ich nicht.

Dann ging ich hinaus, rief einen der Träger und gab ihm Geld. Für Renate. Und für mich.

»Herr Lüders?« Frau Himmelstoß, rief nach mir. »Wir wollen weiter. Die Seilbahn wartet nicht.«

»Ich komme schon!«, antwortete ich.

»Schön«, sagte Frau Himmelstoß. Und dann: »Wo ist denn Ihre Frau?«

»Zurückgegangen. Ins Hotel. Mit …« Ich stockte. »… dem Träger. Ihr war nicht wohl.«

»Oh«, sagte Frau Himmelstoß, »ich verstehe. Der Durchfall.«
»Genau«, sagte ich.

»Eure Mutter ist in China geblieben«, habe ich später zu meinen Kindern und zu unseren Freunden gesagt. In China hatte es am letzten Tag meines Aufenthaltes ein ziemliches Bohei gegeben, nachdem ich am Ende eines langen, entspannten Tages auf dem Emei Shan in unser Hotelzimmer zurückgekehrt war und es leer vorfand. Keine Spur von Renate. Ich rief die Polizei. Der Träger, der Renate heruntergetragen hatte, war schnell gefunden. Auch am Bus will man sie noch gesehen haben. Aber dann verlor sich ihre Spur. Auch Herr und Frau Himmelstoß wurden befragt. Es war ihnen sehr unangenehm, aber Renate hatte ihnen erzählt, dass sie darüber nachgedacht hatte, sich von mir zu trennen. Daraufhin verzichtete ich auf eine Vermisstenanzeige. Als sie das Vernehmungszimmer verließen, nahm Frau Himmelstoß lächelnd meinen Arm. Ich war ihr sehr dankbar.

China habe ich am nächsten Tag verlassen. Mein Visum war abgelaufen. Die Ermittlungen verliefen im Sand. Richtiger ist: Ich habe mich nicht sonderlich bemüht, dass sie überhaupt aufgenommen werden. Renate hatte mich verlassen. Daran gab es nichts zu rütteln.

Noch heute denke ich oft an Renate zurück. Und an die Tonne. Die Handabwaschtonne mit dem brackigen, schleimigen Wasser, dort oben, am Kloster auf dem Emei Shan. Ich weiß, was sich auf ihrem Grund befand.

Ich bin kein langsamer Denker. Ich nehme mir nur Zeit für Antworten, selbst jetzt noch, zwanzig Jahre später, im Altenheim. Aber es gibt eine Frage, auf die ich schnell antworten kann – wenn man mich fragt, was mir an China am besten gefallen hat. »Es waren«, sage ich dann, »die Toiletten.«

kinderlieb

Ich lese es in der Zeitung und bin entsetzt.
Der Direktor habe einen Mann beobachtet, sein auffälliges
Verhalten registriert und sofort reagiert. Direkte Ansprache
erschien ihm richtig. Nein, er könne sich nicht an Details erinnern. Der Mann sei nicht sehr groß und nicht sehr klein
gewesen. Nicht auffällig dick oder schmal. Die Augenfarbe?
Grau? Grün? Oder vielleicht doch braun? Einzig der starke
Bartschatten war dem Direktor in Erinnerung geblieben. Leider gäbe es keine anderen Zeugen.

Es beruhigt mich. Der Direktor ist ein kluger Mann. Er
nimmt seine Aufgabe sehr ernst, trägt eine hohe Verantwortung. Solche Menschen braucht unsere Gesellschaft. Moti-
viert. Engagiert über das normale Maß hinaus.

Natürlich sei man nun besonders wachsam. Selbstverständlich seien Schritte eingeleitet worden. Eine enge
Zusammenarbeit mit der Polizei sei nicht nur angestrebt,
sondern bereits in die Wege geleitet worden. Ein Streifenwagen würde nun für einige Zeit verstärkt eingesetzt. So etwas
– und an dieser Stelle hatte der Reporter die Betroffenheit des
Direktors hervorgehoben – dürfe nie wieder geschehen.

Ich schlucke. Ich bin sehr kinderlieb, auch wenn ich keine
eigenen Kinder habe. Es hat halt nicht sollen sein. Ein Kloß
ballt sich in meiner Kehle zusammen. Ich spüre, wie Tränen
auf meinem Gesicht brennen, während meine Augen weiter
über die Zeilen huschen.

Sein ganzes Beileid gelte den Eltern und nichts, aber auch

nichts könnte die Entsetzlichkeit des Geschehens begreiflich machen. So ein nettes Kind. Freundlich und zutraulich. Spurlos verschwunden aus der Schultoilette. Mitten am Vormittag, während des Unterrichts. Die Leiche Tage später gefunden im Gebüsch am Straßenrand.

Meine Hände zittern, ich muss die Zeitung auf den Tisch legen und mich zusammennehmen, damit ich zu Ende lesen kann. So sehr nimmt es mich mit.

Zum Schluss des Artikels bittet die örtliche Polizei um sachdienliche Hinweise. Der Junge trug zum Zeitpunkt seines Verschwindens eine dunkelblaue Jeans, ein Sweatshirt mit der Abbildung eines roten Rennwagens, rotblaue Turnschuhe und eine Halskette mit einem silbernen Anhänger, ebenfalls in Form eines Rennwagens.

Mein Kaffee ist kalt geworden. Er schmeckt mir nicht mehr. Ich bin zu aufgewühlt. Meine Tage dehnen sich ins Unendliche, wenn ich nichts zu tun habe. Ich stehe auf und gehe ans Fenster. Von hier aus habe ich einen wunderbaren Blick auf ein Waldstück, das mir die Illusion vermittelt, auf dem Land zu wohnen und nicht inmitten einer Großstadt. Es ist mein Refugium. Keine Wander- oder Radwege führen hindurch. Dazu ist es zu klein. Dichtes Unterholz hält Hunde fern und Jogger davon ab, es als Abkürzung zu nehmen. Manchmal gehe ich hinein und verstecke mich in meiner Höhle aus Ästen, Zweigen und Laub, wie damals als Kind. Sie gibt mir Sicherheit vor dem Dadraußen. Hier kann ich nachdenken. Über mich. Meine Gegenwart. Meine Zukunft. Und über meine Vergangenheit.

Denken hilft.

Gegen vieles.

Das Leben eines Kindes wird zerstört, wenn man ihm sein

Kindsein nimmt. Egal ob auf die eine, oder auf die andere Weise. Deshalb ist es wichtig, Kinder zu beschützen. Ihnen zu helfen. Gut zu ihnen zu sein, wenn andere es nicht sind. Ihnen das zu geben, was sie wirklich wollen. Vertrauen. Liebe. Nähe.

Ich hole tief Luft, drehe mich um und gehe wieder zum Tisch. Der Kaffee ist noch kälter geworden und schmeckt bitter. Ich falte die Zeitung zusammen und will sie in den Altpapiereimer stecken, als mir die Anzeige auffällt. Sie springt mir förmlich entgegen. Das ist meine Chance, etwas zu tun. Der Termin ist heute. Man darf nie aufgeben. Wünsche. Träume. Ideale. Auch wenn es nicht einfach ist. Muss darum kämpfen, auch wenn es hart wird. Schwierig. Hindernisse sind dazu da, überwunden zu werden.

Mir bleibt noch eine Stunde Zeit.

Kritisch betrachte ich mich im Spiegel. Die Haut in meinem Gesicht zeigt Spuren von Dingen, die ich erlebt habe. Ich gebe mir Mühe mit dem Schminken. Grundierung, Make-up, Puder. Den Lidschatten nicht zu dramatisch, einen Hauch von Rouge. Wimpertusche lässt meine Augen strahlen und macht mich fünf Jahre jünger. Die Haare? Ich entscheide mich für einen offen getragenen Bob. Das macht einen gepflegten Eindruck und wirkt nicht zu altbacken. Schließlich muss ich den Direktor davon überzeugen, dass ich auch als über Fünfzigjährige noch gut mit Kindern umgehen kann.

»Sie wissen, warum wir die Position einer Toilettenaufsicht besetzen wollen, Frau Ülders?«, fragt mich der Direktor, als ich schließlich vor ihm stehe.

Ich nicke, schaue für einen Moment zu Boden und murmele ein »schrecklich« in die Stille hinein.

Ein stummes Einverständnis verbindet uns.

»Wir bemühen uns um die größtmögliche Sicherheit, seit dem …«, er verstummt, räuspert sich und fährt dann fort: »Die Polizisten vor der Tür haben Sie sicher bemerkt?«

»Ja, natürlich.« Meine Stimme klingt heiser und sitzt hoch oben im Kehlkopf. Dann gebe ich mir einen Ruck. Dies ist ein Vorstellungsgespräch.

»Ich habe gern Umgang mit Kindern. Ich bin sehr kinderlieb!« Ich neige wieder den Kopf und kralle mich an den Bügeln meiner Handtasche fest. Sie ist groß genug, um darin kleine Spielzeuge und Süßigkeiten unterzubringen, die ich den Kindern, die brav sind, zur Belohnung geben möchte. Eine Aufsicht – egal, ob über den Pausenhof oder über die Toilettenanlage, darf nicht mit Autorität arbeiten. Respekt – ja. Vor allem Vertrauen ist wichtig. Nur dann machen die Kinder freiwillig, was man von ihnen verlangt.

»Auch, wenn wir Sie als Aufsicht und nicht als Reinigungskraft einstellen – das ein oder andere Malheur könnte trotzdem passieren. Haben Sie ein Problem damit?«

»Nein.« Ich schüttle den Kopf und lächle ihn an, während ich ihm die Mappe mit den Zeugniskopien über den Schreibtisch schiebe. »Ich habe in einem Kindergarten gearbeitet, bevor ich meine Stelle verloren habe.« Er hebt eine Augenbraue. »Als er geschlossen wurde«, ergänze ich schnell.

Er blättert in den Papieren, überfliegt und legt die Unterlagen schließlich mit einem Seufzen auf den Tisch. »Sie haben sicher Verständnis dafür, dass wir besonders sorgfältig sein müssen bei der Auswahl des Personals.«

»Meinen Ausweis und mein Führungszeugnis bringe ich Ihnen morgen vorbei«, verspreche ich eilig.

»Selbstverständlich kann ich Ihnen heute noch keine verbindliche Zusage geben, aber ich kann Ihnen ja schon einmal den Arbeitsplatz zeigen«, sagt er und steht auf. Er geht um seinen Schreibtisch herum und hält mir die Tür auf. Mir stockt der Atem. Sollte ich diese Stelle wirklich ergattern können? So nah an meinem Ziel? Jetzt bloß keinen Fehler mehr machen!

Ich habe mich trotz der kurzen Zeit gründlich vorbereitet auf dieses Gespräch. Bereits zu Hause und auf dem Weg hierher alle Eventualitäten bedacht. Meine Antworten und Verhaltensweisen geplant. Ich will nichts dem Zufall überlassen.

In dem engen Büro lässt es sich nicht vermeiden, dass wir uns beim aneinander Vorbeigehen berühren. Meine zur Faust geballte Hand streift sein Jackett und entspannt sich. Der Kontakt ist nur kurz, aber ich spüre die schwere Qualität des Wollstoffs und rieche Rasierwasser.

»Hier, bitte.« Er führt mich über einen Gang, und ein kleiner Flur öffnet sich vor uns. Zwei Türen gehen davon ab. Die Zöpfe der Mädchenfigur auf der linken Tür stehen lustig nach oben, die rechte ziert ein Junge mit Skateboard und Baseballkappe.

»An dieser Stelle werden wir einen Platz für die Aufsicht einrichten«, sagt er und weist mit der Hand in eine Ecke. »Von hier aus können Sie beide Toiletten und den Eingangsbereich der Schule im Auge behalten. Es darf nicht noch ein Kind gefährdet werden.« Seine Worte gehen im Klingeln der Pausenglocke unter, aber sein Gesicht überzeugt mich von der Richtigkeit meines Tuns. Wenn ich es mir nur vorstelle – die kleinen Hände, die zarte, verletzliche Haut, die aufgerissenen Augen. Wieder durchfährt mich ein Schaudern.

Wie ein Bienenstock erwacht das Schulgebäude zum Leben. Das surrende Geräusch schwillt an, kommt näher und wird im gleichen Augenblick zu einem Gemisch aus Schreien, Lachen und Rufen, als die Tür auffliegt, ein Junge mit einem randvoll gefüllten Pinselbecher hereinkommt und mit dem Direktor zusammenstößt. Ein Schwall rotbraunen Wassers ergießt sich über das Jackett, den Boden und das Waschbecken davor. Wir erstarren alle drei. Ich erhole mich als Erste und reagiere blitzschnell, nutze meine Chance.

»Ziehen Sie Ihre Jacke aus, damit wir sie auswaschen können.« Mit beiden Händen greife ich die Schultern des Direktors, helfe ihm und halte das Jackett über das Waschbecken. Kaltes Wasser rinnt glitzernd über meine Hände und den Stoff, während ich an den Farbspuren reibe. In einer fließenden Bewegung gleitet eine Silberkette aus der Tasche, rutscht durch das Waschbecken und bleibt mit dem Anhänger in den Löchern des Ausgusses hängen. Ein silbernes Rennauto. Zu groß und zu sperrig, um einfach zu verschwinden.

»Was …?«, höre ich die Stimme des Direktors mit einem Hauch Panik darin. Rotbraune Farbe mäandert über die weiße Oberfläche wie Blut.

Der Junge hat den Anhänger ebenfalls gesehen. Er ist weiß wie eine Wand. Seine Blicke fliegen zwischen dem Direktor und dem, was da wie eine Anklage im Waschbecken liegt, hin und her.

»Timo!« Seine Stimme klingt flehend. »Du denkst doch nicht …?«

Timo weicht vor dem Direktor zurück. Langsam. Schritt für Schritt. Wie vor einem gefährlichen Raubtier. Als er mit dem Rücken an mich stößt, erwache ich aus meiner Starre.

»Lauf nach draußen zum Polizeiauto, Timo. Sie sollen kommen. Schnell!« Ich schiebe den Jungen durch die Tür, ohne den Direktor aus den Augen zu lassen.

»Ich«, stottert er, und ich sehe, wie Schweißperlen auf seiner Stirn erscheinen, »ich weiß nicht, wie diese Kette in meine Tasche kommt.«

Ich gehe zum Waschbecken, befreie die Kette und trockne sie mit einem Papierhandtuch gründlich ab.

Wieder fliegt die Tür auf. Zwei Polizisten folgen Timo auf dem Fuß. Der Direktor wehrt sich und beteuert seine Unschuld. Beinahe glaube ich ihn weinen zu sehen, als sich die Handschellen mit einem metallischen Klicken um seine Handgelenke schließen und er durch ein Spalier von entsetzten Gesichtern zum Polizeiauto geführt wird.

»Unfassbar«, höre ich die Lehrer murmeln. »Das hätte man ihm nie zugetraut. Er war doch derjenige, der die größten Anstrengungen unternommen hatte, um … und nun das.«

Ich nicke, nehme Timo, der sich eng an mich gedrückt hatte, fest in den Arm und sauge den Geruch seines Haares ein. Der Direktor hatte in der Tat die größten Anstrengungen unternommen. Es klingelt erneut. Pausenende.

Ich drehe mich um und hangle mit der freien Hand nach meiner Handtasche. Die Stelle ist mir so gut wie sicher. Ich habe der Polizei einen Täter geliefert. Ich lächle mich zufrieden im Spiegel über dem Waschbecken an. Die leicht verrutschte Perücke und den dunklen Schatten auf meinen Wangen hat niemand bemerkt. Ich werde mich rasieren müssen, bevor ich Timo nach Schulschluss meine Höhle zeigen kann. Das Sweatshirt mit dem roten Rennwagen wird ihm sicher gefallen.

le président

Die Halswirbel brachen so leicht wie trockenes Treibholz. Tin-Tun ließ die Leiche des Wachmanns ins Hafenbecken gleiten und schlich weiter zum Pier. Jetzt besaß sie alle Informationen, die sie brauchte. Der Präsident verlustierte sich auf seiner Luxusyacht, ein paar Meilen vor der Küste Korsikas. Auf Kosten des Steuerzahlers, in der Gesellschaft zahlreicher Edelnutten, ahnungslos – doch nicht ohne Schutz.

Sie sprang in das bereitstehende Thunderboat und schob den Gashebel nach vorn. Die Turbinen brüllten auf, hungrig nach Beute.

»Hast du die *Grande Queue* auf dem Schirm?«, fragte sie über ihr wasserdichtes Headset.

»Das Röntgenbild meiner Weisheitszähne könnte nicht schärfer sein.« Doktor Adrian Phoenix, genannt Doc Phi, hatte einen NASA-Satelliten angezapft. Seine Operationsbasis war diesmal in einem heruntergekommenen Wohnwagen untergebracht, vollgestopft mit Monitoren und Hochleistungsrechnern. Als Geschäfts- und Gefechtspartner seiner Lieblingsmörderin benötigte er ein gewisses Equipment.

»Ich geh da persönlich rein«, sagte Tin-Tun.

»Den Job können wir doch hübsch aus der Ferne erledigen.«

»Nein, ich muss dichter ran.«

»Warum das denn?«

Sie gab ihm drei Argumente zur Auswahl:

(1) »Lenkwaffen sind nicht mein Stil.«

(2) »Ich frage mich, ob meine Reize noch wirken.«

(3) »Auf der Yacht befindet sich etwas, das ich unbeschädigt haben möchte. Ein kleiner Bonus.«

»Punkt Zwei kann ich entschieden bejahen«, meinte Doc Phi.

»Dann schau lieber weg, wenn ich loslege.«

Das Thunderboat, ausgestattet mit neuester Tarnkappentechnik, durchschnitt die Wogen wie ein Tigerhai. Ein blutroter Sonnenuntergang beleuchtete den Golfe de Saint Florent. In der Nachsaison war wenig los auf dem Wasser. Und weiter draußen, wo sich Monsieur Le Président nach einem brutal niedergeschlagenen Generalstreik nach Kräften amüsierte, kreuzten nur seine protzige Yacht und zwei französische Zerstörer.

Doc Phi trickste das Marine-Radar zur Sicherheit mit einem Trojaner aus, der elektromagnetische Aufzeichnungen unbemerkt löschte. Als die *Grande Queue* auf Tin-Tuns Schirm erschien, aktivierte sie den Tauchmodus des Thunderboats und sprang ins Meer. Mit kräftigen Flossenschlägen näherte sie sich ihrem Ziel. Die Sauerstoffpatrone reichte für zehn Minuten.

Tin-Tun hatte keine Ahnung, warum sie den Präsidenten beseitigen sollte. Dass er korrupt bis auf die Knochen war, galt in der Politik als comme il faut. Dass er sich wie eine billige Kopie von Napoleon aufführte, juckte den großen Korsen im Sarkophag vermutlich nicht mehr. Dass er sich eine stinkreiche Anziehpuppe als Accessoire zugelegt hatte und dass die Anziehpuppe gelegentlich Gitarren schändete und Mikrofone bestöhnte – mit schlechten Witzen konnte man leben. Vielleicht nahmen Tin-Tuns anonyme Auftraggeber ja Anstoß an der Verfolgung der Roma, die der kleine Mann mit den hohen Absätzen unbarmherzig vorantrieb? Oder hatten ein paar Banden aus der Pariser Banlieue für das Honorar zusammengelegt?

Egal, Tin-Tun erreichte das Heck der *Grande Queue*.

»Kontakt«, gab sie über einen gescrambelten Kanal durch.

»Na dann: Zugriff.« Doc Phi überlegte kurz. »Bonne chance!«

Wurfleine. Das Ding wickelte sich um die Reling.

Vorsichtig kletterte die schaumgeborene Todesgöttin an Bord. Im Schutz einer Kabeltrommel packte sie ihren Backpack aus. Pistolen, Entermesser, Sprengsätze, der übliche Killer-Kit.

Bei diesem Job gab es folgende Probleme:

(1) an dem Personenschutz vorbeikommen

(2) irgendwie in die Privattoilette des Präsidenten gelangen, wegen dem Bonus

(3) die (noch unausgegorene) Exitstrategie

Punkt eins wartete auf dem Achterdeck. Ein Hüne von der Spezialeinheit RAID, Recherche Assistance Intervention Dissuasion. Er beobachtete gerade die Leuchtkugel, die Doc Phi als Ablenkungsmanöver in den Himmel geschossen hatte.

Tin-Tun schlenderte ihm entgegen und schüttelte Wassertropfen aus dem pechschwarzen Haar. Sie trug eine verschärfte Version ihres Orca-Suits. Orca wie der Killerwal. Schwarz an den Seiten, weiß in der Mitte – nur dass die Mitte quasi fehlte. Eine Art Badeanzug, von dem nur die Ränder übriggeblieben waren. Und der untenrum bestenfalls ein paar straffe Schnürchen besaß.

Feste, arktische Brüste reckten sich dem RAID-Mann entgegen. Er staunte nicht schlecht. Ein Eskimo-Babe hatte er hier wohl nicht erwartet. Wie konnte er auch wissen, dass Tin-Tun von der Tschuktschenhalbinsel stammte, einem fernen Land im Nordosten Sibiriens? Ihr Körper hatte schon viele Sterbliche um den Verstand gebracht.

»Was hast du hier zu suchen?«, stieß er schließlich hervor und brachte seine Uzi in Anschlag. »Die Mädchen sind alle unten.«

»Luft schnappen.« Tin-Tun schniefte, als hätte sie sich eine

Extradosis Koks reingezogen, und täuschte einen Schwindelanfall vor.

Der Mann fing sie auf. Schien einen Quickie für unausgelastete Mitarbeiter in Erwägung zu ziehen.

Sie tastete nach einer Stelle unter seiner Achsel.

Zwanzig Zentimeter Stahl bohrten sich an der Kevlarweste vorbei ins Herz.

Weiter.

Tin-Tun zog ihre Pistole aus dem Wadenholster und erklomm die Treppe zum Hauptdeck. Den nächsten Posten brachte sie mit zwei Kopfschüssen aus der schallgedämpften 22er zum Schweigen.

Jetzt musste es schnell gehen, bevor die Leichen entdeckt wurden. »Zielobjekt lokalisieren.«

Doc Phi überprüfte die Wärmebildanzeige. »Der Präsident müsste im großen Salon sein.«

Die Wache an der Tür richtete eine Uzi auf Tin-Tun. Beim Anblick ihrer bolzenähnlichen Nippel grinste er wie ein Gorilla mit Gehirnerschütterung. »Sind die echt?«

»Die Rückseite ist auch nicht zu verachten.« Sie drehte sich um, bückte sich und zeigte ihm ihren begnadeten Hintern. Der String des Orca-Suits teilte zwei polarfuchsweiße Bäckchen und gab mehr preis, als er verhüllte.

Sie angelte nach der 22er. Zielte durch die Beine. Schickte den Rest des Magazins auf die Reise. Jetzt hatte der Gorilla Kopfschmerzen, die nie mehr weggingen.

Durchatmen. Waffen und Headset ablegen, sonst würde sie da drin sofort Verdacht erregen. Reingehen, mit bloßen Händen. Na ja, fast. An ihrem kleinen Finger trug sie einen schlichten Ring.

Der Präsident hatte es sich in einem gigantischen Jacuzzi gemütlich gemacht, zusammen mit mehreren Gespielinnen –

und einem Staatsgast, den Tin-Tun als einen Minister der Berlusconi-Regierung identifizierte. An den Wänden waren überall Sicherheitskräfte postiert, gegen deren geballte Feuerkraft Tin-Tun nichts ausrichten konnte. Ein paar Kellner komplettierten das Bild.

Sie musste ihre Reize spielen lassen. Klar machen, dass sie kein x-beliebiger Fickfrosch war.

Langsam umrundete sie den Jacuzzi. Der Präsident wurde auf sie aufmerksam und winkte sie heran. »Wen haben wir denn da? Ein Täubchen aus dem hohen Norden?«

Tin-Tun blieb am Beckenrand stehen, direkt neben dem mächtigsten Mann der Fünften Republik. Vielleicht würde es bald eine Sechste geben.

Sie reckte ihr linkes Bein in die Höhe, überstreckte es senkrecht nach oben und umklammerte die Zehen mit den Fingerspitzen.

Standspagat. Ihre Beine bildeten eine perfekte Linie.

Die Augen des Präsidenten befanden sich auf Höhe des Strings, von dem kaum noch etwas zu sehen war.

Er schaute eine Weile fasziniert zu.

Tin-Tun hielt die Balance. Es war nichts dabei, diese Yoga-Figur gehörte zu ihrem täglichen Training.

»Eine Körperbeherrschung wie eine Ballerina! Komm in den Pool, mein Kind.«

»Ich würde Ihnen gern noch andere Übungen vorführen. Mit weitaus überraschenderen Einblicken.«

»Schwer vorstellbar«, sagte der mächtigste Mann Frankreichs.

»Sie wissen doch, wahre Schönheit kommt von innen.«

»So?«

»Wenn Sie mich an einen etwas privateren Ort begleiten würden ...«, schlug Tin-Tun vor.

»Und der wäre?«

»La Toilette, mon président. Es gibt da … interessantere Möglichkeiten. Und bestimmt jede Menge nützlicher Gerätschaften.« Mit ein paar Handgriffen entledigte sie sich des Orca-Suits. Nackt sah sie vollends umwerfend aus.

»Wer könnte solch einen Wunsch abschlagen?« Der gierige Gnom stieg aus dem Jacuzzi, schlüpfte in einen Frotteemantel und wies seiner Entdeckung den Weg. Die Callgirl-Agentur überraschte ihn immer wieder mit gut ausgebildetem Nachwuchs. Diese Perle glänzte besonders verlockend.

Tin-Tun wusste, dass ihr Opfer ein Faible hatte für alles, was spritzte und sprudelte – und sich in der Tradition Ludwigs XIV. sah, der Wasserspiele und Mätressen ebenfalls geschätzt hatte.

Sie gelangten in ein Bad, nicht unähnlich den Bassins im Park von Versailles.

»Endlich allein«, schnurrte Tin-Tun und schloss die Tür.

»Jetzt wäre es an der Zeit für eine Einstimmung, die als typisch französisch gilt. Du bist doch Patriotin, oder?« Er öffnete seinen Mantel.

Gehorsam ging sie in die Hocke. Drehte ihren Fingerring, so dass eine winzige Kapsel zum Vorschein kam, und nahm die Schutzkappe ab.

Der Präsident spürte nur einen Piekser.

Eine Nadel. Mit dem hochkonzentrierten Gift des Fugu, eines Kugelfischs, der in Japan als Delikatesse galt.

Tin-Tun half mit einem Würgegriff nach. Le Petit Président öffnete die Lippen zu einem lautlosen Adieu.

Was hinterließ er?

(1) La France im Freudentaumel

(2) eine möglicherweise untröstliche Gattin

(3) sowie eine einzigartige Comicsammlung, die auf einem

Regal neben der Kloschüssel lagerte. Vampirella, Fritz the Cat, frühe Batman- und Iron-Man-Hefte, Asterix-Originale aus dem Nachlass von René Goscinny.

Tin-Tun packte den Schatz in eine spezielle Folie, die sie an einem verborgenen Ort ihrer Anatomie mit sich führte. Dann öffnete sie das Bullauge der Toilette und wand sich nach draußen.

Geschafft. Sie warf das Paket ins Meer und hechtete hinterher.

Zurück zu dem getarnten Thunderboat. Per Fernsteuerung kam es ihr entgegen, Doc Phi dachte mit.

Comics waren viel mehr als Klolektüre.

blaulicht

Das kalte Porzellan der Kloschüssel war Saras letzte Verbindung zur Realität. Was für ein absurder Gedanke. Absurd wie der Anblick, den sie bieten musste: Officer down. So hieß es in Hollywoodfilmen, wenn Polizisten angeschossen wurden. Polizistin am Boden. Ja, das war sie. Aber nicht an-, sondern nur abgeschossen. Vom verdammten Blaulicht, das angeblich so beruhigend sein sollte. Beruhigend – und Venen verbergend. Wenn das stimmte, wieso hatte die junge Frau, die nur ein paar Meter entfernt auf den Toilettenfliesen lag, eine Nadel in der Armvene? Und warum hing Sara über der Schüssel und kotzte sich die Migräneseele aus dem Leib?

Blaulicht. Natürlich. Gleich nach dem Waldorf-Abi hatte es das Blaulicht der Rettungswagen sein sollen. Nach einem Jahr als Sani hatte es ihr gereicht. Übers Nachrückverfahren kam sie ins Medizinstudium, gleich ab in die Pathologie. Die Leichen waren nicht ihr Problem, das Auswendiglernen schon.

Statt die Prüfung zu wiederholen, gar in Witten-Herdecke den anthroposophisch-ganzheitlichen Ansatz zu suchen, schrieb sie sich in Marburg für Jura ein. Ihre Eltern reagierten entsetzt – Jura war mindestens so schlimm, so abwegig, so eckig und systemtragend wie – BWL. Doch Sara wollte weg von zuhause und all den Waldis und Anthros ihrer Kindheit. Die Flucht an sich mochte richtig sein, das Fach war es nicht. Diesmal brauchte sie ein knappes Semester, um den Irrtum zu begreifen. Jura war trocken, langweilig, nur dazu gut, sich Paragrafen reinzuhämmern, und damit alles, bloß nicht ihr Ding.

Ausgerechnet auf einem Klo hatte sie das Plakat, das sie so oft schon an U-Bahnfenstern, auf Bussen und in Bahnhöfen gesehen hatte, näher betrachtet: Die Polizei, das war es. Und weil sie nach zwei Studienabbrüchen die Schnauze von Theorie gründlich voll hatte, bewarb sie sich bei der Schutzpolizei. Zur Kripo gehen konnte sie später immer noch.

Die Aufnahmeprüfung fiel ihr leicht. Sportlich war sie auf der Höhe ihrer Leistungsfähigkeit, sprachlich den meisten Mitbewerbern überlegen. Nicht nur wegen des Abiturs, sondern weil sie eine der wenigen Frauen im Bewerberfeld war. Da man die Schutzpolizei erst in den 80er-Jahren für die weibliche Hälfte der Menschheit geöffnet hatte, war das ein Plus.

Aber nur für den Einstieg, den allerersten Anfang. Danach war sie auf sich gestellt. Gerade mal drei weitere Anwärterinnen hatten zusammen mit ihr den Eignungstest abgelegt und bestanden. Vier Frauen unter gefühlten zehntausend Männern in der Polizeikaserne. Hier herrschte überreichlich Testosteron bei gleichzeitigem Mangel an Manieren und Hygiene. Doch Sara kam besser klar als ihre Kolleginnen. Vielleicht, weil sie als »Waldi« per se Außenseiter war. Womöglich auch, weil sie nicht wusste, was das heißen sollte – »Frausein« –, und wieso eine schlichte, biologische Tatsache von übergeordneter Bedeutung sein und ihre Identität bestimmen sollte. Als hätte es nicht gereicht, auf der Waldorfschule dank Temperamentenlehre als Melancholiker abgestempelt zu werden.

Und da war es wieder, das Blau. Blau hatten ihre Eltern ihr Zimmer gestrichen. Blau waren die meisten ihrer Kleider gewesen. Gleiches mit Gleichem bekämpfen, forderte Steiner. Den Blues der Melancholie mit Blau herausfordern, um eine Gegenreaktion zu provozieren. Das Kind dauernd mit Obst nerven, damit es den physischen Leib überwindet. Und sich dann wundern, wenn es verschlossener und wütender wird … Abgesehen von Jeansblau, dem farblichen Neutrum schlechthin, gab es nichts Blaues in ihrem Kleiderschrank. Gottseidank war die alte Uniform alles, aber nicht blau. Mochte das Grün ans Oliv der Bundeswehr erinnern und das Beigebraun der Hosen etwas von »Hund hat Durchfall« haben – alles war okay, was nicht blau war. Und das Blaulicht war nichts, das sie selbst sehen musste, sondern etwas, das man ausstrahlte, wenn man im Einsatz war.

Hatte sie gedacht und die Rechnung ohne Innenarchitekten gemacht. Was Junkies schrecken sollte, war für sie als Migränikerin das Grauen: Blaues Licht, so unmittelbar und unausweichlich, war anfallauslösend, wie sie nun, an diesem Tag des Jahres 1992, auf der Toilette der Essener Stadtbibliothek übermächtig erfuhr. Ausgerechnet ihr Schichtleiter und Streifenpartner Bammler, der sie mit dem Hinweis »Damentoilette« vorgeschickt hatte, rettete sie. Er rief den Notarzt, der den Tod der jungen Fixerin feststellte und ihr eine Spritze gegen die Übelkeit verpasste. Er sorgte dafür, dass die Tote in die Rechtsmedizin gebracht wurde. Und dass niemand etwas von Saras peinlichem Zusammenbruch mitbekam. Nicht einmal Dank wollte er hören. Sie könne ja nichts dafür, meinte er, und es wäre kein Problem für ihn, sie fortan aus all den »blauen Toiletten«, die immer mehr in Mode kamen, rauszuhalten. Arbeit für zwei hätten sie so oder so genug …

Das klang einleuchtend und verlockend zugleich, selbst wenn es in krassem Gegensatz zu Bammlers Ruf als unberechenbarem und arbeitsscheuem Einzelgänger stand. Vielleicht hatte er aus Faulheit darauf verzichtet, die Spurensicherung zu rufen und später das Handwerkerschild an der Toilettentür in seinem Bericht nicht erwähnt? Wie sicher konnte sich Sara angesichts ihrer durch Blaulicht und Migräne verzerrten Wahrnehmung sein, dass der Schaum vorm Mund der toten Fixerin Marion aus Erbrochenem und Sperma bestanden hatte?

»Mensch Mädchen«, sagte Bammler, »ist doch egal, auf welche Art es nun ein Betriebsunfall war. Ob der Stoff sie umgehauen hat, so dass sie würgen und kotzen musste und dabei auch den Saft ihres letzten Freiers hochholte, oder ob der ein bisschen zu doll abgedrückt hat, so dass sie davon würgen musste, es aber nicht abgeputzt hat, weil ihr der nächste Schuss wichtiger war … Das macht doch keinen Unterschied. Erstickt ist sie so oder so, und landet als eine weitere Drogentote in der Statistik.«

Mit Bauchweh unterschrieb Sara den Bericht mit Bammlers Version der Ereignisse. Dahinter konnte sie nicht mehr zurück, auch nicht, als Marions ebenfalls drogenabhängiger Freund Carlos und seine Schwester Carla auftauchten – und das nicht etwa, weil er mal wieder in eine Razzia geraten oder wegen Diebstahl im Gewahrsam gelandet war und sie ihn rausboxen musste, sondern weil die beiden sich nicht mit der Erklärung »Drogenunfall« zufrieden geben wollten. An der Stelle winkten sämtliche Diensthabende mit Bammler im Chor ab: So sei das eben mit den Angehörigen. Die wollten die Wahrheit nicht mal sehen, wenn sie auf dem Obduktionstisch lag. Ob sie wirklich wegen eines Junkies und seiner tapferen, aber verblendeten Schwester an ihrer eigenen Wahrnehmung wie der Erfahrung ihres Partners zweifelte …?

Sara fügte sich und schwieg. Sie versuchte, den Spagat zwischen angeborener Ehrlichkeit und dienstlicher Notlüge auszuhalten. Doch dann wurden ausgerechnet sie und Bammler bei einer Großrazzia im MuPa, der verrufensten Diskothek der Essener Innenstadt, zur Kontrolle der Toiletten abgestellt. Plötzlich wurde es hinter verschlossener Tür laut: Geschrei,

Gerangel, Gepolter, schließlich ein Schuss und dann Stille. Die Tür wurde aufgerissen, Sara ins sinnesverwirrende Blau im Inneren gezerrt. Am Boden lag Carlos in einer schwarzen Blutlache.

»Er hat mich angegriffen, das hast du gesehen!«, stieß Bammler hervor, bevor er sie wieder zur Tür rausschob. »Und jetzt hol die Kollegen, mach schon.« Diesmal ging es nicht ganz so schnell, bis die Akte geschlossen wurde. Die von der Kripo fragten nach, ebenso ihre eigenen Vorgesetzten: War es wirklich so gelaufen, wie Bammler schilderte? War Carlos, dieser dürre Hering, tatsächlich durchgedreht und auf den Hünen Bammler losgegangen, der daraufhin Sara und sich selbst nurmehr mit der Waffe verteidigen konnte? Zum ersten Mal hörte sie von den zahlreichen Beschwerden gegen Bammler. Meist waren die von Kleinkriminellen gekommen und schneller zurückgezogen worden, als man »Verleumdung« hätte sagen können. Doch da war es um rüdes Verhalten, um übertriebenen Krafteinsatz bei Verhaftungen gegangen. Aber nicht einmal, als man ihn vorübergehend in den Gewahrsam versetzt hatte, wo sich fortan »Besucher« der Ausnüchterungszelle immer dann über »plötzliche Leere« in ihren Brieftaschen beklagt hatten, wenn Bammler im Dienst gewesen war, hatte man ihm etwas nachweisen können. Warum er seinen nächsten Posten bei den Asservaten nur wenige Monate behalten hatte, bevor man ihm nach einem »Sonderurlaub im Sanatorium« Sara ans Bein gebunden hatte, darüber schwiegen sich uniformierte Kollegen wie Kripoleute bis heute aus. Es gehe um den aktuellen Fall, meinte ihr Chef, was immer zuvor Bammler unterstellt worden war oder er sich hatte zuschulden kommen lassen: Um tödliche Schüsse war es dabei nie gegangen. Wenn die Notwehr keine gewesen sei, würde ihn nicht mal mehr der Düsseldorfer Staatssekretär schützen können, dem Bammler seine Existenz, wenn auch nicht seinen Namen, verdankte. Also, was könne sie dazu sagen?

Nichts: Sie hatte ja nichts gesehen. Ob sie nun log, indem sie Bammlers Notwehrthese unterstrich, oder log, indem sie das Gegenteil behauptete, es hätte genauso wenig geholfen wie die Wahrheit – dass und warum sie nichts wusste – einzugestehen. Hätten die Kollegen ihr bloß früher gesagt, mit wem sie tagtäglich raus musste … Aber nein, die Herren der Schöpfung hatten sich lieber diskret aus der Schusslinie gebracht und hinter ihrem Rücken Wetten abgeschlossen, wann Bammler auch »die Neue« vergrault hätte …

Sara tat, was sie nie hatte tun wollen: Sie schob ihre Migräne vor und ließ sich krank schreiben. Erstmal Zeit gewinnen, dachte sie, und suchte nach potenziellen Verbündeten. Sie fand Carla im Café der Krisenhilfe im Schatten der alten Synagoge. An sich genau der Ort, um mehr vom Dreck an Bammlers Stecken zu erfahren. Hier wimmelte es von Menschen, die der Kerl benutzt, unter Druck gesetzt, ausgenommen oder schlicht verletzt hatte. Nur – wieso sollte ein Kleindealer, wie Carlos es gewesen war, sich beschweren, dass ihm der Typ in Uniform das Koks abnahm, ihn jedoch laufen ließ? Wie sollte eine Nutte beweisen, dass er ihre Dienste in Anspruch genommen hatte, ohne zu zahlen, natürlich? Gegen Informationen aus der Szene konnte man sich bei Bammler liebkind machen, soviel erfuhr Sara allemal. Doch aussagen konnte oder wollte niemand: Wer nicht hoffnungslos verstrickt war in eigene und Bammlers kriminelle Machenschaften, hatte viel zu viel Angst. Das galt für die Junkies im Krisencafé wie für Saras Kollegen auf der Wache.

»So wird sich nie was ändern«, stellte Carla, die ehrenamtlich im Café half, frustriert fest. »Den Mädels hier glaubt eh niemand und du kriegst nichts mit, weil du vor der Tür rumstehst wegen des Blaulichts. Ich fass es nicht.«

»Muss er denn unbedingt vor Gericht?«, mischte sich plötzlich Annie, Marions Freundin und als Kleindealerin sozusagen Carlos Ex-Kollegin, in das Gespräch ein. »Mir würd's reichen, wenn wir ihn ein für allemal los wären. Sein steigender Koksverbrauch macht ihn teuer und unberechenbar für uns alle.« Sara schaute die junge Frau erstaunt an. Klar und wach wirkte deren Blick hinter den orange getönten Brillengläsern à la Gary Oldmans »Dracula«. Eine schöne Farbe … und womöglich nützlich, dachte sie und sagte:

»Ich hätt vielleicht noch eine Idee. Allerdings brauch ich für den ,Abschuss' eure Hilfe. Erwartet aber nicht, dass ich anschließend aus Dankbarkeit beide Augen zudrücke. Ich bin nun mal Bulle, wenn auch mit Blaulichtallergie …«

Das Blitzlicht verwandelte das Blau der Bahnhofstoilette in nüchternes Kaltweiß. Weniger nüchtern wirkte dagegen Bammler, der auf dem Foto Annie mehrere Tütchen mit weißem Pulver entriss.

»Es war ihm wohl nicht genug Stoff«, kommentierte Sara kühl, und legte dem Staatssekretär die nächsten Bilder hin: Bammler, wie er sich auf Annie stürzt, um sie im nächsten Moment zu Boden zu schleudern und statt dessen auf die Kamera oder vielmehr die Person dahinter zuhechtet. Als nächstes ein verwackeltes Bild mit viel Weiß: »Oh, das ist misslungen. Die Kamera war nicht dafür gemacht, im Flug die Toilette aufzunehmen. Allerdings war sie um einiges wasserdichter, als ich vermutete hätte … und meine ehrenamtliche Kollegin Carla hatte ja noch selbst eine ›Schusswaffe‹ dabei«, erklärte Sara und blätterte die nächste Serie wie einen Kartenfächer hin: Bammler, der Sara die Kamera entreißt und ins nächstgelegene Klosett pfeffert; Annie, die sich vom Boden hochrappelt, um gleich darauf von Bammler hochgerissen und, dank Waffe, als Schutzschild verwendet zu werden; Sara, die die Hände hebt und beschwichtigend auf den Mann einredet; Annie, die dem Kerl den Ellbogen in die Rippen rammt, woraufhin er über sie hinweg springt und zu fliehen versucht, jedoch von Saras Fuß zu Fall gebracht wird. Am Schluss Bammler in Handschellen auf dem Toilettenboden, hinter ihm Annie, Carla und Sara hinter orange getönten Brillengläsern, stolz wie erfolgreiche Großwildjägerinnen. »Das Foto hat die Putzfrau geschossen. Sie hatte wohl auch die Nase voll, immer wieder die Schweinereien Ihres Sohnes wegzuputzen.«

»Das war eine Falle. Damit kommen Sie vor Gericht niemals durch.« Das Zittern in der Stimme des Staatssekretärs verriet soviel Wut wie Hilflosigkeit.

»Mag sein«, konterte Sara, »aber was ist mit der Presse? Die würde sich wie die Geier auf die Geschichte Ihres unehelichen Sohnes und seiner Eskapaden stürzen. Helfen Sie Ihrem Sohn zum ersten Mal wirklich und bringen Sie ihn dazu, die Uniform an den Nagel zu hängen. Es gibt bessere Jobs für ihn.«

Ohne ein weiteres Wort hatte Sara das Büro des Staatssekretärs verlassen. Draußen hatte sie durch die orangefarbenen Brillengläser geblinzelt – sogenannte Kantenfilter, eigentlich Spezialgläser für Augenerkrankungen – in den nun nicht mehr ganz so grauen Himmel. Manchmal lagen die Lösungen sozusagen direkt vor der Nase, bloß leider ein paar Meter neben dem Dienstweg.

Dass Bammler heute angeblich für die Firma arbeitete, die beim Umbau des Essener Hauptbahnhofs mit der Lichtinstallation in der Traverse zwischen U-Bahnhof und Kaufhof Epileptikern und Migränikern das Leben schwer machte, war vermutlich nichts als ein Gerücht. Gegen wechselnde LED-Lauflichter der grellen Art waren weder Kraut noch Optikerkunst gewachsen. Aber was machte das schon, so lange dort unten kein Mord geschah, der sie als Kriminalhauptkommissarin dorthin zwang?

der weg alles irdischen

Magst an Schusser?«, fragt Anton Kurz seinen Enkel. Der steht am Brückengeländer, wippt mit dem Oberkörper und starrt auf die hölzernen Rinnen, die das Wasser in die Kugelmühle leiten. Dort werden wie schon seit Jahrhunderten zwischen rotierenden Mühlsteinen Marmorbrocken zu runden Kugeln geschliffen. Das dauert Tage.

»Der Kilian hört dich nicht, Opa, der hat doch die Stöpsel von seinem iPod im Ohr«, sagt die kleine Sophie und spannt ihre rote Dirndlschürze auf, als kämen gleich die Sterntaler geflogen.

»Was hat der Kilian? Ein Eipott?« Anton Kurz' Frage geht unter im Tusch der Blaskapelle, die sich im Wirtsgarten eingerichtet hat. Der Schaum in den Gläsern steht schon auf Halbmast. Gleich wird sie losgehen, die Trift auf dem Almbach, organisiert vom Tourismusverband. Die Triftknechte tragen historische Kleidung, die Freiwillige Feuerwehr ist echt. Gäste und Einheimische recken ihre Hälse in Richtung Klamm, als sie das Wasser heranbrausen hören. Mit steigendem Wasserstand schwillt auch das Rauschen an. Baumstämme und Äste, die sich im Winter im Bachbett angesammelt haben, spült die Flut aus angestauten fünfzehntausend Kubikmetern Wasser hinunter zur Mühle, wo ein Rechen sie auffangen wird. Die Musiker stehen in Lederhose und Haferlschuhen, Dirndl und Kropfband auf der Brücke. Mittendrin schimmert das Haupt des Altbürgermeisters wie ein Goldhelm. Das Wasser schießt durch die Klamm, und die ersten Stämme rumpeln der Brücke entgegen. Die Hand der kleinen Sophie sucht Halt an Opas Lederhose. Ein Raunen geht durch die Menge, ein Schrei. »Ja mi leckst«, sagt einer, »da schwimmt ja oana. Passt's auf, dass'n ned dadruckt!«

Der da schwimmt, besser treibt, ist keine muntere Forelle, sondern ein Wanderer. Den geblähten Jackenärmel ziert die gelbe Wolfstatze eines Outdoor-Unternehmens. Er sieht sehr tot aus. Mütter reißen ihre Kinder fort. Ein Hund kläfft aufgeregt.

»Ja, sowas«, sagt Anton Kurz und packt die Sophie und den Kilian, dem jetzt zwei weiße Ohrstöpsel aus der Brusttasche des karierten Hemds hängen und der aufgehört hat zu zucken und zu wippen.

Die restlichen Gaffer schickt die Feuerwehr weg. Zurück bleiben der Altbürgermeister und eine Frau im Dirndl mit blonden Zöpfen: Magdalena, genannt Leni, Morgenroth, Hauptkommissarin der Kripo Traunstein, wohnhaft in Schönau am Königssee, ledig, ein Sohn. Als Privatperson anwesend, weil ihr Opa ihr als Kind immer von der Trift am Almbach erzählt hat.

»Kennt den jemand?«, fragt Leni, als sie den Toten aus dem Wasser gezogen haben.

Der Altbürgermeister nickt: »Willi Brock, Bauunternehmer aus Dortmund, seit fünfundzwanzig Jahren Kurgast bei uns. Erst letzte Woche ist er mit der goldenen Gastnadel geehrt worden.«

Der Schädel des Toten wirkt seltsam deformiert, als sei er in einer engen Kurve der Schlucht zwischen zwei Baumstämmen eingequetscht worden. Als Leni vor der Leiche in die Hocke geht, sieht sie, dass die Outdoorjacke vorn auf der Brust ein Loch hat.

Mit Eintreffen der Kollegen von der Polizei tauscht Leni

ihre Trachtenpumps gegen die Bergstiefel aus dem Koffer-raum und marschiert los, bachaufwärts durch die Klamm. Der Himmel bewölkt sich. Das Wetter schlägt um. Gebückt tritt sie in den engen Fußgängertunnel, von dessen Decke ihr eisiges Wasser in den Kragen tropft. Ingolstädter Pioniere haben ihn vor über hundert Jahren in den Fels gesprengt und die dreihundertundzwanzig Stufen und neunundzwanzig Brücken angelegt. Das Wasser fließt auf steinernen Rutschen in rund ausgewaschene Kessel, Forellen stehen in der Strö-mung. Nach drei Kilometern und zweihundert Höhenmetern ist Leni oben an der Staumauer, der »Klause«. Vierzehn Meter hoch staut sie das Wasser, das zur Trift in einem Schwall losgelassen wird und alles Holz in der Klamm nach unten spült. Leni schwitzt. Sie überquert die Mauer, nimmt aber nicht den Weg hinauf auf die Alm, sondern folgt dem schmalen Kiespfad am Rand des Bachbetts, der bald in den Wald hineinführt.

Braune Buchenblätter bedecken den matschigen Boden. Sie kommt an eine Lichtung mit einer gefassten Quelle, über die eine lebensgroße, tönerne Madonna wacht. Sie hat ihr Kind auf dem Arm und eine Kapuze auf dem Kopf und ihr Rosen-kranz bewegt sich leicht im Wind. Auch ein Ort, den Leni seit ihrer Kindheit kennt. Sie fängt das Wasser in den Händen auf und trinkt davon. Sie hört Stimmen und verlässt den Wald.

Im breiten, felsigen Bachbett steht eine Gruppe von Stein-mandl, Steinwesen, die diesen Ort, hinter dem die schroffe Felswand der Rauen Köpfe aufragt, still bewachen. Es müs-sen mehr als zwanzig sein. Sie sind stumme Zeugen eines Rituals, das weiter hinten, zwischen zwei Felsblöcken statt-findet.

Sieben echte Männer und Frauen stehen im Kreis zusam-men und haben die Arme wie Fußballer um die Schultern des

Nachbarn gelegt. Einer der Männer spricht eine Formel, ein Gebet vielleicht. Einige Wortfetzen dringen bis zu ihr, und Leni lauscht: »… dreißig Steine … legen zu Ehren … Mutter Gottes … im Kreis … Liebe … geben … heiligen Berg … leis … stehen … am Bach … Medizinweg gehen … finden Heil.« Ein Mann mit weißem, schulterlangem Haar hebt den Kopf und murmelt etwas.

Leni kennt den Weißkopf. Aber woher? Sie verscheucht eine Wespe vor ihrem Gesicht. Ein losgetretener Stein rollt klackernd in das Kiesbett. Alle drehen sich erwartungsvoll in ihre Richtung, als erscheine gleich die Madonna selbst am Waldsaum.

Leni erhebt sich zu ihrer vollen Größe und nähert sich mit heißen Ohren. Sie kommt sich ziemlich lächerlich vor in ihrem rosa-grünen Dirndl und den kernigen Wanderschuhen. »Kennen Sie einen Willi Brock?« fragt sie.

Der Mann mit dem weißen Haar, der Kopf der Gruppe, nickt.

»Näher?«, fragt Leni.

»Ein Verwirrter, der sein ganzes Leben schon hinter dem Geld herjagt und gar nichts kapiert.«

»Was kapiert er denn nicht?«

»Dass man Wunder nicht kaufen und nicht verkaufen kann. Sie geschehen oder sie geschehen nicht. Und es ist ihnen egal, ob da einer mit Geld steht oder einer, der kein Geld hat.«

»Ja, und was bedeutet das jetzt?« Leni weiß nicht, wohin mit ihren Händen und klemmt die Daumen in die Dirndlschürze.

»Brock will das Wasser aus der Wunderquelle vermarkten. Er will es verkaufen, in die ganze Welt. Unser heiliges Wasser aus dem Untersberg! Er führt schon seit längerem Gespräche mit allen möglichen Leuten. Und irgendwann hat er sie soweit, die vom Tourismusverband und den Bürgermeister.«

»Mein Opa hat die Madonna hier aufgestellt«, sagt eine der Frauen, die jüngste unter ihnen. »Er hätte das nicht gewollt.«

»Und ihr wollt das auch nicht, stimmt's? Und deshalb habt ihr diesem Verwirrten einen Prügel auf den Kopf gehauen und ihn zusammen mit dem Triftholz in den Bach geworfen?« Lenis kräftige Stimme hallt durch das Bachbett und die Stille des vom Berg abgeriegelten Tals.

Die junge Frau zündet sich eine Zigarette an.

»Quatsch!«, entrüstet sich der Anführer. »Polizei?« Er starrt auf Lenis prall gefüllte Dirndlbluse.

»Magdalena Morgenroth, Kripo Traunstein.«

»Ausweis?«

»Hab ich heute keinen.«

Außer Leni will keiner aus der Runde sich vorstellen. Sie formieren sich wieder in einem engen Kreis.

»In der Diensthütte dort oben wohnt der Kotzbrocken manchmal, wenn er hier ist.« Eine der Frauen zeigt in den Wald. Dann fangen sie an zu singen. Es klingt nicht nach Gebirgsjodler, eher nach Winnetou.

Leni folgt dem Waldpfad. Auf einer kleinen Anhöhe ist das glänzende Blechdach der Diensthütte zu erkennen. Sie ist abgesperrt, alle Fensterläden sind geschlossen. Ein verwitterter Wegweiser mit der gerade noch lesbaren Aufschrift *Königlich Bayerisches Scheißhäusl* führt zu einem Bretterverschlag mit stilecht ausgesägtem Herzchen in der Tür. Es kommt Leni so vor, als bewege sich die Tür ganz leicht. Wie nett, denkt sie, wenigstens das Häusl nicht abzuschließen. Der bedürftige oder geschäftige Wandersmann sagt danke. Sie hält die Luft an und zieht die Tür auf. Der Mann, der dort über das offene Plumpsklo gebeugt kniet, dreht sich blitzschnell zu ihr um, packt sie an den Waden und schiebt ihre

Beine nach hinten weg. Leni stürzt über ihn, mit dem Kopf voraus auf den Abort zu. Es riecht wie auf einem Misthaufen. Leni krallt sich am Sitz fest. Der Mann reißt ihr einen Arm nach hinten. Sie dreht unter Schmerzen den Kopf und starrt in das von Panik gezeichnete Gesicht des Polizeianwärters Korbi Hasenknopf. Auch er kennt die Hauptkommissarin aus Schönau von seiner Berchtesgadener Dienststelle. »Jetzt lass schon los, du Hirsch«, raunzt Leni ihn an. »Wo kommst du überhaupt her? Ich hab auf dem ganzen Weg durch die Klamm niemanden getroffen.«

»Ich bin von Hintergern aus zur Klause abgestiegen. Ich hab gedacht, das geht schneller als von unten herauf.«

»Und hast du die Leute im Bachbett auch gesehen, die Gruppe mit diesem Weißkopf?« Leni reibt sich den verdrehten Arm. »Ich kenn' den von irgendwoher.«

»Das ist doch der Alpen-Schamane«, sagt Hasenknopf.

Richtig, der Schamane und seine Anhänger! Sie versammeln sich auf dem Untersberg, den der Dalai Lama angeblich das »Herz-Chakra Europas« genannt hat, beobachten die Lichterscheinungen zur Sonnenwende, pilgern zu Durchkriechsteinen und trommeln in Felshöhlen. Und dann kommt ein Bauunternehmer aus Dortmund daher, der »Kotzbrocken«, wie sie ihn nennen, und will aus ihrem heiligen Quellwasser Kapital schlagen.

»Und was wolltest du eigentlich da unten im Plumpsklo?«, fragt Leni. Hasenknopf deutet mit einem dünnen Ast ins Innenleben des Lokus. Eine Taschenlampe wäre jetzt Gold wert, denkt Leni, und eine Wäscheklammer für die Nase. Sie kneift die Augen zusammen. Jetzt sieht sie es auch: Da glänzt etwas silbrig matt, ein Teil eines Schmuckstücks ragt aus den in Gärung übergegangenen Feststoffen. Ein Anhänger vielleicht oder ein Ring. »Na los«, fordert Leni Hasenknopf auf,

»das könnte ein wichtiges Beweisstück sein«.

Hasenknopf beugt sich über das Loch und stochert mit seinem Stock in die Tiefe. Es reicht nicht. Er schiebt sich noch weiter vor. »Festhalten, und nicht loslassen!«

Leni stützt sich mit ihrem ganzen Gewicht auf Hasenknopfs Sportler-Waden und stellt fest, dass er sich die Beine rasiert. Rennradfahrer.

»Nicht loslassen!«, schreit Hasenknopf von unten.

»Doch, loslassen!«, befiehlt eine Stimme hinter Leni. Sie gehört zu einer Frau, die halb verdeckt im Türspalt steht. Noch wichtiger als die Person ist die Pistole, die genau auf Leni zielt. Es ist eine elegante Heckler & Koch P7, neun Millimeter. »Lassen Sie ihn runter!«, wiederholt die unsichtbare Frau. »Na, wird's bald?«

»Frau Morgenroth?«, kommt es aus der Tiefe des Aborts. »Ich hab's. Es sieht aus wie ein Ehering. Frau Morgenroth?«

Die Heckler & Koch zielt jetzt auf Hasenknopfs glatte rechte Wade. Dann macht die Hand, die die Waffe hält, eine ruckartige Bewegung in Richtung des stinkenden Lochs. Erst das nervöse Zucken des Zeigefingers am Abzug kann Leni letztlich dazu bewegen, dem stummen Befehl nachzukommen und Hasenknopfs Extremitäten freizugeben. Sein Schrei fliegt ihm voran und erstickt im matschigen Bodensatz der Kloake.

»Weißgold oder Platin?«, fragt Leni.

»Platin, was denken Sie denn? Mein Bröckchen war kein Geizkragen.«

»Waren Sie auch gegen die neue Geschäftsidee Ihres Mannes?«

Das höhnische Gelächter der Besitzerin der P7 hallt von den Bretterwänden wider.

»Was war dann das Problem mit Ihrem Mann?«, fragt Leni

und bewegt sich ein paar Zentimeter Richtung Tür.

»Denken Sie nicht, ich wüsste das Schätzchen nicht zu bedienen«, sagt Brocks Frau.

Leni macht einen Schritt zurück, setzt sich auf den Abtritt und hofft, dass Hasenknopf schon dabei ist, die Entladeluke der Grube ausfindig zu machen.

»Die Quelle ist mir egal«, sagt die Brock, »ich bin Protestantin. Der Madonnen-Hokuspokus geht mich nichts an. Aber ich will auf keinen Fall auch die nächsten fünfundzwanzig Jahre hier in Bayern verbringen. So lange fahren wir nun schon hierher. Ich hasse die Berge und alle Trachten tragenden und schuhplattelnden Hinterwäldler dazu.«

»Wie, ich meine, womit haben Sie ihn denn die Staumauer hinunterbugsiert?«

»Mit dem, was man beim Wandern eben zur Hand hat. So, und jetzt runter da.« Sie deutet mit der P7 in das Loch. »Und nein, es gibt keinen Ausgang. Sie müssen das Plumpsklo schon zerlegen, um da rauszukommen. Und es gibt kein Netz für Ihre Handys, aber das haben Sie wahrscheinlich selbst schon gemerkt. Bis Sie aus der Scheiße raus sind, bin ich über alle Berge. Und: Sie ist wirklich geladen.« Brocks Witwe benutzt einen Carbon-Wanderstock der Firma Leki als Degen und sticht Leni damit in den Oberschenkel.

Leni weiß nun, woher das kreisrunde Loch in der Jacke des Toten stammt. Sie seufzt und lässt sich langsam, mit den Füßen voran, in die Grube gleiten. »Weg, Hasenknopf«, ruft sie mit zugehaltener Nase und stellt sich vor, sie sei fünfzehn und spränge gerade vom 5-Meter-Brett.

erwin

Das Haus wirkte, als würde es leerstehen. Der Putz an der Fassade war großflächig abgebröckelt. Der kleine Vorgarten war zu einer Müllkippe verkommen, in der sich leere Flaschen und zerrissene Plastiktüten neben einem zertrümmerten Fensterladen, der vom zweiten Stock heruntergefallen war, und zerbrochene Dachziegel sammelten. Die meisten Fenster waren fast blind, hinter manchen konnte man noch Fetzen von verblichenen Gardinen sehen. Seit mehr als zehn Jahren war von den sechs Wohnungen des Hauses nur noch eine bewohnt: die der Besitzerin im ersten Obergeschoss, einer alten Frau. Die meisten Nachbarn kannten sie gar nicht, da sie das Haus nicht mehr verlassen hatte, seit ihr ein Bein amputiert worden war.

Erwin!
Erwin!!!
Erwin?!
Verdammt! Erwin, warum hörst du denn nicht? Ich schrei mir hier die Seele aus dem Leib, und du? Was tust du nur? Komm und hilf mir endlich – ich muss aufs Klo!
Erwin! Du weißt, ich kann das nicht allein!
Erwin, komm doch endlich, es ist dringend!

Erwin! Ist es denn zu viel verlangt, dass du mir hilfst? Ich kann nicht allein gehen, das weißt du doch!

Erwin! Ich weiß, dass du da bist. Ich weiß, dass du mich hörst! Du bist doch in der Küche. Ich kenn das Geräusch der Kühlschranktür. Ich weiß, in welcher Schublade der Flaschenöffner liegt. Du denkst, ich merk das nicht, wenn du trinkst. Du denkst, deine Mutter ist so alt und tatterig, die kriegt nichts mehr mit. Aber da täuschst du dich. Ich bin nicht mehr gut zu Fuß, aber ich bin weder taub noch dumm im Kopf!

Erwin!

Du bist ein Nichtsnutz!

Erwin, komm endlich her und hilf mir!

Herrgott, Junge! Wenn du nicht kommst, wie soll ich denn dann aufs Klo kommen? Du weißt doch, dass ich nicht mehr allein laufen kann, seit sie mir das Bein abgenommen haben! Willst du, dass sich deine alte Mutter alle Knochen bricht?

Erwin, du Taugenichts! Ist das der Lohn dafür, dass du hier wohnen darfst? Ist das der Lohn, dass ich dich wieder aufgenommen hab, als du auf der Straße gestanden bist? Du hast doch genau gewusst, dass du zu Mama zurückkannst, als du deine Arbeit verloren hast und diese Schlampe von … von … ach, diese Schlampe, die dich doch sowieso nur ausgenutzt und dann verlassen hat. Als du kein Geld mehr nach Hause gebracht hast, da hat sie dich abserviert. Ich hab ja nie viel von diesem Miststück gehalten. Dein Vater, dieser Drecksack, der hat sich ja nie um dich gekümmert. Um mich noch weniger. Der ist mit diesem Flittchen aus dem Büro einfach abgehauen. Ich hab versucht, aus Dir einen guten Menschen zu machen – nun hilf mir doch endlich!

Erwin!

Verdammt, ERWIN!!!

Wo sind meine Krücken? Wo hast du sie hingestellt?

Wieso stellst du sie ans Fußende vom Bett, da komm ich doch nicht hin! Ich brauch sie hier oben. Wie oft muss ich dir das noch sagen? Und diese furchtbare Prothese, die passt mir einfach nicht. Ich kann sie nicht anziehen. Ich will die nicht anziehen!
Jetzt sind mir die Krücken auch noch umgefallen! Herrgott, muss man das einer alten Frau zumuten? Erwin, jetzt hilf mir doch endlich mal! Wenn ich mich jetzt auf den Boden bücken muss, dann komm ich nicht mehr hoch! Eeeeerwiiiiiin!!!

Du wirst mich auf meine alten Tage noch kennen lernen! Ich schaff es auch ohne dich aufs Klo. Und wenn ich diese Krücken jetzt gleich hab und dich erwisch, dann schlag ich dich grün und blau, wie zuletzt vor bald vierzig Jahren! Du bist eine Schmeißfliege, eine Made im Speck! Du gibst mein Geld aus für Schnaps, du verbringst die Tage mit Faulenzen und Trinken.
Du bist wie dein Vater! Ein fauler Taugenichts, der sich von mir aushalten lässt und sich einen Dreck um mich kümmert. Ich bin aber deine Mutter, und ich werd dir den Respekt schon noch einbläuen!

Verdammt, wo bist du? Du kannst mich hier doch nicht über den Flur kriechen lassen! Oder macht es dir Spaß, mich jetzt hier auf dem Boden herumrobben zu sehen? Du bist doch bestimmt in der Küche und beobachtest mich. Oder sitzt du schon im Wohnzimmer, im Sessel deines alten Herrn? Die Füße auf dem Tisch, die Bierflasche in der Hand? Du machst dir einen Spaß daraus, mich vorbeikriechen zu sehen und hilfst mir nicht. Du hast mir nie geholfen. Du hast dich nie um mich gekümmert. Du musstest in Urlaub fliegen, als ich im Krankenhaus lag und sie mir mein Bein abgenommen haben. Du bist nicht ans Telefon gegangen, als ich den Herzinfarkt hatte. Und als du mich Wochen später in der Reha-Klinik besucht hast, da hast du nach Schnaps gestunken. Ich hab mich geschämt, dass du mein Sohn bist.

Wo bist du denn? Wie das hier in der Küche aussieht! Du könntest ruhig mal ein bisschen saubermachen. Überall die leeren Flaschen. Überall dieser Dreck. Ist es denn zuviel verlangt, dass du mal das Geschirr spülst und den Müll runterträgst? Stattdessen sitzt du stundenlang im Wohnzimmer, rauchst, trinkst, siehst diesen Unsinn im Fernsehen an und behauptest dann auch noch, ich solle froh sein, dass du ihn nicht noch lauter stellst. Und du machst Dir einen Spaß daraus, mit der Pistole auf die Bilder zu zielen und auf meine Vasen. Es ist mir egal, dass du behauptest, sie sei nicht geladen. Es gehört sich nicht! Und ich weiß, dass du nicht nur die Pistole, sondern auch Munition hast. Beides dürftest du nicht haben. Ich sollte dich der Polizei melden. Meinst du, dass die sich nicht dafür interessieren? Ein Alkoholiker, arbeitslos, Sozialhilfe, Führerschein auch schon lange weg. Bekommt Geld dafür, dass er seine kranke Mutter pflegt. Pflegt? Ha! Einen Dreck tust du! Und ich muss hier weiter kriechen wie ein Wurm, um dich zu finden!

Verdammt, Erwin, wo bist du? In der Küche nicht, im Wohnzimmer nicht – ich hab dich doch vorhin noch gehört! Und die Wohnungstür steht auch offen. Erwin, bist du etwa da drin, auf dem Klo? Erwin, mach auf, komm endlich vom Klo runter! Erwin, ich muss! Ich muss ganz dringend! Erwin, komm raus, lass mich rein! Erwin!
Na endlich!!! Um Gottes Willen, Junge!
Was tust du!?
Nein! NEIN!

Irgendwann fiel dem Briefträger auf, dass der Briefkasten überquoll. Nicht dass er viel auszuliefern gehabt hätte; er kam eher selten zu diesem Haus. Aber die Masse an Werbeprospekten und Gratiszeitungen war einfach nicht mehr zu übersehen. Er wartete noch zwei Tage, und als sich nichts änderte, verständigte er die Polizei.

Man fand die Frau am Fuß der Treppe, in der Nähe der Haustür, inmitten einer übelriechenden Lache aus Blut und Fäulnisflüssigkeit. Sie war lediglich mit einem ausgeleierten Nachthemd und schmutziger Unterwäsche bekleidet. Zahlreiche, gut genährte Fliegenmaden krabbelten auf ihr herum. Dennoch waren die schweren Kopfverletzungen deutlich zu erkennen.

Als die Beamten die ausgetretenen Stiegen zur ersten Etage hochgingen, fanden sie zwei Krücken und einen Filzpantoffel. Oben stand die Tür zu einer der beiden Wohnungen offen. Auf dem Treppenabsatz gab es dort außerdem noch eine Tür, die offenbar zur Toilette gehörte. Auch hier war dieser charakteristische, süßlich-faulige Geruch zu bemerken. Als man die Tür öffnete, fand man zwischen Toilettenschüssel und Wand, halb aufrecht in dem engen Raum, eine weitere Leiche. Ein Mann, wie es schien, allerdings kaum mehr zu identifizieren: Die Fäulnis hatte den Körper aufdunsen lassen und ihn schwarz-grünlich verfärbt. Der Schädel war zerborsten, zwischen seinen Beinen lag ein Revolver. Blutspritzer klebten an den Wänden und an der Decke.

Die Wohnung selbst wirkte, als wäre sie schon vor längerer Zeit verlassen worden. Außer ein paar Mäusen, die verschreckt über den Küchenboden huschten, war niemand Lebendiges mehr dort. Nur im Wohnzimmer lief, fast ohne Ton, ungerührt der Fernseher

löwenkönig

Wie er duftete, dieser Kontinent, wie er klang, wie er stimulierte, wie er sich anfühlte, wie einzigartig er war … Ich saugte die afrikanische Luft in meine Lungen so tief ich konnte. Zuvor hatte ich versucht, alles hinauszupressen, was ich an Vergangenem in mir hatte. Die abgestandene Büroluft meines Dezernats in Dresden, den schlechten Atem meines Mitarbeiters, den Staub ungelöster Fälle und den Frust darüber. Alles, alles das wollte ich loswerden, um mich wenigstens in meinem Urlaub neu zu erfinden, für ein paar Wochen. Nicht mehr die Kriminalkommissarin sein, die Mordfälle untersucht und eine gesamte Büromannschaft am Laufen hält. Sondern eine Reisende, die wie alle anderen hier und jetzt den Ngorongorokrater besuchte, um die »Big Five« in freier Wildbahn zu erleben: Löwe, Elefant, Rhinozeros, Büffel und Leopard. Der Ngorongoro ist ein eingebrochener Vulkanberg auf tansanischem Boden, dessen Kratergrund eine Fläche von rund fünfundzwanzig Hektar hat und eintausendsiebenhundert Meter über dem Meeresspiegel liegt. Der hohe, mauerähnliche Kraterrand hält die Tiere beieinander wie in einem umzäunten Tierpark – so einen steilen Hang hinaufklettern, das mögen die allerwenigsten.

Wir natürlich auch nicht, wir saßen bequem in einem uralten Militärjeep ohne Dach, die Kameras auslösebereit in den Händen. Wir waren staubig und müde, aber auch euphorisch. Büffelherden hatten wir schon gesehen und den Scheinangriff eines Rhinos auf unser Gefährt überlebt, der die sensibleren Fotosafarimitglieder spitze Schreie hatte ausstoßen lassen. Wir hatten Elefantenfamilien fotografiert, die sich am Bach wuschen oder selbstvergessen Staubbäder nahmen, und, was eher selten sei, so hatte der Ranger gesagt, einen *Cheetah* unter einem Baum herangezoomt. Das ist ein Gepard, ein eindrucksvoll elegantes Tier, der schnellste Jäger der Welt.

Und jetzt steuerten wir einen Picknickplatz an, unter Akazien im Schatten gelegen. Schlangen? Leoparden? Gefährlich? Der Ranger winkte ab. Wir sollten ruhig aussteigen und den Inhalt unserer Lunchpakete zu uns nehmen. In einer Stunde sei dann wieder Abfahrt, wir sollten keinen Müll hinterlassen und sogar eine Toilette gäbe es. Er deutete hinter sich.

In der Tat, es gab eine, und ich brauchte sie auch. Sie bestand aus einem Holzhüttchen, das dreihundert Meter von der Akaziengruppe entfernt auf einem kleinen Hügel im Sand thronte. Drinnen gab es ein Sitzbrett mit einem Loch in der Mitte, einen Stapel Zeitungen und einen ausgeleierten Riegel, mit dem man anderen den Eintritt verwehren konnte. Ich wusste, was ich zu tun hatte, denn mein Vorhaben brauchte etwas Zeit: Ich ging als letzte in den Schuppen. Jetzt hieß es entspannen, denn sonst würde mir nichts gelingen. Ich machte es mir bequem und griff nach einem englischen Zeitungsblatt. Dort stand etwas von den riesigen Gnuherden, die durch die tansanische Serengeti, zu der auch der Ngorongoro gehört, nach Norden ziehen auf der Suche nach frischem Gras. Und wieder zurück. Eineinhalb Millionen Tiere ... Mehr Gnus als Dresden Einwohner hatte. Aber fast auf jeden Dresdner kommt ein Löwe, dachte ich, denn so viele hatten wir schon gesehen. Kriminalkommissarinnen sind so. Sie können nicht abschalten.

Löwenkönig – so hatte ich eines meiner Mordopfer genannt, weil sein Haupt eine gelbstichige Mähne geziert und sein Profil dem Löwen auf dem Musicalplakat geähnelt hatte. Er gehörte zu meinen ungelösten Fällen. Drei Dresdner Rentner waren innerhalb zweier Wochen in ihren Wohnungen getötet worden – alle erdrosselt, aber in höchst unterschiedlichen Gegenden der Stadt, Menschen mit höchst unterschiedlichen Berufen und unterschiedlichen Umfeldern. Es gab nichts, das sie einte – wir hatten das hundertmal durchgecheckt und nichts, aber auch gar nichts gefunden, das sie verband. Außer der rätselhaften Tatsache, dass sie alle nackte Füße gehabt hatten, als sie gestorben waren. Und dass an allen drei Körpern deutliche Spuren derselben DNA aufgetaucht waren. Einer DNA jedoch, die in unseren Polizeidatensammlungen unbekannt war. Und uns somit nicht weitergeholfen hatte. Was konnten die Rentner gemeinsam gehabt haben? Gewiss, da gab es vieles – aber keine Idee hatte etwas erbracht, was für die Fahndung nach dem Täter verwendbar gewesen wäre. Ich saß auf meiner Aussparung und dachte an meine Dresdner Fälle. Ein wenig zu lange.

Plötzlich schreckte ich hoch – ich wollte doch meinen Jeep nicht verpassen! Hektisch sah ich auf die Uhr. Gerade noch rechtzeitig, wenn ich mich beeilte. Ich entriegelte die Tür, riss sie auf – und zog sie sofort wieder zu.

Vor der Tür lag, den Kopf auf die Vorderpfoten gelegt, ein riesiger Löwe. Ein Löwenmann mit Mähne. Der Krater, im letzten Jahr übrigens zum Weltnaturerbe erhoben – während im gleichen Jahr meine Heimatstadt einen ähnlichen Status verloren hatte – besitzt übrigens die höchste Raubtierdichte der Welt. Das hatte ich gelesen. Raubtierdichte! Ha! Fleischfresser. Fresser er, Räuber er, Fleisch ich, Futter ich.

Neinnnnein, sagte ich mir, so forsch ich es vermochte, obwohl meine Zähne klapperten wie Klapperschlangen. Löwen sind faul. Löw*innen* jagen. Löwen sind Paschas, lassen jagen. Andrerseits: Zu jagen brauchte er ja nicht, ich würde geradewegs in sein Maul hineinspazieren, wenn ich meinen schützenden Bretterverschlag verließ.

Vorsichtig öffnete ich die Tür wieder einen Spalt. Der Löwe beachtete mich nicht. Er blickte unter halb geschlossenen Lidern auf seine beiden Vorderpranken, die beinahe possierlich vor ihm lagen. Was sollte ich tun? Hinter dem Löwen, im flirrenden Gelb der Savanne, sah ich meine Reisegefährten den Jeep besteigen. Durch Rufen auf mich aufmerksam machen? Wer mich vor allen anderen hören würde, das war der Löwenmann. Wenn er nun doch hungrig war? Würde das hölzerne Klohaustürchen einem Hieb dieser Pranken gewachsen sein? Selbst, wenn ich gewollt hätte: Ich hätte nicht schreien können. Meine Kehle war wie ausgetrocknet.

Ich schloss die Tür und nahm mit klopfendem Herzen wieder Platz. Geduld! Die Krallen der Löwenpranken, die ich eben gesehen hatte, beschäftigten mich. Meine Mordopfer hatten, das hatte die Obduktion ergeben, sorgsam gepflegte Fußnägel besessen. Eine Weile hatte wir in unserem Dezernat die Fußfetischistenszene im Auge gehabt, die in Dresden recht überschaubar ist, ein paar erstaunliche Dinge erfahren, aber keinerlei Fortschritte gemacht. Der DNA-Abgleich der wenigen sexuell Auffälligen in der Datei hatte nichts ergeben. Wir hatten es schließlich bei dem Gedanken belassen, dass die Opfer auf dem Wege ins Bett gewesen waren, als der Täter zugeschlagen hatte. Wieso hatten die Männer ihn eingelassen? Die Wohnungstüren waren freiwillig von innen geöffnet worden, so viel stand fest. Man hatte sich vermutlich gekannt. Die Opfer untereinander waren sich allerdings fremd gewesen, so viel hatten wir ermitteln können. Wir hatten ihre Post studiert, Tagebücher, Terminkalender, Adressverzeichnisse, Kritzelblöcke und Papierkörbe. Hatten die Mitbewohner befragt, die Anverwandten, die Freunde. Es gab keine Verbindung unter ihnen.

Ich hörte, wie der Motor des Jeeps angelassen wurde. Vermisste mich denn niemand? Zählten sie nicht durch? Ich stand auf, starrte durch die Holztürritzen. Alles, was ich sehen konnte, war die Staubfahne des einzigen Transportmittels, das mich aus der Gefahrenzone hätte bringen können.

Und jetzt? Geduld, sagte ich mir wieder. Nur nicht hinausgehen. Nur den Löwen nicht auf mich aufmerksam machen. Was, wenn Löwen cleverer als angenommen waren? Schon öfter vor dem Toilettenhäuschen auf Futter gewartet hätten? Ich dachte an den Pawlowschen Reflex, den wir in der Schule gehabt hatten. Tiere lernten schnell, wo es etwas Gutes gab. Also auf keinen Fall in Panik geraten und die schützende Zelle verlassen, sagte ich mir. Draußen knurrte es jetzt. Es war wie eine Mischung aus Hundeknurren und Katzenschnurren, die stetig anschwoll und die Haare auf meinen Unterarmen dazu brachte, sich aufzurichten. Was ging da vor sich?

Ich stieg auf das Sitzbrett und schaute durch den schmalen Spalt zwischen Dach und Wand. Der Löwe hatte den Kopf erhoben und beobachtete einen kleinen Vogel, der auf seinen Pranken saß und mit dem Schnabel zwischen den Hornschichten der Krallen pickte. Löwen mögen wohl keine Federn im Maul, mutmaßte ich, und dann schoss mir ein Gedanke durch das Hirn, der sowohl naheliegend als auch überzeugend war. Ein Fußpfleger! Eine Fußpflegerin! Einem Vertreter dieses Berufsstandes hätte jeder Rentner vertraut. Freiwillig die Tür geöffnet. Wir hatten natürlich auch die Erben der Mordopfer überprüft, da zwei von den dreien recht wohlhabend gewesen waren und in den Wohnungen nichts entwendet worden war. Eine Kosmetikerin war tatsächlich darunter gewesen. Ich machte mir eine mentale Notiz – sofort, wenn ich wieder zu Hause wäre, würde ich … Wenn, ja, wenn ich dies hier überlebte. Ich versuchte, mich zu entspannen, setzte mich wieder. Alles würde gut werden. Da ertönte plötzlich ein Tierschrei, der mich erstarren ließ: Der Löwe brüllte. Es hörte sich an wie eine quietschende Tür, nur tausendmal so laut. Schlagartig wurde mir klar, warum man ihn den König der Tiere nannte: Sein Organ war gewaltig, markerschütternd, blutgefrierend. Doch warum hatte er gebrüllt? Hatte der Vogel in eine Wunde gepickt? Hunger? Einsamkeit? Hatte es nicht eher erfreut geklungen? Ich zwang mich, nicht nachzusehen. Befahl mir, meinen Gedanken zu Ende denken. Hatte die fußpflegende Kosmetikerin Zugang zu den drei Dresdner Männerherzen gefunden? Hatte sie sie dazu überredet, sie als Erbin einzusetzen? Hatte sie Strohmänner oder -frauen benannt? Hatten wir die Testamente, respektive Erben, gut genug durchleuchtet?

Ich hörte es Maunzen und Grollen vor der Tür und musste nun doch nachsehen, was da los war. Wiederum auf dem Holzbrett stehend, bestaunte ich meinen Löwen, wie er sich von Löwenkindern, die irgendwoher gekommen sein mussten, necken ließ. Spielerisch schlug er nach ihnen, rollte mit den Augen, riss sein Maul auf. Wenn die gelben Zähne nicht gewesen wären, hätte man fast Lust gehabt, das Toilettenhäuschen zu verlassen, um mitzutollen. Sie hatten Gemüt, die Löwenmänner. So wie vermutlich mein argloser *Löwenkönig* auch ... Plötzlich schlug ein freches Löwenbaby dem Papa auf die empfindliche Schnauze und bekam postwendend eins übergezogen dafür. Jaulen folgte.

Natürlich! Während die Fußpflegerin am Werk gewesen war, war ihr Sohn in die Wohnung eingedrungen und hatte das wehrlose Opfer – ich sah förmlich vor mir, wie die Pflegerin seine Füße umklammerte – von hinten erdrosselt. Gemeinsam hatten sie dann die Spuren beseitigt und später die Erbschaft in Empfang genommen. Der Fall war gelöst! Kein geringerer als der König der Tiere hatte mir assistiert!

Und nun? Ich sitze im Flugzeug und Afrika unter mir wird immer kleiner. Bald wird es ganz verschwunden sein. So wie der Löwe vor meiner Klotür, der irgendwann in der Dämmerung samt seiner Simba-Sippschaft verschwand. Ich hingegen schlief zusammengekauert und frierend auf meinen zwei Quadratmetern. Am nächsten Morgen kam ein anderer, ebenso verbeulter Jeep mit einer neuen Touristenladung. Der Ranger sah mich lange kopfschüttelnd an, bevor er mich einsteigen ließ.

der mann mit der goldenen backe

Was Eduard Schestak mit Herbert Kopeinig verband, war nichts als eine – wenn auch erstaunliche – äußere Ähnlichkeit. Beide knapp zwei Meter groß, beide mit heller, leicht rötlicher Haut und aschblondem Haar, beide von ungefüger, um nicht zu sagen grobschlächtiger Physiognomie. Die Anordnung des Fleisches auf den Knochen, der Haut auf dem Fleisch, ein winziger Paarlauf ihrer genetischen Disposition also, das war die einzige Gemeinsamkeit zwischen Schestak und Kopeinig. Davon abgesehen konnten sie kaum verschiedener sein.

Kopeinig schwamm im Geld, und Schestak stand das Wasser bis zum Hals. Kopeinig hatte eine wunderschöne Frau (man plante Kinder, sobald sie ihre Karriere als Fotomodell an den Nagel gehängt haben würde), Schestak besaß ein paar einschlägige Videos und Hochglanzjournale. Kopeinig war im ganzen Land berühmt, während man Schestak nur in seinem Stammlokal beim Namen kannte. *Kannte*, wohlgemerkt, nicht *nannte*. »Da kommt er ja endlich, der Kopeinig!«, hieß es, sobald Schestak das Wirtshaus betrat.

Der Mittelstürmer Herbert Kopeinig war in den vergangenen Jahren zur größten Hoffnung des österreichischen Nationalteams herangereift. Wobei das Wort Hoffnung in diesem Zusammenhang schon lange den Beigeschmack einer chronischen Krankheit trug. Seit über dreißig Jahren wartete sie nämlich auf Erfüllung, diese zähe, hartnäckig genährte Hoffnung auf einen jungen Stürmerprinzen, der Österreich – nun aber wirklich! – aus seinem Fußballertiefschlaf küssen würde. Herbert Kopeinig war kein Einzelfall; er war nur der letzte in einer langen Reihe von Hoffnungsträgern.

»Da kommt er ja endlich, der Kopeinig!«

Eduard Schestak schloss die Tür und wandte sich dem Stammtisch zu. »Sehr lustig. Wirklich sehr lustig. Dass euch versoffenen Deppen nie was Neues einfallt …«

»Wenn du ihm aber so ähnlich schaust …«

»*Ich ihm*? Na, wenn schon, dann *er mir*!« Wütend ließ sich Schestak auf die Sitzbank fallen, während ein schweigsames Schmunzeln die Runde machte. Es gehörte zum täglichen Ritual, ihn, den Schestak ein wenig zu ärgern – so hielt man sich für die Biere und Spritzweine schadlos, die er im Laufe des Abends zusammenschnorren würde.

Dem Auftakt des Stammtischzeremoniells war somit Genüge getan, und man konnte zum Hauptteil übergehen. Politik und Fußball, Fußball und Frauen, Frauen und Schmäh führen, Schmäh führen und Politik, den Schestak ärgern und Fußball, so lautete üblicherweise das Protokoll. Seit ein paar Wochen aber war die Auswahl der Themen merklich geschrumpft: Fußball, Fußball, Fußball, den Schestak ärgern und Fußball, das waren die Sujets, auf die man sich neuerdings beschränkte. Kein Wunder: Hatte es Österreich doch erstmals seit 1964 geschafft, sich für die Endrunde einer Europameisterschaft zu qualifizieren – als Gastgeberland, versteht sich. Und als solches hätte selbst der Vatikan elf seiner Kardinäle ins Rennen schicken dürfen.

»Übermorgen geht's los«, eröffnete Schestak – durch ein mittlerweile vor ihm stehendes Krügel Bier beruhigt – das Gespräch. »Na, die Kroaten werden ein harter Brocken …«

»Ah, geh!«, tönte es ihm da entgegen. »Die Krawotn reißen gar nix gegen uns!«

»Und außerdem … haben wir ja dich! Unseren Stürmerprinzen! Wann immer der Kopeinig naht, weiß der Kroat
bald keinen Rat!«

Gelächter.

Dann – ganz plötzlich – Stille. Schestak hatte sich von seinem Sitz erhoben. Mit zitternden Fingern dämpfte er die
Zigarette aus. Dann wandte er sich dem Ausgang zu und
stapfte wortlos aus dem Lokal.

»Momenterl, der Herr! Da können S' net durch! Das ist nur
für … Ach, Sie sind's, Herr Kopeinig!«

Ohne lange zu fackeln, packte Eduard Schestak den Wäch-
ter am Revers. »Wer sonst?«, raunte er ihm ins Gesicht.
Schestak machte einen Ausfallschritt und taumelte dann
durch den neonbeleuchteten Flur in die Tiefen des Stadions.
Die armen Kroaten, schien der Wachebeamte zu denken.
Heute Abend würden sie umfallen wie die Fliegen: Kopeinig
bräuchte sie nur anzuhauchen …

Nach schier endloser Suche stand Schestak vor der Mann-
schaftskabine der Österreicher. Vorsichtig drückte er die
Klinke und betrat den dunklen Raum. Er wandte sich nach
links, gelangte durch eine weitere Tür in die Spielertoiletten
und verschanzte sich in einem der Klosetts.

»Schestak vor, noch ein Tor«, lallte Schestak, auf der Klobrille sitzend. Dann griff er in seine zerschlissene Sporttasche
und zog eine halbvolle Wodkaflasche und ein Päckchen *Flirt*
heraus. Er zündete sich eine Zigarette an, öffnete die Flasche,
nahm einen kräftigen Schluck und wartete.

Das Poltern der Toilettentür riss Schestak aus dem Schlaf.
Er hörte, wie jemand in den Raum trat.

»Bist du deppert, da fäult's! Watzko, du Weh! Musst du
allerweil am Häusl rauchen?«

»Gusch, Kopeinig!«, tönte es von draußen herein. »Pack dei' Prinzenrolle ein und komm, in fünf Minuten geht's los!« Gleich darauf fiel die Tür ins Schloss. Nur das Rascheln von Kleidern war noch zu vernehmen, gefolgt vom sanften Plätschern des Stürmerstrahls.

Leise kam Schestak aus seinem Versteck. Lächelnd, fast liebevoll betrachtete er sein Alter Ego, das – mit dem Rücken zu ihm – vor dem Pissoir stand. Er ließ Kopeinig fertig pinkeln. Dann drosch er ihm mit aller Kraft die leere Flasche auf den Hinterkopf.

Kaum war der Anpfiff erfolgt, warf sich Eduard Schestak in die Schlacht, als ginge es um sein Leben. Im Laufschritt stürmte er gegen das Tor der Kroaten, ohne die Spieler ringsum zu beachten. An der Strafraumgrenze angelangt, musste er zunächst einmal verschnaufen. Er beugte sich vor und hustete einen schillernden Schleimbatzen auf den Rasen.

»Kopeinig!«, hörte er – durch das Rauschen des Blutes in seinen Ohren gedämpft – den Trainer brüllen. »Z'ruck, Bertl, z'ruck! Du stehst im Abseits!«

Also Rückweg. Wie weit? Zumindest bis zur Mittellinie, beschloss Schestak. Unterwegs begegneten ihm seine Teamkollegen, die gerade in den Ballbesitz gekommen waren. Schestak blieb stehen. Überlegte. Machte kehrt. Und lief prompt ins Abseits. Entschuldigend hob er die Hände, rotzte ins Gras und torkelte zum Mittelkreis zurück.

So ging es wohl eine halbe Stunde lang, eine halbe Stunde allerdings, die Schestak vorkam wie die Ewigkeit. Rund um ihn tobte das Spiel, auf der Trainerbank tobte der Trainer, auf den Rängen tobte das Publikum. In Schestak selbst aber tobten nur Herzschlag und Husten; er nahm das gellende, ohrenbetäubende Pfeifen kaum wahr, das über dem Stadion lag wie Gestank über einer geöffneten Käseglocke.

Schestaks gesammelter Auswurf am kroatischen Strafraum war mittlerweile zu einer veritablen Pfütze angewachsen. Grün auf Grün, ein kleiner Bronchialsee, ein glitzerndes Beuschelbiotop inmitten der sterilen Rasenfläche. Und just an dieser Stelle geschah in der einunddreißigsten Minute das Unglaubliche: Miroslav Mikulić, der kleine kroatische Verteidiger, rutschte auf der Schestak'schen Schleimlacke aus und klatschte mit der Hand auf das runde Objekt der Begierde: den Ball.

Handspiel also, und – ganz folgerichtig – Freistoß an der feindlichen Strafraumgrenze. Vom wütenden Gebrüll des Trainers angetrieben, schleppte sich Schestak zum Ort des Geschehens. Einmal mehr beugte er sich röchelnd vor, um abzuhusten. Der kurze Pfiff des Schiedsrichters, und fast im selben Moment ein schmerzhafter Schlag auf das Hinterteil. Schestak schrie auf – doch er sollte den eigenen Schrei nicht mehr hören: Sein Heulen ging unter im tosenden Jubel der Zuschauer. Schon wurde Schestak von seinen Gefährten besprungen, zu Boden gerissen, umarmt und geküsst. »Kopeinig! Kopeinig!«, skandierte das rasende Publikum, und erst, als der Platzsprecher das Eins-zu-null verkündete, wurde ihm klar, was geschehen war: Watzko hatte den Freistoß getreten; hatte den Ball, wahrscheinlich aus Unvermögen, vielleicht aber auch aus Zorn auf seinen inferioren Kollegen, gegen Schestaks verlängerten Rücken gelenkt. Der Ball war abgeprallt und – für den kroatischen Tormann unhaltbar – in die rechte Kreuzecke geflogen.

Als der Referee zur Pause pfiff, legte Schestak plötzlich ein ungeahntes Tempo an den Tag. Lange vor den anderen war er in der Kabine; er schloss sich in der Toilette ein und zog zwei Flaschen Bier aus seiner Sporttasche. Trotz des beträchtlichen

Platzmangels – der nackte, leblose Körper Herbert Kopeinigs hing über der Kloschüssel – trank und rauchte Schestak mit großem Genuss. Solcherart gekräftigt und entspannt lief er bald darauf zur zweiten Spielhälfte in die Arena.

Die frische Kraft jedoch erlahmte bald. Keuchend trottete Schestak einem der Kroaten hinterher, der, den Ball elegant übers Gras dribbelnd, in Richtung des eigenen Tormanns tänzelte. Nach ein paar Metern beschloss er, die Verfolgung abzubrechen: Zu aussichtslos war der ungleiche Kampf, da schien es allemal besser, den Feind mit Verachtung zu strafen. Schestak drehte sich um und streckte dem Gegner den Hintern entgegen. Den Rückpass des Kroaten konnte er daher nicht sehen, ebensowenig den Anlauf des Tormanns, der den Ball mit voller Wucht in die österreichische Spielhälfte befördern wollte. »Au!«, schrie Schestak und kippte nach vorne.

Seine Teamkollegen mussten ihn nicht mehr zu Boden reißen, aber sie warfen sich schichtweise über ihn, zehn Mann hoch, jauchzend vor Entzücken.

Der Schuss des kroatischen Torwarts war entschieden zu flach ausgefallen. Der Ball hatte Schestaks ohnehin schon lädierte linke Hinterbacke getroffen und war in hohem, perfekt parabolischem Bogen ins kroatische Tor zurückgesegelt.

Zwei zu null, so lautete das Endergebnis, und der vermeintliche Herbert Kopeinig wurde als Vater dieses fulminanten Siegs gefeiert. Von »brillanter, nie da gewesener Taktik« war vor den Fernsehkameras die Rede, von der »Sternstunde des Stürmerprinzen«, den ein besonders geistreicher Sportjournalist auch als »Mann mit der goldenen Backe« bezeichnete.

Alles wäre gut und schön gewesen, hätte die Putzfrau den echten Kopeinig nicht auf dem Klo entdeckt. Halb tot lag er da, aber eben nur halb – er hatte beträchtliches Glück gehabt:

Zwar konstatierte der Arzt eine klaffende Wunde am Hinterkopf und eine schwere Gehirnerschütterung, aber doch keinerlei bleibende Schäden.

Noch in derselben Nacht erwachte Kopeinig im Krankenhaus.

»Wissen Sie, wie Sie heißen?«

»Ich ... Ja, natürlich. Kopeinig ... Herbert Kopeinig ...«

»Verstehe ... Und können Sie sich noch erinnern, Herr, äh ... Kopeinig, was da passiert ist, am Abend im Stadion?«

»Sicher ... Spielen hätt ich sollen. Gegen die Kroaten ...«

Der Kommissar hob zweifelnd den Kopf und blickte zu der kleinen, gleichwohl illustren Gruppe hin, die sich im Halbdunkel des Zimmers versammelt hatte.

»Ich kenne den Mann nicht«, sagte der Präsident und legte behutsam die Hand auf die Schulter des Trainers.

»Nie gesehen«, meinte der Trainer und packte sanft den Arm von Herbert Kopeinigs Gattin.

»Mein Schatzi schaut ganz anders aus«, hauchte Herbert Kopeinigs Gattin.

»In Ordnung«, nickte der Kommissar. »In Ordnung ...«

Im zweiten Spiel, gegen Polen, schoss Eduard Schestak nur ein einziges Tor – diesmal mit seiner rechten Backe. Obwohl sich die Polen bald mit drei zu eins in Führung setzten, nahm man ihm seine vergleichsweise magere Ausbeute nicht übel. Im Gegenteil: Wann immer er ins Abseits torkelte, wurde er aus Leibeskräften angefeuert, und sobald er sich hustend und spuckend auf dem Rasen krümmte, brachen wahre Begeisterungsstürme los. Die Österreicher ließen sich die Hoffnung nicht mehr nehmen: Selbst als die Mannschaft den Aufstieg ins Viertelfinale verpasste, hielten sie ihrem Idol, dem Mann mit der goldenen Backe, die Treue.

Eduard Schestak hatte es also geschafft; er hatte seinem Leben die entscheidende Wendung gegeben. Fortan lebte er in Herbert Kopeinigs Villa, fuhr Herbert Kopeinigs Porsche, trank Herbert Kopeinigs Prosecco und schlief mit Herbert Kopeinigs Frau: Nach einer kurzen Phase der Eingewöhnung schien auch sie am schlichten und ungekünstelten Stellungsspiel Schestaks Gefallen zu finden.

Herbert Kopeinig dagegen wurde erst Monate später aus der Nervenheilanstalt entlassen. Lange hatten die Ärzte versucht, ihn von der fixen Idee zu befreien, Herbert Kopeinig zu sein, und nur eine ausgeklügelte Mischung aus chemischen Cocktails und elektrischen Muntermachern hatte dann doch noch zur Heilung geführt. Es fiel dem solcherart amnesierten Kopeinig nicht leicht, sich in Freiheit zurechtzufinden: Nachdem er stundenlang durch die nebelverhangenen Straßen der Vorstadt geirrt war, betrat er aufs Geratewohl ein kleines, unscheinbares Wirtshaus.

Gläserklirren. Lachen. Dann ein Chor von Männerstimmen, die ihm frohgemut entgegenschallten: »Da kommt er ja endlich, der Kopeinig!«

eine witwe verschwindet

Also, heute war es wieder ausgezeichnet«, sagte Erna zufrieden. Sie tupfte sich mit der Serviette den Mundwinkel ab, und Lisbeth tat es ihr nach, aber sehr vorsichtig, um ihren rosa Lippenstift nicht zu ruinieren.

Die Mittwochstreffen waren immer herrlich. Seniorenteller für vier Euro, adrette Plastikblumen auf dem Tisch und zwei Stunden angenehme Plauderei über das Wetter, die Nachbarn und natürlich die verstorbenen Ehemänner, Gott hab sie selig!

»Vor dem Kaffee müsste ich noch mal«, sagte Lisbeth und erhob sich.

Erna nickte überrascht. Meistens versuchte Lisbeth, den Gang zur Toilette zu vermeiden, denn sie war sparsam, und die Karstadt-Klofrau verlangte fünfzig Cent. Das war eine Mark!

Gedankenverloren blickte Erna Lisbeth nach, die, ihre Handtasche fest umklammert, in ihrem hübschen geblümten Kostüm mit dem neuen lila Seidenschal in Richtung Toiletten wackelte. Lisbeth war nicht mehr gut auf den Beinen.

Erna blies vorsichtig den Staub von den Plastikblumen, schluckte ihre Tabletten einzeln und mit viel Wasser, ganz, wie es ihr Hausarzt empfohlen hatte, und sah sich um. Sie sah ungezogene Kinder, die ihren Spinat nicht essen wollten, gereizte Mütter, Karstadt-Mitarbeiter in der Mittagspause, die die Köpfe zusammensteckten, vermutlich lästerten sie. Dann stapelte Erna sehr sorgsam die Teller und schaute auf die Uhr.

Lisbeth ließ sich Zeit. Jemand fuhr mit dem Tablettwagen

herum, ein Junge weinte, eine Frau schrie ihren Mann an. Der Aufzug hielt, Kartons, Teppiche und noch mehr Tablettwagen fuhren durch die Gegend.

Erna war jetzt besorgt. Sie ging los, um Lisbeth zu suchen.

»Fünfzig Cent!«, verlangte die Klofrau und wedelte mit ihrem Lappen. Ihr Haar leuchtete fliederfarben.

»Ich suche meine Freundin«, sagte Erna und reckte sich, um einen Blick auf den gekachelten Flur hinter dem Waschraum zu erhaschen. Alle sechs Klotüren waren offen.

»Ist hier nicht«, sagte die Klofrau und wedelte wieder.

»Sie ist etwa so alt wie ich, sehr klein und trägt einen lila Seidenschal, rosa Lippenstift und ein Kostüm. Sie ist Witwe.«

»Die war hier«, sagte die Klofrau. »Sie wollte zuerst nicht bezahlen. Hat einen richtigen Aufstand gemacht.«

»Das ist sie«, nickte Erna.

»Die ist wieder raus«, sagte eine blonde Frau, die vor dem Spiegel stand. Sie hielt ein Schminktäschchen in der Hand und puderte ihre Nase. »Beim Händewaschen hat sie neben mir gestanden. Hier.« Sie wies auf das Waschbecken neben sich. »Sie sah in ihre Handtasche, und dann erschrak sie. Irgendetwas mit dem Bügeleisen … Sie hat vergessen, ihr Bügeleisen auszuschalten. Deswegen lief sie hinaus.«

»Lief?«, fragte Erna.

»Nun ja, so schnell das eben ging. Sehr schnell freilich nicht«, sagte die Blonde. »Sie war sehr aufgeregt.«

Erna nickte nachdenklich. »Und Sie haben sie nicht gesehen?«, fragte sie die Klofrau.

»Gibt es ein Problem?«, sagte eine tiefe Männerstimme hinter ihnen. Ein Wachmann vom Karstadt-Sicherheitsdienst.

»Meine Freundin ist verschwunden«, sagte Erna. Während die Klofrau den Sicherheitsmann über den Vorfall unterrichtete, ging sie langsam und ohne bezahlt zu haben die einzelnen Kabinen ab.

»Nun, dann scheint ja alles klar«, sagte der Wachmann, als die Klofrau geendet hatte. »Sie ist nach Hause gegangen.«

»Das sehe ich anders.« Erna nestelte entschlossen an ihrer Perlenkette und betrachtete die erstaunten Gesichter, besonders lang sah sie die Klofrau an.

»Ich hab nichts gesehen«, wehrte diese ab. »Ihre Freundin hat bezahlt, und dann bin ich rüber zu den Männern gegangen, putzen.« Wie zum Beweis sprühte sie eine Wolke Raumspray in die Luft. Es roch tropisch.

»Und ich sah, wie sie von der Kabine kam, von der dort aus der Ecke, die hinterste«, ergänzte die Blonde.

»Und was genau stört Sie jetzt?«, fragte der Wachmann. »Ihre Freundin sitzt längst zu Hause und trinkt Kaffee. Oder sie bügelt.«

Erna schüttelte den Kopf und ging zu der hintersten Kabine. »Ganz sicher nicht. Denn wissen Sie … Etwas hier ist sehr seltsam.« Ihre Nasenflügel blähten sich, als sie die Luft einsog. »Riechen Sie mal!«

Der Wachmann sah sie verwundert an und schnupperte dann gleichfalls. »Putzmittel?«, vermutete er.

Erna legte den Kopf schief und lächelte wissend.

»Essig und Zitrone?«, riet der Sicherheitsmann. »Ist es das, was Sie bemerkt haben?«

Erna schüttelte den Kopf. »Wenn meine Freundin, wie Sie behauptet haben, hier …«, sie hüstelte, »sich hier erleichtert hat, dann müsste ich das riechen. Es gab heute Leipziger Allerlei in der Kantine, und darin ist Spargel … Und wie Sie wissen …« Erna hüstelte wieder.

Verdutzt sah der Wachmann sie an, dann begann er laut zu schnüffeln, und die Klofrau und die Blonde taten es ihm nach, ja, die Klofrau senkte ihre Nase sogar bis zur Klobrille, das wagte nur sie, aber da sie ja auch für die Sauberkeit zuständig war, war diese Geste doch eigentlich ein gutes Zeichen, fand Erna.

»Nichts«, bestätigte der Mann. »Keine Spur Spargel.«

»Vielleicht, nun ja, musste sie nicht«, sagte die Blonde ratlos.

Erna schüttelte den Kopf. »Dann hätte Lisbeth gewartet. Sie wäre nicht einfach wieder hinausspaziert. Nicht, wenn sie fünfzig Cent bezahlt hat. Sie«, ihr Finger wies drohend auf die Blonde, »haben also gelogen, wenn ich das so sagen darf.«

Der Wachmann sah verwirrt von einer zur anderen. »Bedeutet das, hier ist eine alte Dame verschwunden?«

»So ist es«, sagte Erna. »Die Frage ist nur: Wer entführt eine arme Witwe? Lösegeld ist nicht zu erwarten. Im Besitz von geheimen Dokumenten ist sie auch nicht. Bleibt also nur eins.«

»Na?«, fragte der Wachmann und beugte sich gespannt vor.

»Sie hat etwas gesehen, was sie nicht sehen durfte. Oder wahrscheinlich eher etwas gehört.« Würdevoll ging Erna über den gekachelten Flur zurück zur letzten Kabine, und alle folgten ihr. »Ich stelle mir das so vor: Jemand kam herein, glaubte sich allein und sagte etwas, was niemand hätte hören dürfen. Ins Telefon oder zu einer Begleiterin. Vielleicht ging es um ein Verbrechen – wegen einer Kleinigkeit hätte man sie wohl kaum entführt! Aber warum glaubte dieser Jemand sich ungestört?« Sie hob den Zeigefinger. »Vermutlich hat Lisbeth ihre Tür nicht verriegelt.« Nachdenklich drehte Erna an der Verriegelung der Klotür. Das Signal sprang von Grün auf Rot. »Also sah es von außen so aus, als sei die Kabine frei. Lisbeth schließt nie ab. Sie hat immer Angst, dass sie die Tür nicht wieder aufbekommt und über Nacht eingeschlossen wird.«

Die fliederfarbene Klofrau schnaubte. »Das haben die Leute immer. Und dann quieken sie erschrocken, wenn jemand halb in ihrer Kabine steht. Dabei gucken wir abends immer extra nach.«

»Ruhe!«, donnerte der Wachmann. »Reden Sie weiter!«

»Man muss sie bemerkt haben«, fuhr Erna fort. »Vielleicht ist ihr etwas heruntergefallen, oder sie bekam Schluckauf. Das bekommt sie oft, wenn sie sich erschreckt. Die Frage ist also: Was hat sie gehört, was sie nicht hören durfte? Und: Was hat man mit ihr gemacht?«

»Na, und ob das 'ne Frage ist!«, rief die Klofrau. »Wenn man sie einfach so rausgeschleppt hätte, das hätte doch wer gesehen!« In der Tür sammelten sich derweil die angeforderten Männer des Wachdienstes.

»Darf ich fragen, warum Sie noch hier waren, als ich kam?«, fragte Erna die Blonde.

»Ich pudere meine Nase!«, entgegnete diese gekränkt und puderte so hastig, dass es staubte.

Erna nickte bedächtig. »Und nebenbei haben Sie gewartet, ob jemand kommt, dem Sie das Märchen vom vergessenen Bügeleisen erzählen können. Sie konnten ja nicht sichergehen, dass Lisbeth allein hier war und niemand nach ihr suchen würde. Nebenbei – Lisbeth bügelt immer montags, und heute ist Mittwoch!«

»Verdächtigen Sie mich etwa?«, fragte die Blonde alarmiert.

»Ja«, entgegnete Erna knapp.

»Aber …«, flüsterte die Klofrau, »wo ist Lisbeth?«

Erna schloss die Augen und runzelte die Stirn. »Die Cafétéria. Gardinenabteilung«, zählte sie aus dem Gedächtnis auf. »Was befindet sich auf dieser Etage noch?«

»Teppiche«, sagte der Sicherheitsmann.

»Dann los!«, rief Erna.

»Ich hab noch zu tun«, sagte die Blonde und griff nach ihrer Handtasche.

»Ich muss weiterputzen«, sagte die Klofrau und hob ihren Lappen.

»Alle mitkommen!«, bellte der Wachmann. Die kleine Gruppe folgte Erna in ehrfürchtigem Abstand, als sie durch die Etage stöckelte und suchend zwischen den Teppichrollen umherwanderte.

»Suchen Sie etwas Bestimmtes? Können wir helfen?«, fragte der Wachmann. Erna nickte. »Wenn ich richtig sehe …« Sie deutete auf die dicke Rolle eines rotgrundigen Teppichs, aus deren Ende ganz unverkennbar ein lila Seidenschal lugte. »Wenn Sie so freundlich wären, meine Freundin wieder auszuwickeln? Ich gehe davon aus, dass man sie nur betäubt hat.« Ihre Stimme klang jetzt drohend.

Während der Wachmann vorsichtig den Teppich ausrollte, ließ die gepuderte Blondine ihre Schminktasche fallen und lief los, aber man hielt sie noch vor dem Aufzug fest und übergab sie dem Wachmann.

Eine sehr blasse Lisbeth schlug die Augen auf, als Erna ihr Kölnisch Wasser auf die Schläfen tupfte. »Sie wollten die Kasse ausrauben!«, flüsterte sie. »Sie sprachen über die Alarmanlage und den richtigen Zeitpunkt für einen Überfall …«

Die Blondine fauchte wütend auf. »Warum konnten Sie nicht wie jeder vernünftige Mensch Ihre Tür abschließen! Dann wäre das alles nicht passiert …«

Der Wachmann gab ihr einen Stoß, und sie verstummte. »Ihr Glück, dass die Dame nicht erstickt ist!«, brummte er.

Erna tätschelte besorgt die Wange der Freundin. »Was musst du für Angst ausgestanden haben!«

Lisbeth schnüffelte. »Sie waren zu zweit. Die und der Mann, der in der Elektroabteilung an der Kasse sitzt.«

»Das können Sie nicht beweisen!«, giftete die Blondine.

»Oh doch«, entgegnete Lisbeth. »Ich habe ihm mit dem

Lippenstift auf die Schuhe gemalt, als er mich packte.«

»Wunderbar!«, rief die Klofrau und klatschte in die Hände.

»Wo ich Sie gerade sehe …Ich hätte gern meine fünfzig Cent zurück«, sagte Lisbeth hoheitsvoll und streckte die Hand aus.

Die Klofrau riss die Augen auf. »Aber Sie mussten noch … Sie haben ja noch gar nicht … Kommen Sie mit – ich suche Ihnen eine freie Kabine! Und diesmal passe ich auf, dass niemand Sie entführt!«

»Ich gehe dann doch lieber zur Konkurrenz. Das erscheint mir sicherer«, sagte Lisbeth bestimmt. Dann wartete sie, bis die Klofrau ihr widerstrebend ein goldenes 50-Cent-Stück überreicht hatte, hakte sich bei Erna ein und marschierte hocherhobenen Hauptes zum Fahrstuhl.

Sie würde in Zukunft ihren Seniorenteller woanders essen, das war gewiss.

kobaltblau

Von »still« konnte an diesem Örtchen keine Rede sein. Nicht nur lärmten die Vögel unerbittlich. Wahrscheinlich erzählten sie im ganzen unglaublich grünen Frühlingsbergwald herum, dass sich wieder so ein ungelenker Affe im Grün versäubere, womöglich über die prächtigsten Knospen pisse. Nein, von Zeit zu Zeit dröhnten sogar Kampfjets und Hubschrauber vom nahe gelegenen Militärflugplatz über die Idylle des Justistals, hoch über dem nördlichen Ufer des Thunersees.

Martin war eben erst von der Grönhütte aus über den Fahrweg an den noch nicht bestoßenen Alpweiden vorbei aufgestiegen. Er hatte das Gehölz vor dem Hochtal gerade hinter sich gelassen, als er den Druck auf der Blase spürte. Er kehrte um und begab sich wenige Schritte zurück zum Waldrand, unter dessen Blätterdach er sich vor indiskreten Blicken geschützt fühlte. Denn nun kreiste ein Helikopter über seinem Haupt. Das war auch der Grund für das leichte Zittern, das Martin in den Beinen spürte.

Der Pilot erlaubte sich in seiner Arbeitslangeweile einen Scherz, als er die Wärmebildkamera einschaltete, um den einsamen Wanderer zu beobachten. Rosa leuchtete der Mann auf dem Bildschirm. Und als er sein Wasser ließ, sprudelte es hellrot ins Kobaltblau des Bergbachs. Der Pilot überlegte, ob er den Weg der warmen Flüssigkeit die paar hundert Meter hinunter bis zum Thunersee verfolgen könnte. Da warf ihn ein kräftiger Bergwind leicht aus der Flugbahn.

Als der Pilot nach der Stabilisierung des Helikopters wieder auf den Bildschirm achtete, umspülten rosa Schlieren einzelne Steinbrocken von einem Felssturz, übersprangen kleineres Geröll, schmiegten sich an unterspülte Böschungen und verloren beinahe ihre Leuchtkraft, bevor sie sich in einer Untiefe um eine Form legten. Der Pilot stieß einen Ruf des Erstaunens aus.

Ein Mensch!

Martin beobachtete den Sinkflug des Hubschraubers und glaubte eine hübsche Rettungssanitäterin zu erkennen. Der Lärm wurde unerträglich, der Rotorwind entblößte die Baumkronen. Mühevoll stopfte Martin das von erheblicher Vorfreude geprägte Gemächt in die Hose und verletzte sich leicht, als er den Reißverschluss hoch zurrte. Er schüttelte einen Blutstropfen von seinem Mittelfinger.

Der Hubschrauber landete weit unterhalb von Martin auf der flachen Lichtung, neben den drei Käsespeichern für die Alpen im Justistal, wo zur Zeit der herbstlichen Alpabfahrt das Volksfest des »Chästeilet« zelebriert wird. Aber es stieg keine Rettungssanitäterin aus, sondern ein Mann in der Uniform der Militärpolizei, was – hätte Martin vorher davon gewusst – ein unbeschadetes Eintüten seines fünften Glieds ermöglicht hätte.

Hätte … Wäre … Wenn …

Die Dinge nahmen ihren Lauf.

Während der Violette (wie die Militärpolizisten in der Schweiz genannt werden) auf den Gebirgsbach zustürmte, alarmierte der Pilot bereits die zivile Mordkommission und die Spurensicherung. Denn niemand stirbt gern im eiskalten Frühjahrsschmelzwasser, schon gar nicht eine Frau mittleren

Alters in Wanderkleidung, deren Kopf gesichtsunter sozusagen in Martins Latrine lag.

Zwei weitere Hubschrauber röhrten ins beschauliche Justistal hinein, als Martin bereits im Aufstieg zur Flüelaui war, dem steilen Pfad, der schließlich über den Lawinenabriss zum Schafloch führen würde, einer Höhle auf beinahe zweitausend Höhenmetern, sein Ziel am heutigen Tag. Und es entbehrte nicht einer gewissen Ironie, dass das urzeitliche Höhleneis geschmolzen war, nachdem die Schweizer Armee unter dem Gipfel des Sigriswiler Rothorns hindurch einen Verbindungstunnel ins Mittelland gebohrt hatte.

Ein Helikopter setzte den Störfahnder Bernhard Spring von der Berner Kantonspolizei bei der Leiche ab, der andere deponierte einen Spezialisten der Spurensicherung bei Martins Versäuberungsstelle, bevor er sich auf die Jagd nach dem Bergwanderer machte. Immerhin war es denkbar, dass der Mann einem uneingestandenen Ritual gefolgt war, indem er sich indirekt auf die weiter unten liegende Tote erleichtert hatte. Über derartige Ersatzhandlungen hatte der Polizeipsychologe an der letzten Fortbildungsveranstaltung referiert. Das hatte sich in den Köpfen der Polizisten festgesetzt.

Dem Spurensucher entging dank großzügigem Einsatz von Luminol und den Segnungen der Chemolumineszenz kein Blutspritzer zwischen wagemutigen Schlüsselblümchen und rostigem Stacheldraht, ebenso wenig wie die Abdrücke von Martins Schuhen. Spuren, die später mit denen am Fundort der Leiche verglichen werden konnten. Nur der Urin hatte sich bereits mit dem Schmelzwasser vom Gemmenalphorn in die Merliger Bucht ergossen, als Martin endlich gesichtet und mit ein paar bestimmten Worten aus einem Megaphon zum

Umkehren überredet worden war.

Später stellte sich heraus, dass Martins Blut bereits mit der DNA zweier kopulierender Bergfliegen verunreinigt war. Das wusste er allerdings noch nicht, als er in einer Zelle des Berner Untersuchungsgefängnisses Zeit und Muße hatte, darüber nachzudenken, wohin seine nächste Wanderung führen sollte und ob der Waldrand eine geeignete Stelle für ein stilles Örtchen war. Wahrscheinlich ließ der Bericht der Rechtsmedizin auf sich warten, sodass Martin die Nacht auf einer hölzernen Pritsche neben einer Stahlkloschüssel verbringen musste, während seine Katzen zu Hause auf ihr Futter warteten.

Martin träumte nicht von der Leiche im Wasser, sondern von einer Rettungssanitäterin. Zwar saß er wegen der Toten ein – man hatte ihm mitgeteilt, sie sei vom Alter her passend und er deswegen ein Verdächtiger, selbst wenn die Todesursache noch unter Verschluss bleibe. Wahrscheinlich erfinden die Bullen zuerst eine, vermutete er, und füllen dann die Lücke in der Beweiskette mit den Spuren aus dem Justistal. Da half es wenig, dass die Gegend nach Justus, dem Weggefährten des Heiligen Beatus benannt war, der wiederum aus der weiter unten liegenden Höhle einen gefährlichen Drachen vertrieben hatte.

Oder etwa doch?

Kurz vor zwei Uhr morgens geleitete man Martin in ein Einvernahmezimmer, wo Bernhard Spring bereits auf ihn wartete.

»Auch im Nachteinsatz?«, scherzte Martin.

Spring ließ sich nicht beirren.

»Die Tote heißt Irmgard Eberhard«, begann er formlos. »Allein stehend, fünfunddreißig, wohnhaft gewesen im

Länggassquartier hier in Bern. Kennen Sie die Frau?«

»Nein«, sagte Martin. »Nie gehört.«

»Sie ist offenbar schon vor zwei Tagen verstorben. Ertrunken. Ein leichter Stoß. Ein Stolpern. Ein Schwächeanfall.«

Martin seufzte hörbar erleichtert auf. »Dann bin ich wohl aus dem Schneider.«

»Freuen Sie sich nicht zu früh. Sie hätten sich noch einmal vom Ableben Ihrer Bekannten vergewissern …«

»Sie ist nicht meine Bekannte!«

»… anstatt eine etwas gewöhnungsbedürftige Trauerfeier zu inszenieren.«

»Indem ich indirekt auf eine Leiche pisse?« Martin starrte den Polizisten entsetzt an.

»Es gibt verschiedene Rituale des Abschiednehmens.«

»Ich kann dann wohl gehen.« Martin erhob sich.

Bernhard Spring reagierte mit einer schläfrigen Gewissheit und mit einer abwehrenden Handbewegung, bevor er sagte: »Eine Sache noch: Haben Sie sich beim Rasieren geschnitten?«

»Ja. Ist aber schon fast wieder verheilt. Die eine Leuchtröhre im Badezimmer ist kaputt. Sollte ich wohl mal ersetzen.«

»Aha. Ich dachte, daher kommt das Blut am Waldrand.«

Martin lachte, beeilte sich dann aber unter den strengen Blicken des Störfahnders, seinen Tagtraum von der Rettungssanitäterin zu erzählen.

»Aha«, sagte Spring noch einmal. »Aber es war nicht die Sanitäterin, die Ihnen beim Behandeln der Reißverschlusswunde das Gesicht zerkratzt hat?«

»Ich sagte doch schon …«, begann Martin, verstummte aber, als der Störfahnder ein Blatt mit Laborbefunden auf den Tisch legte.

»Wie kommt denn«, fragte Spring bissig, »Ihre DNA unter die Fingernägel von Irmgard Eberhard?«

CLAUDIA ROSSBACHER

er oder ich

Es würde Ärger geben. Mordsmäßigen Ärger. Das habe ich sofort gerochen. Schon, als er zum ersten Mal unser Haus betrat.

Sie fand, dass er wie George Clooney aussah. Ja, ehrlich! Wie dieser Schönling aus Hollywood, nur um etliche Jahre jünger als das Original.

Dass ich nicht lache! George Clooney für Arme vielleicht. Wenn überhaupt. Tut mir leid, meine Liebe. Ich kann seinem Dreitagebart nichts abgewinnen. Er kratzt, wenn man ihm zu nahe kommt, und stinkt nach kaltem Zigarettenrauch, warmem Bier und weitaus obszöneren Gerüchen. Und das bei meiner feinen Nase! E-kel-haft! Genau wie seine Kleidung – jedenfalls bevor ich meine ganz persönliche Duftnote auf seinem Hemd hinterlassen habe. Selber schuld. Klamotten haben nichts auf dem Schlafzimmerboden zu suchen. Die hängt man in den Schrank. Oder zumindest über die Sessellehne. Nun ja, der Sessel hat beim nächsten Mal auch nichts genützt. Dafür habe ich gesorgt. Schwuppdiwupp sind die Klamotten wieder auf dem Boden gelegen.

Hat der vielleicht ein Theater gemacht, als er hernach in seine nasskalte Hose steigen musste! Zum Glück war ich schneller aus der Tür draußen, als er mich mit seinem Ledergürtel hat treffen können. Brutaler Kerl!

Das Geld für die Reinigung hat sie ihn beim Abschiedskuss zugesteckt, ehe er verschwunden ist. Wie ich gehofft hatte, auf Nimmerwiedersehen. Doch da war es schon zu spät. Sie war in ihn verliebt. Auf mich war sie stundenlang sauer. Ich allerdings noch länger auf sie. Ich habe nun mal die besseren Nerven. Vor allem aber die älteren Rechte als dieser Jüngling.

Glaubt sie denn allen Ernstes, dass ausgerechnet er derjenige, welche ist? Und selbst wenn: *Ich* habe ganz bestimmt nicht auf ihn gewartet. Ganz im Gegenteil. Es ist höchste Zeit, dass er wieder aus unserem Leben verschwindet.

Dabei kann niemand behaupten, dass ich kein Verständnis für sie aufbrächte. Auch wenn sie nicht mehr die Jüngste ist, reicht es ihr hin und wieder nicht, das Bett nur mit mir zu teilen. In solchen Fällen muss dann ein Mann herhalten. Einer für gewisse Stunden. Das kränkt mich zwar zutiefst, aber ich liebe sie nun einmal. Da toleriert man so einiges. Jedoch nicht alles. Schon gar nicht einen wie ihn, der sich perfide in ihr Herz und in unser Leben schleicht. Ich weiß doch längst, was der im Schilde führt.

Als die beiden anfangs stundenlang miteinander gechattet haben, habe ich es geduldig ertragen, verbringt sie doch ohnehin die meiste Zeit vor dem Computer, um unseren Lebensunterhalt zu verdienen. Inzwischen werfen ihre Kolumnen, Kurzgeschichten und Romane immerhin so viel Geld ab, dass wir dieses schmucke Häuschen am Stadtrand beziehen konnten. In so einem wollte sie schon immer wohnen. Also habe ich den Ortswechsel fast ohne Murren hingenommen, obwohl ich mit Veränderungen nicht besonders gut klar komme. Wie gesagt, ich liebe sie eben. Und ich muss zugeben, dass der kleine Garten deutlich mehr Lebensqualität bietet, als der Balkon unserer alten Stadtwohnung. An einem regnerischen Novembertag bin ich von dort einmal in die Tiefe gestürzt und unerwartet hart auf dem Asphalt gelandet. Den schmerzhaften Milzriss habe ich ganz gut überstanden. Gegen den Raucher auf unserem Balkon, der noch versucht hat, mich im letzten Moment aufzuhalten und dabei selbst die Balance verloren hat, bin ich vergleichsweise glimpflich davongekommen. Er hat den Sturz aus dem vierten Stock mit seinem Leben bezahlt. Leider hatte er nur eines – und keine neun, wie ich sie ursprünglich einmal hatte. Wie viele Leben bleiben mir eigentlich noch? Zwei oder vielleicht sogar drei?

Sie hat eine ganze Weile um ihn getrauert. Ich nicht. Stattdessen habe ich es genossen, sie wieder für mich allein zu haben und habe sie großherzig, wie ich nun einmal bin, über den tragischen Verlust hinweggetröstet. So etwas schweißt zusammen.

Ja, ich bin schlau. Viel schlauer als ihre Männer. Erst recht als der Neue. An seiner Stelle hätte ich spätestens nach dem zweiten Schäferstündchen für immer das Weite gesucht. Er hingegen war so dumm zurückzukehren.

Heute bewahrte er seinen Anzug zwar vorübergehend in ihrem Schrank auf, doch Notdurft macht erfinderisch. Also musste sein rechter Schuh dran glauben. Zur Abwechslung entschied ich mich für die etwas härtere Methode. Die Schimpftirade, die morgens losbrach, als er in meine gelungene Überraschung trat, hätte glatt Tote aufwecken können – wäre der nächste Friedhof nicht meilenweit von uns entfernt gelegen. Dem linken Schuh, den er nach mir warf, konnte ich gerade noch ausweichen. Dabei mimt er sonst immer den Ruhigen und Verständnisvollen, nur um sie bei Laune zu halten. Alles Lug und Trug! Wann erkennt sie das endlich? Sie sollte mir dankbar sein, anstatt mich für meine vermeintliche Unsauberkeit zu schelten.

Wenigstens hörte er nach diesem Vorfall auf, sich um meine Zuneigung zu bemühen. Seither herrscht nämlich offiziell Krieg. Auch die nächste Schlacht war nicht besonders schwer zu gewinnen. Ich musste nur oben auf dem Schrank abwarten, bis er es ihr wieder besorgte. Mit dem Sexualverhalten der beiden war ich inzwischen bestens vertraut. Unmittelbar vor seinem Höhepunkt gibt er alberne Geräusche von sich, die mich an die dauergeile Schildkröte in Nachbars Garten erinnern. Da war es wieder, dieses merkwürdige Quieken! Für mich war es das Zeichen, mich todesmutig hinabzustürzen, um just im Moment der Ekstase auf seinem Rücken zu landen. Auf die Plätze, fertig – Punktlandung! Als Fallschirmjäger mache ich mich auch nicht schlecht. Halt ohne Fallschirm.

Während sich sein Oberkörper aufbäumte, versuchte ich, mich an ihm festzukrallen. Vergeblich versteht sich. Die tiefen Kratzer in seinem Fleisch würden ihn wohl endgültig in die Flucht schlagen, so hoffte ich – leider ebenso vergeblich.

Hartnäckig ist er. Das muss man ihm lassen. Und wenig später geschah, was ich mit der ambulanten Katzenklomethode verhindern hatte wollen: Er zog bei uns ein! Es musste dringend eine neue Strategie her, die erst einmal gründlich durchdacht sein wollte. Also haute ich ab. Nicht sehr weit weg. Nur in den Geräteschuppen, um den Feind im Auge behalten zu können. Diese Schlacht hatte er wider Erwarten für sich entschieden. Doch den Krieg würde ich gewinnen. Ein Teilsieg zeichnete sich nach drei Tagen ab. Nachdem sie mich verzweifelt gesucht hatte, gab sie ihm die Schuld, dass ich noch immer unauffindbar war.

Stimmt genau! Und weiter? Nichts! Er machte keinerlei Anstalten, wieder auszuziehen. Dieser Dummkopf! Also gut … Sag nicht, ich hätte dich nicht gewarnt. Ich wusste nun, was zu tun war.

Meine Schreie klangen erbärmlich. Als wäre ich schwer

verletzt und hätte seit Tagen nichts gegessen. Dabei gab es doch reichlich Mäuse in dem Schuppen. Aber das war nur mir bekannt. Und den Mäusen, die meinen Aufenthalt überlebt hatten.

Es dauerte keine fünf Minuten, bis sie mich überglücklich in ihren Armen hielt. Und ich mit den Krallen nach seiner Hand schlug. Wage es ja nie wieder mich anzufassen! Sie trug mich ins Haus und ließ mich von ihrem Paprika-Hähnchen kosten. Zufrieden rollte ich mich auf dem Sofa ein und wartete darauf, dass sie zu Bett gingen. Sex fiel heute aus. Mir war das nur recht. Ich spielte noch ein wenig mit meinem roten Hartgummiball, ehe ich mich zwischen die beiden Kopfkissen zwängte. Ihr Haar duftete noch immer nach diesem zarten Hähnchen.

Lautes Poltern ließ mich aus meinem wohlverdienten Schlaf hochschrecken. Keine Zehntelsekunde später wusste ich, dass meine Taktik aufgegangen war. Ich hatte meinen Ball perfekt vor der Schlafzimmertür platziert, sodass er bei seinem morgendlichen Weg auf die Toilette planmäßig die Treppe hinuntergefallen war. Ob er sich das Genick gebrochen hatte?

Zu früh gefreut. Es folgte ein lautes Stöhnen.

Die nächsten Tage verbrachte er im Krankenhaus. Es war herrlich! Nur sie und ich. Beinahe wie früher. Lästig war, dass sie ihn zwischendurch besuchte. Und dass seine bevorstehende Rückkehr meine Laune zunehmend trübte. Sollte er am Ende gewonnen haben? Ich beschloss, das Feld zu räumen, ehe er heimkam. Frustriert zog ich mich in die Garage zurück. Dort war es wärmer als im Schuppen. Erst nahm ich mir die teure Sonderlackierung vor. Danach sah sein BMW aus, als wäre er mit Stacheldraht bearbeitet worden. Meine Krallen schmerzten zwar, aber das war der Spaß allemal wert. Beinahe hätte er mich in flagranti erwischt. Durch ein offenes Fenster konnte ich gerade noch unbemerkt ins Wageninnere springen.

In der Nacht machte ich mich über die Ledersitze her. Danach schlief ich selig auf der Rückbank ein und träumte von einem Leben ohne ihn. Im Morgengrauen verschanzte ich mich hinter dem zerfetzten Fahrersitz und wartete auf das nächste Donnerwetter, das nicht lange auf sich warten ließ. Zu schade, dass ich sein dämliches Gesicht von meinem Versteck aus nicht sehen konnte! Er tobte und schwor, dass er mich noch am selben Abend umbringen würde. Das werden wir ja sehen, Freundchen! Er fuhr los, und mir wurde prompt speiübel. Der Typ konnte noch nicht einmal Autofahren. Es war zum Kotzen. Doch ehe es soweit kam, sprang ich auf die Rückbank. Von dort schnellte ich wie ein Pfeil lautlos nach vorn und landete auf dem Armaturenbrett. Ich sah ihn an. Er sah mich an. Er oder ich. Das war hier die Frage.

Es gelang ihm nicht, mich mit der Hand aus seinem Blickfeld zu schubsen. Ich sprang ihm mitten ins Gesicht. Der Wagen schlingerte. Dann ging alles drunter und drüber. Bis das Auto mit einem lauten Knall auf dem Dach liegend zum Stehen kam. Mit der Fahrerseite waren wir gegen einen Baum geknallt. Er blutete aus dem rechten Ohr. Das andere konnte ich nicht sehen, da seine linke Gesichtshälfte im Airbag vergraben war. Auch die Seitenairbags waren aufgegangen. Dennoch gab er kein Lebenszeichen von sich.

Vorsichtig streckte ich mich durch. Mir war offenbar nichts passiert. Die Polizei brachte mich zum Tierarzt. Der rief sie an, damit sie mich abholte. Sie weinte, als sie mich in die Arme nahm. Er war tot. Hoffentlich war er der Letzte. Ich habe jetzt nur noch ein einziges Leben übrig. Oder sind es noch zwei?

TATJANA KRUSE

der reizblasenblues

Mein Name ist Gabi Kleefisch, ich bin zweiundvierzig, tierlieb und anschmiegsam, ich mag die *Wildecker Herzbuben* und romantische Sonnenuntergänge und arbeite im Hygienemanagement der Deutschen Bahn, will heißen, ich putze auf der ICE-Strecke Stuttgart–Hamburg–Stuttgart die Zugtoiletten. Manchmal werde ich auch ersatzhalber auf der Strecke Stuttgart–Dortmund–Stuttgart eingesetzt, aber das nimmt sich nichts. Klo ist Klo, egal wo.

Früher wollte ich mich immer auf Heilpädagogin umschulen lassen, aber mein jetziger Beruf ist ideal für mich – ich leide nämlich an einem der letzten großen Tabu-Handicaps der Neuzeit. Ein wirklich großes Tabu. Also … Ich spreche nicht gern darüber. Es ist mir peinlich, und ich zürne dem Schicksal immer noch, dass es ausgerechnet mich damit straft. Na gut, wenn Sie es unbedingt wissen wollen … dann sage ich nur so viel, dass ich schon in der dritten Amtsperiode Schriftführerin der *Reizblasen-Selbsthilfegruppe Böblingen-Ost e. V.* bin. Den Rest können Sie sich dann ja denken. Und auch, warum ich gern in der Nähe von gewissen Örtchen tätig bin. Tätig sein muss.

Nicht jeder ist für den anspruchsvollen Beruf des Zughygienemanagers geeignet – das völlige Fehlen von Ekelgefühlen ist durchaus hilfreich, wenn man, mit Industriereinigern bewaffnet, den Kampf angeht gegen den Urinstein, gegen Geschlechtsakt-Sekrete und die Verkeimung durch Darm-, Wund- und Eiterbakterien auf den Plastiksitzen, den Druck-

93

knöpfen für die Spülung und den Türgriffen. Aber für mich war das immer eine echte Herausforderung. Wenn ich mit einer Toilette fertig bin, kann man darin zwar keine Operation am offenen Herzen vornehmen, aber es ist porentief sauber! Das ist für mich Ehrensache. Da bin ich ganz Schwäbin.

Mit dieser Einstellung betrat ich am 7. November – es war gegen 19 Uhr 52, wir hatten den Bahnhof Kassel-Wilhelmshöhe mit nur 14 Minuten Verspätung in Richtung Frankfurt Hauptbahnhof verlassen – betrat ich also die hinterste Zugtoilette der ersten Klasse in Wagen 14, will sagen, ich sprintete hinein, weil ich einen deutlichen Harndrang verspürte und ich immer noch zu stolz war, Damenwindeln zu tragen. Wer Windeln trägt, hat sich aufgegeben. Dann wird man aus der *Reizblasen-Selbsthilfegruppe* ausgeschlossen und muss sich den *Anonymen Inkontinenzlern* anschließen. Nein danke! Lieber mehrmals täglich im Galopp zum nächsten Lokus.

Jedenfalls war der Blasendruck an besagtem Novemberabend kaum noch auszuhalten.

Ich reiße also die Tür auf und …

… und da sitzt doch noch einer auf der Schüssel.

Ein Mann mittleren Alters mit schütterem Haar und zerknittertem Leinenanzug.

Tot.

Ich weiß nicht, inwieweit Sie sich mit dem Thema Reizblase auskennen, aber ich hatte keine andere Wahl: Ich schubste den Toten von der Schüssel und verschaffte mir Erleichterung.

Der Erleichterung folgte Panik.

Ich konnte das unmöglich dem Zugchef melden! Womöglich drohte mir wegen eines solchen Zwischenfalls die Kündigung. Und ich hätte ja im Zuge dessen zugeben müssen, unter welchem Handicap ich litt. Nein, das konnte ich nicht.

Ich war noch nicht soweit. Es ging nicht.

Andererseits kam ich gerade von meiner gewerkschaftlich ausgehandelten Fünf-Minuten-Kaffeepause und hatte meine Gummihandschuhe noch nicht wieder angezogen, weshalb an der Leiche jetzt zweifellos meine Fingerabdrücke zu finden waren.

Ach, habe ich schon erwähnt, dass die Leiche keines natürlichen Todes gestorben war? Das schloss ich aus dem Schweizermesser, das dem Toten aus der Brust ragte. Und er war definitiv tot: Kein Lebender hätte in der Plörre, die den Boden der Toilette tränkte, auch nur eine Sekunde still gelegen. Offenbar hatte da wieder ein fanatischer Stehpinkler die Schwankungen des ICE bei über 200 Stundenkilometern unterschätzt.

Mein Gott. Was tun?

Ich hatte hochdosierten Hochleistungsindustriereiniger dabei, damit konnte man eine Leiche binnen weniger Stunden vollkommen auflösen. Das hatte ich mal im Fernsehen gesehen und mir gemerkt. Dafür müsste ich den Toten aber in eine Wanne legen, und die gab es im ICE nicht. Wenn es mir gelang, ihn in Klein- und Kleinstteile zu zerlegen, könnte ich ihn natürlich bequem in der Toilettenschüssel auflösen. Aber bis ich den Toten mit dem Schweizermesser filettiert hätte, wären wir längst in Stuttgart, und bis dahin musste er ja schon evaporiert sein. Verdammt!

Der Tote sah mich aus glasigen Augen an. Ich schnüffelte. Wann begann eine Leiche eigentlich nach Leiche zu müffeln? Ich hatte einige Tannenduftbäume in der Latztasche meines Overalls dabei – Duftbäume sind billiger als Parfüm, und bei Aldi hatte es Tannenduft gerade im Angebot gegeben –, die hängte ich der Leiche ans Jackett. Nicht jedem ist es gegeben, mit Tannenduftbäumchen am Revers, uringetränkter Leinenhose und einem Messer in der Brust gut auszusehen. Also, diesem Toten jedenfalls definitiv nicht. Ich seufzte auf.

Da hörte ich es atmen.

Wie ich schon sagte, war der Tote tot. *Er* hatte nicht geatmet. Ich hatte geatmet, aber das war ein anderes Atmen. Dieses Atmen kam von draußen, vom Gang.

Rein prophylaktisch rief ich rasch: »Besetzt!«

Den Schreck steckte meine Blase allerdings nicht gut weg. Ich musste schon wieder …

Und während ich mir so beruhigend zuredete, kam mir auch schon ein Geistesblitz. Ja, ich hatte den Toten angefasst, aber nur am Revers. Es hatte keinerlei Hautkontakt gegeben. Eventuell war noch Faserabrieb von meinem Overall an seine Leinenhose gekommen. Mehr aber nicht. Die Lösung: ausziehen, den Kerl!

Ich verfügte zwar nicht über immense Erfahrung im Umgang mit dem anderen Geschlecht, aber ausziehen an sich ist ja geschlechtsneutral. Ich zog mir also meine Gummihandschuhe über und entkleidete die Leiche. Dafür musste ich das Messer aus der Brust ziehen, was ein eklig schmatzendes Geräusch machte.

Gleich darauf war die Leiche nackig.

An dem splitternackten Leichnam würden sich keine Hinweise auf mich finden lassen. Seine Sachen stopfte ich in einen meiner blauen Müllbeutel. Ich würde sie mitnehmen und im Garten meiner Eltern verbrennen und/oder verbuddeln. Gerettet!

Ich atmete erleichtert aus.

Und hörte wieder dieses Atmen vor der Tür. Einbildung? Nur ein Echo meines eigenen Atmens? Ich wollte meinen

Kopf an die Tür pressen, als mir urplötzlich klar wurde, wer genau da atmete: Derjenige, dem das Schweizermesser gehörte! Ich kannte doch meine Pappenheimer – alle anderen hätten mittlerweile heftig an die Tür gebollert und »Geht das auch schneller?« gerufen. Nur einem Mörder war daran gelegen, diskret zu sein.

Das war jetzt blöd.

Fand auch meine Reizblase, die Entleerung einforderte. In der Zwischenzeit störte es mich überhaupt nicht mehr, wenn beim Pinkeln ein Toter zugegen war. Nicht einmal ein entblößter Toter.

Ich sah auf die Uhr. Mir lief die Zeit davon. Wir waren schon in Höhe Hanau. *Mut, Gabi!*, rief ich mir – lautlos – zu, *Mut!* Ich packte den Müllsack mit den Kleidern des Toten und die Sprühflasche mit dem Desinfektionsreiniger, den ich dem Finsterling in die Augen zu sprühen gedachte. Dann holte ich tief Luft und öffnete die Tür. Keiner da.

Ich lugte hinaus. Weit und breit niemand. Ich trat aus der Toilette. Und da spürte ich ihn in meinem Rücken! Ich drehte mich um. Es war ein Zweimeterriese in einem pastellfarbenen Designeranzug und mit schmierigem Pferdeschwanz. In der Hand hielt er eine Kettensäge. Deswegen hatte er also die Leiche kurzzeitig allein gelassen, um den Zerhacker zu holen. Zugegeben, es war nur eine Mini-Benzinkettensäge, aber dennoch ein so bedrohlicher Anblick, dass mir die Sprühflasche aus der Hand fiel. Hier half nur Flucht.

Ich rannte los.

Die erste Klasse war an diesem Abend so gut wie menschenleer, und die häkelnde Oma auf Platz 33 in Wagen 12 würde mir gegen den Kettensägenmörder keine Hilfe sein.

Im Bordrestaurant saßen natürlich ein paar Menschen, aber

was sollte ich denen sagen? Ich konnte mich doch unmöglich jemandem anvertrauen. Ich müsste nicht nur mein Reizblasenproblem offen legen, sondern auch die Tatsache, dass ich einen Toten geschändet hatte. Die Beweismülltüte hielt ich ja sogar noch in der Hand. Nein, unmöglich. Also rannte ich einfach weiter. Der Kettensägenmörder folgte mir mit wuchtigen Schritten. Keiner schien groß davon Notiz zu nehmen.

Da, aus den Fenstern sehe ich schon den Frankfurter Bleistift, nur noch Sekunden bis zum Halt am Hauptbahnhof. Dort kann ich im Getümmel der Leiber untertauchen und mich in Sicherheit bringen.

Der ICE wird langsamer, ich werde schneller. Der Kettensägenmörder holt auf. Der Zug kommt zum Stehen. Und da … die Türen öffnen sich. Die Rettung lacht mir förmlich ins Gesicht.

Doch meine Reizblase meldet sich wieder. Meldet sich mit einer völlig neuen Vehemenz. Sicher angstinduziert.

Aus dem Zug springen und einnässen?

Nein. Nein und nochmals nein! Stattdessen reiße ich die Tür zur letzten ICE-Toilette vor dem Ausgang auf, verbarrikadiere sie hinter mir und erleichtere mich.

Da merke ich, wie sich der Zug wieder in Bewegung setzt.

Und vor der Toilettentür atmet es.

Und eine Kettensäge setzt sich in Bewegung …

tajine fatale

Schon als der zuvorkommende Marokkaner den Deckel der Tajine abnahm und den Blick auf das verführerisch duftende Schmorgericht freigab, spürte ich das fürchterliche Reißen in der Magengegend. Eben genau jenes Reißen, das mich schon den gesamten Urlaub über begleitete und den Tagesverlauf nicht nach Uhr- oder Mahlzeiten, sondern kräfteraubenden Klositzungen einteilte. Nicht, dass sie besonders ausgiebig waren und viel Zeit in Anspruch nahmen. Es war vielmehr so, dass sie sich in regelmäßigen Abständen wiederholten und mich dazu zwangen, die nächstbeste Toilette oder einen Busch, der nicht voller stacheliger Kaktusfeigen war, aufzusuchen. Das Hauptproblem an der ganzen Misere war die Tatsache, dass sich dieses Prozedere alle dreißig Minuten wiederholte.

»Scheiß Bakterien!«, grummelte ich.

Das exotische Mahl dampfte vor mir. Ich konnte mich nicht zurückhalten. Das gewürzte Hammelfleisch ließ ich liegen, aber wenigstens eine Kartoffel wollte ich probieren. Das, was die Besitzer der einfachen, aber liebevoll eingerichteten Auberge mitten im Hohen Atlas mit so viel Hingabe vorbereitet hatten, durfte ich nicht verschmähen. Eine schlimmere Beleidigung konnte es kaum geben.

Es dauerte dreißig, vielleicht fünfundvierzig Sekunden – dann war es auch schon wieder so weit.

Unmöglich, dass diese kleine, hinterhältige und doch so leckere Kartoffel meine Speiseröhre überhaupt schon verlassen hatte, und trotzdem schien sich mein leerer Magen von innen nach außen zu stülpen. Sofort meldete sich auch mein Darm. Ich hatte aufgehört zu zählen, wie oft das in den vergangenen zwei Wochen schon der Fall gewesen war.

Ich sprang auf, ignorierte die überraschten Blicke der anderen und rannte in den hinteren Bereich der Unterkunft, dorthin, wo alles etwas einfacher gestaltet war und nicht einmal mehr Petroleumlampen die Räumlichkeiten erleuchteten. Draußen war es zwar noch hell, aber die Nacht würde schon bald wie jeden Tag von einer Sekunde auf die andere hereinbrechen. Doch hier drinnen, in diesem fensterlosen Anbau, war es so stockfinster, dass ich Mühe hatte, den Weg zu den Holzverschlägen mit den Löchern im Boden zu finden. Einzig eine schwache, batteriebetriebene Fliegenlampe spendete ein wenig Licht. Gerade genug, dass ich die linke der Brettertüren entdecken konnte. Ich öffnete sie, ließ die Hose rasch hinunter und hockte mich hin.

Keine Sekunde zu früh.

Ich schloss die Augen und dachte an die letzten Tage. Dieser Urlaub war wirklich ein einziges Dilemma in puncto Verdauung. Trotz Kohletabletten wehrte sich mein Körper gegen die fremden, nordafrikanischen Bakterien. Vorher war mir nicht einmal bewusst gewesen, dass mein Körper in der Lage war, die wenige Nahrung, die ich zu mir nahm, komplett auf flüssigem Wege auszuscheiden. Eine überaus unangenehme und schmerzhafte Erfahrung.

Während ich da saß, mich darauf konzentrierte, das Loch zu treffen, und wartete, dass der Durchfall endlich ein Ende nahm, vernahm ich plötzlich ein Geräusch. Schritte auf dem harten Lehm, aus dem auch die Auberge errichtet worden war.

Wollte jetzt etwa auch noch jemand anderes sein Geschäft verrichten, während ich hier so schwer zu kämpfen hatte?

Die drei nebeneinander liegenden Holzkabinen waren nach oben hin offen, die Akustik erschreckend hellhörig. Und zu allem Überfluss handelte es sich auch noch um Unisex-Toiletten. Hoffentlich war der Fremde wenigstens männlich.

Ich stöhnte innerlich auf und griff nach einer Packung Taschentücher, die ich seit Beginn meiner Reise immer in meiner Hosentasche bei mir trug. Noch immer fiel es mir schwer, die benutzten Taschentücher nicht in das Loch in der Erde zu schmeißen, sondern einfach in eine Ecke zu legen. Ein paar Mal hatte ich mir deswegen bereits Ärger eingehandelt. Manch marokkanischer Herbergsvater hatte panische Angst vor der Verstopfung seiner Erdlöcher durch die europäischen Abwischmethoden. Die hiesige Praxis sah erst gar kein Papier vor. Nichts für mich.

Ich schrak hoch, als ich plötzlich ein dumpfes Geräusch hörte.

Und gleich noch einmal.

Jemand klopfte. An meine Holztür. Warum nahm der Fremde denn nicht einfach eine der anderen Kabinen?

Unfähig, in meiner gebückten Haltung zu reagieren, rief ich so etwas wie »Hey! Moment!«, doch schon im nächsten Augenblick bewegte sich die Tür. Ich schrie lauter und versuchte verzweifelt, meine Hose hochzuziehen. Doch die Aufregung tat meinem Darm nicht gut, ich verlor zunehmend die Kontrolle.

Die Tür war jetzt halb aufgestoßen, aufgrund der Dunkelheit konnte ich jedoch nur die Umrisse der Person erkennen. Anhand der rauen, tiefen Arabischbrocken, die er ausstieß, erkannte ich, dass es sich um einen Mann handelte.

Ich kam langsam und noch immer mit halb heruntergelassener Hose auf die Beine und drückte mit aller Kraft gegen die Tür. Es half nichts. Der Fremde war stärker. Plötzlich griff er an seinen Hosenbund, zog einen Gegenstand hervor und richtete ihn auf mich. Ich war voller Panik und war mir sicher, ein Messer in seiner Hand erkannt zu haben. Ohne zu zögern ballte ich meine Faust und schlug so fest ich konnte zu. Ich traf mit voller Wucht.

Es dauerte einen Augenblick, ehe ich verstand. Ich hatte zwar den harten Gegenstand getroffen, doch hielt ihn der Mann noch immer in der Hand. Dann realisierte ich, dass es kein Messer gewesen war.

Im nächsten Moment ging das Licht der Taschenlampe an. Meine Hand schmerzte fürchterlich und ich stieß einen lauten Schrei aus.

Der fremde Mann schien überrascht. Vor lauter Schreck ließ er die schwere Taschenlampe fallen. Für den Bruchteil einer Sekunde leuchtete sie seinen Oberkörper an, dann drehte sich der Mann hastig um und verschwand.

Ich zitterte am ganzen Körper. Das, was ich gesehen hatte, trieb mir den Angstschweiß auf die Stirn: Der unbekannte Araber hatte eine weiße Tunika oder etwas Ähnliches getragen. Nichts Ungewöhnliches, aber was hatten die riesigen dunkelroten Flecken und Sprenkel auf dem Umhang zu suchen gehabt? Alles war voller Blut gewesen. Auch an der Taschenlampe klebte die süßlich riechende Flüssigkeit.

Ich überlegte nicht lange, zog meinen Gürtel fest, schnappte mir die Taschenlampe und rannte hinter dem Mann her. Selbst mein Durchfall war mir in diesem Moment egal. Quer durch die Auberge, vorbei an Schlafzimmern und der Küche, hinaus auf den Schotterplatz vor dem Haus. Ich sah den Mann gerade noch hinter einer Mauer verschwinden.

Dann lief ich die letzten Meter bis zu der Mauer, überzeugt davon, jeden Moment wieder diesem Irren mit dem blutbesudelten Umhang gegenüberzustehen. Hatte er vorgehabt, mich umzubringen?

Ich bog um die Ecke und schloss kurz die Augen. Als ich sie wieder öffnete, blickte ich auf einen Hinterhof. Einige Hühner und Ziegen suchten den staubtrockenen Schotterboden nach Essbarem ab. Eine ausgemergelte Katze schlich ziellos umher. Und da war ja auch der Mann. Er drehte mir den Rücken zu. In der rechten Hand hielt er ein großes Messer, mit dem er gerade ausholte.

Wieder schrie ich ihn an, auf Englisch, was er denn da mache und was er von mir gewollt habe. Ich muss verrückt gewesen sein, nicht einfach davonzurennen, aber etwas in mir ließ mir keine Ruhe.

Endlich reagierte er. Ganz langsam, beinahe stoisch, wandte er sich um, bis ich im Dämmerlicht seine blutbefleckte Tunika vor mir sah. Er trat einen Schritt zur Seite und hob entschuldigend die Hände. Das Messer fiel mit einem Klirren auf den Boden. Nun sah ich, wofür es der Mann gebraucht hatte: Hinter ihm hing ein halb ausgenommener Hammel, Tierblut tropfte auf den Boden.

Das Hammelfleisch aus der Tajine!, fuhr es mir durch den Kopf. Jetzt erkannte ich auch den Mann. Er war der Koch der Auberge.

Peinlich berührt verstand ich, was geschehen war. Er hatte mir nur helfen wollen, als er mir die Taschenlampe auf das dunkle Plumpsklo gebracht hatte. Und ich Trottel hatte geglaubt, er wolle mir etwas antun.

Ich entschuldigte mich so gut ich konnte und schlich beschämt von dannen. Im nächsten Moment stülpte sich mein Magen wieder um. Ich wollte loslaufen, doch stolperte ich und ließ die Taschenlampe fallen. Mühevoll rappelte ich mich wieder auf und rannte zurück zu den Holzverschlägen mit den Löchern in der Erde. Innen war es stockfinster.

vaters letztes geschäft

Lass es uns tun«, raune ich Ralph ins Ohr, übermannt von der Magie des Ortes. Die Düfte von Pfirsich, Zitrone und diesem Mann in der Nase, der Gedanke daran, wie herrlich seine milchkaffeefarbene Haut sich von den silbernen Fliesen abheben wird ... endlich mal wieder Sex im Stehen! Ich dränge mich an Ralph.

Er wird steif. Überall, nur nicht dort, wo es drauf ankommt. Mist.

Er schiebt mich von sich, seufzt, schüttelt den Kopf: »Wir können doch hier nicht ...! Hier, wo dein Vater ...«

»Was hat das mit Vater zu tun?«

»Er ist hier gestorben! Vor gerade mal acht Tagen. Außerdem befinden wir uns in einem Scheißhaus, verdammt noch mal!«

»Pssst«, zische ich, der Gang draußen ist voller Leute.

Wir mustern uns stumm. Ich fürchte, auch Ralph passt nicht zu mir. Wie seine sechzehn Vorgänger. So wenig, wie Vater zu Mutter gepasst hat. Oder ich zu meinen Eltern.

Manchmal denke ich: Das Einzige, worüber die Eltern und ich uns jemals einig wurden, ist dieses Örtchen. Drei Meter siebenundachtzig lang, einen Meter dreiundzwanzig schmal, bar jeder Einrichtung außer dem Nötigsten. Jeder von uns zog sich schon immer gern hierher zurück. Freundliches Licht, friedvolle Atmosphäre.

Was Vater wohl dachte, als ihm der nagelneue Fensterflügel auf den Hinterkopf plumpste? »Nur gut, dass ich gerade runtergespült habe! Aber putzen muss die Alte nachher ordentlich, das Blut hinterlässt doch hässliche Flecken!« – »Hoffentlich kommt sie bald und gibt mir eine Schmerztablette!« Oder doch eher: »Praktisch! Nun kann ich von den Handwerkern Geld zurückfordern wegen unsauberer Arbeit.«

Gut möglich, dass sein Denken sofort aussetzte, hat der Gerichtsmediziner mir erklärt: »Er hatte eine so starke Hirnblutung, dass er vermutlich sofort das Bewusstsein verlor. Selbst, wenn er binnen Sekunden behandelt worden wäre, wäre vermutlich nichts mehr zu machen gewesen.«

Ein einziger Schlag. Arthur Tiefenbacher, vierundsechzig Jahre alt, mein Vater, ist nicht mehr – und ich fasse es einfach nicht.

Plötzlich wird mir schwummerig. Ich lehne mich nach hinten, lasse mich trösten von der Kühle der Fliesen, die ich durch den dünnen Stoff meines Trauerkleides spüre. Ralph tätschelt meine Schulter, dann tippt er auf seine Uhr. Richtig: Wir müssen raus.

Ein letzter prüfender Blick in den Spiegel – okay. Ein letztes Einatmen des geliebten Pfirsichpotpourri-plus-Klostein-Dufts, dann heißt es: tschüss, Fluchtzimmerchen, hallo, Beerdigungsgäste.

In der Wohnung meiner Eltern geht es zu wie im Ameisenhaufen. Schwarz an schwarz, Nachbarn, Kollegen, Verwandte und Bekannte drängen sich um Mutter. Sie eilt vom einen zum anderen, ein Tablett mit Kaffeetassen auf dem Arm, drückt den schmalen Rücken durch. Sogar jetzt, frisch verwitwet, ist Mutter die perfekte Gastgeberin. Ralph mustert sie mit schwärmerischem Blick.

Tante Emma springt von hinten auf mich zu wie eine Spinne auf die Beute, die im Netz zappelt. »Sophie, armer Schatz«, flötet sie, »vermisst du deinen Papa nicht schrecklich? Deine arme Mama, nach vierzig Jahren Ehe ganz allein …«

»Momentan ist sie kein bisschen einsam«, antworte ich, tätschle Emmas Arm und suche das Weite. Ich glaube, Mutter fühlt sich allein gar nicht schlecht. Mit Vater hatte sie es doch nie leicht.

Ich erinnere mich an Gespräche, die sie vor kurzem führten. An Mutters Quengelton: »Jetzt, wo du in Rente bist, sehen wir uns endlich Osteuropa an!« An Vaters halbherzige Antwort: »Hmm. Schauen wir mal. Und jetzt hol mir noch einen Braten, Frau, ich hab' Hunger!«

Mutter war – für mich unverständlich – losgerannt. Immer ist sie für ihn gerannt – die, für die sie heute rennt, sagen wenigstens »Bitte« und »Danke« und lächeln sie an.

Ich bin mir nicht sicher, aber ich glaube, Vater hat Mutter manchmal geschlagen. War auch viel stärker als sie. Sie wollte aber nie drüber reden, machte mir gegenüber zu. Er war der Boss, wir das Gefolge. So bin ich mit siebzehn ausgezogen.

Einmal im Jahr fuhr ich die Eltern besuchen. Letztes Mal drehte sich bei ihnen alles um die geplante Renovierung. Sie erklärten mir: »Wir machen uns neue Böden, neue Farbe an die Wände, neue Fenster …«

»Wenn ihr das wollt«, empfahl ich, fachkundig, denn mein letzter Freund war Glaser, »dann mit modernen Fenstern. Erkundigt euch auch genau, was für Modelle zu diesem alten Gemäuer passen. Und beauftragt ein erfahrenes, gutes Handwerkerteam.«

Da war Mutter mir in den Rücken gefallen: »Wir brauchen aber noch Geld für unsere Reisen! Du weißt doch, wie viele Jahre ich schon vom Reisen träume.«

Für Vater war der Fall sowieso klar. Er donnerte: »Frauen sollen sich nicht über Dinge den Kopf zerbrechen, von denen sie keine Ahnung haben. Renovierungsfragen regelt immer das Familienoberhaupt!«

Sie bestellten dann billigstes Laminat, günstigste Tapeten und als Fenster Auslaufmodelle einer insolventen Firma. Eingebaut von einem internationalen Bautrupp: Radovan, Yüksel und Fritz. Schwarzarbeiter, natürlich. Bezahlt hat Vater bekanntlich mehr als jeder andere: mit seinem Leben.

»Die Scharniere in diesem Dreh-Kipp-Fenster«, erklärte der Kriminaltechniker uns nach eingehender Analyse, »saßen unten nicht fest genug im Holz. Ein klassischer Fall von Pfusch. Der Fensterflügel hätte jederzeit aus dem Rahmen fallen können.« Er sah Mutter in die Augen. »Ein guter Handwerker hätte das vor dem Einbau bemerkt und verhindert. Die Kerle, die Sie da schwarz beauftragt haben, finden meine Kollegen weit und breit nicht. Die Kontaktdaten sind offenbar falsch.« Er schnaubte. »Wenn wir die kriegen, gibt's Ärger, soviel steht fest. Ihnen könnten wir auch leicht ein Verfahren an den Hals hängen, aber«, er atmete tief durch, »Sie sind ja gestraft genug.«

Fall abgeschlossen. Ein Unfall: Klappe auf, Vater tot. Mutter bekommt seine Rente und ich … ach, ich brauch ja nichts.

»Mein Schatz!«, flötet Tante Emma in meine Gedanken – Emma, die schon immer im Haus nebenan wohnte und eigentlich gar nicht verwandt mit uns ist. »Ich hab mir überlegt, falls ihr müsst … ihr habt ja nur das eine WC … wenn ihr dort kein Geschäft machen könnt, du verstehst schon, was ich meine, dann dürft ihr immer unsere Toilette benutzen.« Emma atmet tief durch. »In Ordnung?«

»Ja, danke«, gebe ich zurück, »jetzt *muss ich* aber schnell etwas holen, entschuldige …« Ich flüchte. Mutter wird bestimmt nicht zu Emma gehen, soviel steht fest. Meine Mutter flippt eigentlich nur bei zwei Dingen aus: Wenn ihr einer zu nah auf die Pelle rückt. Und wenn jemand stundenlang ihr Lieblingsörtchen blockiert. Letzteres weiß ich seit meiner Jugend. Noch ein Grund mehr, früh auszuziehen.

Plötzlich kommt Bewegung in die Gästeschar. Alle drängen zum Ausgang – die Kirchenglocken rufen uns. Prompt taucht Ralph neben mir auf, gefolgt von meiner Mutter. Wie die heilige Dreifaltigkeit marschieren wir schweigend durchs Dorf zur Kapelle.

Und dann ist es wie damals, als ich noch ein Firmling war: Pater Placidus predigt, ich atme Weihrauchschwaden und fühle mich wie im schlechten Film.

Mein Vater liegt da vorne im Sarg? Meine Mutter trauert um ihn? Kaum zu glauben das alles. Mutter sitzt sehr gerade zu meiner Rechten und wirkt wie ein Filmstar. In ihrem schwarzen Etuikleid, mit Perlen in den Ohren unter hochgesteckten Locken sieht sie todschick aus. Ihr Mund, wie immer fuchsienfarben geschminkt, ist zwar auffallend schmal und zuckt dann und wann, doch ihre Augen bleiben hell und trocken.

Neben ihr schnieft Ralph in sein Taschentuch. Vorhin hat er ein Kirchenlied mitgeschmettert. Ich spüre förmlich, wie die Wand zwischen uns wächst. Schade, er ist solch ein guter Liebhaber.

In der Kirche an Körperliches denken gehört sich nicht! Also lenke ich mich ab – ich lausche dem Gewisper der anderen Trauergäste. Prompt schnappe ich etwas auf, das mir spannend erscheint, von hinten links.

»Was erzählt der Pater? Unser Verstorbener war ein fleißiger Arbeiter? Das wüsste ich«, zischelt Vaters Ex-Kollege. »Der Arthur kam seit Jahren nicht mehr in die Pötte, der saß nur noch auf dem Pott.«

»Er hatte halt ein Verdauungsproblem«, flüstert die Sekretärin zurück. »Das Alter, Sie wissen doch …«

Da beginnt die Orgel laut zu spielen. Ein Requiem für den seltsamen Mann, der mein Vater war. Ob irgendwer ihn wirklich gemocht hatte?

Kurz später stehen wir am offenen Grab. Der Sarg, der sich nach unten senkt, ist auffallend sorgfältig gezimmert.

Als lese Mutter meine Gedanken, spricht sie zu mir: »Kiefernholz. Hübsch, nicht wahr?«

»Deine Wahl, oder?«

»Ja. Jetzt hat mir niemand mehr hineinreden können.«

Ich greife nach ihrer Hand. Sie erwidert meinen Druck.

Nacheinander häufen wir Erde auf Vaters letzte Behausung. Die wirkt krümelig und so braun wie unsere Verrichtungen. Erde, Scheiße, Klo. Fensterholz, Sargholz – im selben Ton. Passt am Ende nicht doch alles zueinander? Ich unterdrücke mit Mühe ein Auflachen. Hinter uns heulen die Nachbarinnen.

Auf dem Weg zur Gaststätte sucht Mutter meine Nähe. Sie erzählt davon, wie viel Mühe sie sich gegeben hat, den perfekten Sarg zu finden.

Ich staune. »Dass dich so etwas interessiert!«

»Aber natürlich«, entgegnet sie sanft. »Ich wollte als junge Frau Schreinerin werden. Mein Vater und später dein Vater haben es verboten. Hatte ich dir das nie erzählt?«

Endlich Abend! Endlich unter uns. Ich stehe allein in unserem – nun: Mutters – WC und ziehe mir die Lippen nach. Mit Mutters fuchsienfarbenem Lippenstift. Das darf ich eigentlich nicht, seit zwanzig Jahren ist es mir verboten. Heute ist ja wohl eine Ausnahme!

Plötzlich fällt mir aus dem silbernen Lippenstiftdeckel ein

Zettel in die Hände. Ich falte ihn auf. Zwei Namen stehen darauf. *Radovan*, dieser ist durchgestrichen. Dahinter: *Pavel*. Dazu eine Telefonnummer mit mir vage vertrauter Vorwahl. Polen? Tschechien?

Ralph hämmert gegen die Tür: »Wir müssen losfahren!« Ich spüle hastig, rufe: »Gleich!« und knülle den Zettel zurück in den silbernen Deckel.

Radovan? Hieß so nicht einer der Fenstermonteure?

Und warum fiel der Fensterflügel eigentlich ausgerechnet aus dem Rahmen, als Vater auf der Schüssel saß? Er war der Einzige von uns, der Fenster zu kippen pflegte – bevor er sich setzte. Wir Frauen lüften immer hinterher, dazu reißen wir das Fenster weit auf. Hmmm.

Zwei Wochen später

Heute lag eine Karte im Briefkasten, die Karlsbrücke strahlt mir entgegen.

»Liebste Sophie,
ich grüße dich aus einer wunderbaren Stadt! Ich habe mich entschlossen, die geplante Osteuropa-Rundreise allein anzutreten. Dein Vater zeigte dazu ja wenig Bereitschaft. In Prag habe ich Pavel kennen gelernt. Er arbeitet in einer Schreinerei. Ich will dort aushelfen. Wenn ich begabt genug bin, bleibe ich. Pavel wird dir gefallen – gute Hände, dunkle Augen, meckert nie.

Herzlichst, deine Mutter

P.S.: Emma löst unsere Wohnung auf. Falls du etwas von den Möbeln oder Vaters Habseligkeiten möchtest, ruf sie an.«

ein echter scheißtag

Die beiden Weiber da drüben wissen doch genau, was sie tun. Bewegen sich beim Tanzen, als ob ihnen schon einer drüber steigt, plinkern mit ihren falschen Wimpern und strecken einem den Arsch entgegen. Also, klar, das versteh ich als Einladung, wenn sie ihn schon so schwenkt wie billigen Cognac, also draufgehauen, dass es nur so knallt.

Knallt sie mir eine, die Schlampe, und als ich ihr eine verpasse, ist da ihr Freund oder Lover oder Dealer, ein Typ mit 'ner Fresse wie 'n verbeulter Blecheimer, Schultern wie 'n Sargträger, und hilft mir aus dem Etablissement raus. Nicht grad auf die saubere Art. Ab durch die Hintertür und dann noch eins auf die Milz, ich hätte Lust, ihn abzuknallen, aber ich hab nix dabei, hätten mich eh gefilzt. Scheiß Typ, scheiß Weiber, Scheißtag!

Hatte heute Mittag schon so angefangen, ich bei Conny rein, dachte, sie freut sich, tat sie aber nicht. Hielt mir das zappelnde Blag entgegen und sagte: »Der Junge wächst ohne Vater auf!«, und dann schrie sie was von dem Geld, das ich ihr schulde, ich sagte: »Bist du ne Nutte oder was? Wie viel macht das denn, dreimal rüber?« Sie kreischt was von Alimente, und das Blag fängt auch an zu kreischen und zu heulen. Das kann nicht meiner sein, ich heul ja auch nicht, ich lass der fetten Conny also was von dem Stoff da, und als sie ihn sich reinzieht auf der Küchenspüle, da reib ich dem Heuler auch was unter die Nase und er ist ruhig. Als Conny das mitkriegt, schmeißt sie so 'n Schneidebrett nach mir, das trifft mich und trümmert mir den Eckzahn raus, und ich vertrimm das blöde Stück, bis sie jault, »Ich lieb dich doch, ich lieb dich doch«, und ich denk, ich brauch 'nen Zahnarzt, ihr Geschrei macht mir Zahnschmerzen.

Ich dann erst abgehauen zu Carlos, er spült da in diesem französischen Lokal, in dem all die Flachwichserbonzen sich ihren Schampus rein tun und Fischrotze schlürfen, ich sag ihm, dass er mir was zu Essen besorgen soll und lass ihm dafür seinen Stoff da, er sagt, es ist zu wenig und ich halte mal eben seinen Kopf in die Spülmaschine und lass laufen. Ich spül meine Fresse mit Sprit durch, fieses Zeug, Pastis oder so, pur, das muss reichen für den Zahn, und Carlos bringt mir was zu Essen, sein schwarzer Kopf ist ganz rot und ich muss lachen, da tut der Zahn wieder weh und ich verpass Carlos ein, zwei in den Magen. Dann kommt Carlos' Chef, so 'n gegelter Typ, Riesengetue, und schmeißt mich raus, Hausverbot und so; ich schnapp mir noch 'ne Flasche von diesem fiesen Zeug, geh nach hinten auf 'n Parkplatz und schlag die Windschutzscheibe von 'nem Mercedes ein. Hätte gern reingeballert, aber es gibt so Tage, da läuft alles nur noch beschissen.

Machte ich also weiter meine Runde, vertick das Zeug, die Leute haben alle keine Kohle mehr, 'ne Prise hier und halbe Gramms da, sogar der Typ aus der Werbeagentur hat's nicht mehr so dicke, ich geb ihm mehr als er löhnen kann und lass mir dafür seine Rolex schenken. Wollte er erst nicht so gern, aber die Flachpfeife ist ja nur so 'n halber Lutscher im Anzug, ein Klaps, und der war brav, auch wenn er schrie, ich hätt ihm die Nase gebrochen. Das Geschreie geht mir echt auf die Zähne!

Aber dieses fiese französische Zeug half, hopp in 'n Kopp, gut war's. Gleich noch 'ne Pulle geklaut, von der rostigen

Gabel am Büdchen, auch so 'ne Oma, die alles besser weiß.

Wollte ich also ganz relaxed hier chillen, piekfeines Etablissement, Ledersofas und Tapeten, wennste da rüber streichelst ist wie 'ner Braut die Locken kraulen. Dann kamen die Weiber mit ihren Wackelärschen, dann der Blecheimer, und ich denk mir, jetzt 'ne Line, dann hol ich den Ballermann, geh ich zurück und nehm den Laden hoch, als erstes den Sargträger, dann die Weiber, dann den Rest, und die Streicheltapeten hol ich mir für den Heuler und mach ihm 'nen Teddy draus oder so.

Am Ostbahnhof ist 'n neuer Laden, Schikimuschi oder so ähnlich, kleine Japsen in geschlitzten Fummeln, kaum größer als 'ne Mingvase, müssen sich nicht mal bücken zum Blasen, wetten? So Schlitzaugen mit Klapsband hinterm Tresen zerlegen Fische und packen sie auf Drehteller, richtig schnell machen die Jungs das, wer weiß, wen die vorher so alles zerlegt haben, bis sie hierher sind und einen auf Lachspralinenkarussell machen. Is' mir wuppe, ich such das Schikimuschiklo. Viel los is' nich, und statt 'ner Pinkelrinne nur Kabinen, richtig vom Feinsten mit Extralack außen dran und Licht, was erst angeht wenn einer reinkommt. Riecht nach schwulem Blumenladen, aber irgendwie hat das Klasse, nicht so wie das verpisste Bahnhofsklo. Wennde dir da auf dem Klodeckel 'ne Line reinziehst, kriegste gleich noch 'ne Ladung Pennerwichse extra dazu, und auf 'm Spülkasten sind noch die Brandflecken von den Aitsch-Löffeln, nee, echt, muss ich nicht haben.

Ich krieg erstmal die Tür nicht auf, das ist so'n Sensorquatsch, und ich wink und wink mir einen ab, bis die Tür aufflutscht.

Innen drin ist voll Star Trek angesagt. Schwarze Kacheln, schwarze Schüssel, glänzt frisch geleckt, wie der Helm von

Darthy Vader, das alte TBC-Geschoss, und kaum ist die Tür dicht, klappt der Deckel vollautomatisch hoch und die Brille gleich hinterher. Geschmeidiger Service. Ich stell mich also davor, hol ihn raus – aber irgendwie gefällt das dem Japsenscheißhaus nicht, und die Brille klappt runter und beinahe hätt der Heuler zwei Muttis gehabt. Alles klar, ist 'n Emanzenklo, hat Alice Schwarzer den Darth Vader voll runtergeputzt, hier wird nicht im Stehen gepinkelt, und die Macht kannste dir an den Helm stecken. Also setz ich mich erstmal. Alter! Ist die Brille kuschlig warm wie 'ne Muschi!

Da hängt so 'ne Playstation an der Lacktür. Eins-A-HD-Display, richtig lecker neuer Stoff, aber die Japsen hams natürlich nur auf Japsisch dran geschrieben was der Scheiß alles soll. Ich drück so auf dem Display rum, auf einmal rauscht das wie 'n Meer, voll Südsee, ich drück wieder, plärrt die alte Crackschlampe Amy Winehouse rein, dann was mit Geigen, das Lied kenn ich, ausm Fernsehen, da essen die dann immer die Choco Crossies dazu und Fettplauze Pavarotti kreischt Donner und Mobile. Und ich denk mir, das lass ich so, das ist edel, und lass entspannt laufen, schön in Vaders Helm rein. Drück ich mit zwei Fingern so 'n paar Smarties gleichzeitig, wer weiß, vielleicht haben die hier auch 'n Föhn für die Eier?, und da labert mich so 'ne Tussi an: »Die Alkoholanalyse Ihres Urins ist: positiv! Zweikommafünf Promill. Sie sollten einen Arzt oder Apotheker aufsuchen.« Leck mich fett, ich drück weiter, aber dass das 'ne richtig schlechte Idee war, merk ich, als auf einmal wieder die Winehouse los quakt, die Beleuchtung durchdreht wie 'ne Discokugel, und ich von Darth Vader den Einlauf verpasst krieg. 'Ne verdammte Arschbrause! So krass heiß, dass es mir die Rosette verbrüht und ich aufspring als hätt mir einer die Intimgarnitur mit 'nem Tauchsieder poliert! Die Playstation fällt runter, direkt in meine Boxershorts, und zieht sie mir runter auf die Knöchel, schafft es irgendwie unter meine derbegeilen Sneakers, und dann geht der Alarm erst richtig los.

Winehouse wird von Fettzelt Pavarotti abgelöst, und der Arschwasserkocher jagt mir noch ein paar Salven hinten rein. Ich leg mich voll auf die Fresse, erst auf den verbrannten Arsch und dann volle Kante auf die nackten Knie, und dann krieg ich noch 'ne Munddusche verpasst als ich über der Schüssel häng. Die Prisen und Tüten rutschen mir nur so raus aus und alle rein in den Abfluss. Ich lang richtig tief rein, bis zur Schulter, bin ich ein perverser Kuhdoktor?, und das verdammte Klo feuert aus allen Rohren, in die Nase, in die Ohren und immer schön zwischen die Zähne, genau da, wo mich die fette Conny getroffen hat. Mir platzt fast der Schädel, und ich merk schon wie mein Hirn kocht, aber irgendwie krieg ich 'ne Prise zu fassen, da fängt das verdammte Japsenklo an, wie bescheuert zu saugen wie so 'n Ratzeputzewegklo im Flieger, und zieht mir den endgeilen Siegelring vom Stinkefinger, dem ich neulich son 'm Bübchen hinter der Uni abgeklemmt hab! Diese japanische Scheißhausschlampe will mich fressen, denk ich so noch, da bratzt sie mir schon auf den Schädel mit ihrem automatischen Klodeckel, klongklongklong, und saugt sich noch die Rolex runter und zieht mich tiefer ins Rohr, bis ich fast ersaufe. Pavarotti legt sich ins Zeug, die Tussi labert was von Blutzucker und psychogenen Rauschmitteln, und ich schrei »Halt die Fresse!«, aber es hört sich an wie »Wlupwlupwlup«, während dieses verdammte Alice-Schwarzer-Erlebnisklo mich fertig macht. Ich schaff's nach ein paar schönen Schlucken grad so den Kopf wegzudrehen da haut mich die beheizbare Sitzbrille einmal satt unterm Kinn, sauber getroffen, mir klackern alle Zähne, und dann hebelt sie noch mal nach und rumms, direkt unter die Nase.

Is 'n irres Gefühl, wenn man die eigene Zunge kaut und das Nasenbein hochschießt ins Gehirn, besser als jede Line, und Alice Vader explodiert vor meinen Augen in Rot und Weiß.

Scheißweiber, denk ich noch und krieg schon nicht mehr mit, wie die Brille sich hübsch dreht und mich mit, wie auf so 'm Drehteller vorne bei den Sushifutzis, sie bricht mir den Arm, der noch im Rohr steckt, und spült ihn so nach und nach runter. Dann säubert sie sich von meinem Blut und zersplitterten Knochen und Zähnen und rausgequetschten Augen unter nem Duftschwamm, pikobello, und so werden sie mich finden, den Kopf voran in einem Emanzenlokus. Was für 'n echter Scheißtag.

nicht heute

Nicht heute«, schrie sie auf. »Nicht heute!«
Mitten in der Nacht wurde Elvira wach. Schlagartig. An den Traum konnte sie sich nicht mehr erinnern. Einschlafen allerdings auch nicht wieder. Neben ihr schnarchte Ludwig gleichmäßig. Lautlos zählte sie Schäfchen, sagte Gedichte auf, summte Schlaflieder. Nichts half. Vom Bett aus schaute sie durchs Fenster in die sternklare Nacht.

Eigentlich eine Nacht geschaffen für Verliebte, ging es ihr durch den Kopf, und genau in diesem Moment zog vor dem schwarzen Himmel eine Sternschnuppe ihre Bahn. Jetzt ganz schnell etwas wünschen!

Ich wünsche mir einen wunderschönen Tag.

Einen unvergesslichen Tag.

Sie setzte sich auf. Das Schnarchen neben ihr blieb gleichmäßig.

Wieso habe ich mir etwas nur für mich gewünscht?

Sie schüttelte den Kopf.

Wir, Ludwig und ich, feiern doch heute unseren Hochzeitstag. Die Perlenhochzeit. Dreißig Jahre Ehe.

Wie schnell doch die Zeit verging.

Dreißig Jahre.

Elvira seufzte.

Ich wünsche uns beiden einen ganz besonderen Tag. Ach was, sie kicherte leise, heute werden wir es krachen lassen!

Ihre Hand wanderte unter der Bettdecke zu Ludwig, der sich gerade umdrehte, sein Schnarchen für einen Augenblick unterbrach und einen kurzen, aber lautstarken Furz ließ.

Der Zwiebelrostbraten von gestern, vermutete sie.

Leise ächzend stand sie auf und ging in die Küche. Vielleicht würde ihr beim Wiedereinschlafen eine warme Milch mit Honig helfen.

Doch weder warme Milch noch eine Tasse Gute-Nacht-Tee, auch keine zehn Kniebeugen ließen sie müde werden. Sie blätterte in Kochbüchern, räumte die Spülmaschine aus und polierte das Silberbesteck.

Ich bin einfach nur furchtbar aufgeregt, dachte sie, wie damals. Völlig verrückt. Aber heute ist ja auch noch Ludwigs erster Tag als Rentner. Keine Termine, keine Arbeit. Nichts. Nur wir zwei. Heute, heute sind wir ganz für uns. Für uns allein. Sie lächelte.

Ob Ludwig an die kleine Perlenkette zum Dreißigsten für mich denkt? Bestimmt! Oft genug erwähnt habe ich den Wunsch ja. Aber jetzt soll er erst einmal ruhig ausschlafen. Und dann frühstücken wir gemeinsam, packen unsere Geschenke aus und dann …

Sie schmunzelte. So viel Zeit, die sie jetzt hatten. Reisen würden sie machen. Den Tag genießen. Die Kinder hatten ihr eigenes Leben und die ewigen Pflichten ein Ende. Kein öder, verregelter Alltag mehr. Vorbei. Endlich vorbei. Jeder Tag ein Feiertag.

Sie arrangierte Blumen, Servietten, Champagnergläser und Geschirr auf dem Tisch. Dann holte sie die Torte aus dem Keller, verzierte sie liebevoll mit goldenen und silbernen Zuckerperlen und versteckte sie in der Vorratskammer. Endlich schlug die Uhr acht.

Sie zog sich an, nahm ihre Handtasche, überprüfte, ob sie genug Geld dabei hatte. Sie wollte frische, duftende Brötchen holen, vielleicht sogar Croissants, in Erinnerung an ihre

Hochzeitreise nach Frankreich. Das Kleid musste bei der Schneiderin abgeholt werden und das Geschenk für Ludwig beim Juwelier. Und wenn sie zurück war, würde Ludwig sicher ausgeschlafen haben.

Das Kleid saß perfekt. Zufrieden zog sie zum Bäcker weiter, kaufte sogar ein paar Brötchen mehr als nötig. Vielleicht ließen sie ja das Mittagessen einfach ausfallen …

Jetzt nur noch Ludwigs Geschenk beim Juwelier abholen. Eine Krawattennadel hatte sie anfertigen lassen. Ein Schmuckstück mit einer kleinen Süßwasserperle. Als Symbol für ihre Perlenhochzeit.

Und dann sah sie ihn. Hoeneß. Uli Hoeneß! Direkt vor dem Juweliergeschäft. Kurz blieb sie stehen. Unmöglich! Nie und nimmer konnte das der Fußballspieler sein. Aber dieses Gesicht! So viele Fußballer kannte sie nicht, aber Hoeneß, *den* kannte sie. Ungläubig ging sie näher, an dem Mann vorüber, und schaute ihm direkt in die Augen. Doch der wandte sich ab und blickte auf die Auslagen des Juweliers.

Der riecht ja wie ranzige Butter, stellte sie erstaunt fest. Ekelhaft. Und dann so schlampig angezogen. Bezahlte der FC Bayern den etwa so schlecht? Das musste sie unbedingt Ludwig erzählen. Nie im Leben würde er ihr das glauben. Unfassbar. Uli Hoeneß hier in diesem Kaff! Das konnte nicht sein.

Kopfschüttelnd betrat sie den Laden. Während sie die Krawattennadel entgegennahm und wohlwollend begutachtete, hörte sie, wie die Türe aufgerissen wurde und drehte sich um. Ein Mann mit einer Motorradmütze über dem Kopf stürzte herein und stand nur eine Sekunde später direkt vor ihr. In der Hand hielt er eine Pistole.

»Alles hier rein. Schnell!«, schrie er und wedelte hektisch mit einer Sporttasche.

Die Verkäuferin schnappte nach Luft, schrie kurz auf und machte einen Schritt rückwärts.

Elvira starrte den Räuber an, konnte den Blick nicht von der Pistole wenden, bis der Geruch nach ranziger Butter zu ihr herüberschwappte.

»Hände hoch, du alte Schlampe«, brüllte der Mann sie an.

Nein, das kann wirklich nicht Uli Hoeneß sein. Der sieht nur so aus. Das hier ist ein mieser, kleiner Ganove. Und er wird mich erschießen, weil ich sein Gesicht gesehen habe. *Ludwig, bitte hilf mir*. Tränen liefen über Elviras Gesicht. *Ludwig!* Am helllichten Tag wird er mich abknallen wie …

Ein brutaler Schlag gegen ihren Oberarm unterbrach ihre Gedanken, sie fiel zu Boden. Ihr rechtes Knie schmerzte. Die Brötchentüte flog durch die Luft, und der Inhalt ihrer Handtasche verteilte sich auf dem Boden neben ihr. Bonbons, Kugelschreiber, Taschentücher …

Ihr wurde kalt.

»Los hier rein!« Das vermummte Hoeneß-Gesicht deutete mit der Pistole auf sie. »Ja, du da, aber hopp hopp, du hattest noch was in der Hand!«

Zorn erfasste sie.

Nicht die Krawattennadel! Symbol ihrer langen Ehe! Nein, die würde sie nicht aus der Hand geben. Niemals. *Nicht heute!*

Er trat sie gegen den Oberschenkel. Einmal. Zweimal. Doch sie umklammerte die Krawattennadel fest mit der linken Hand. Die Nagelfeile lag zwischen den Taschentüchern.

Du kriegst gar nichts von mir!, dachte sie wütend. Und einfach abknallen lass ich mich erst recht nicht. *Nicht heute!*

Sie schluchzte laut auf, als das Hoeneß-Gesicht sie noch einmal mit roher Gewalt in die Seite trat. Zwischen ihren Beinen wurde es warm und nass. Eingenässt! Sie hatte sich vor lauter Aufregung in die Hose gemacht, und alle konnten es sehen. Sie merkte, wie ihr Gesicht rot anlief und schloss die Augen, unterdrückte die Tränen und krampfte ihre Hände noch mehr zusammen. Ein Unmensch, sie hier so zu demütigen. Vor allen Leuten. Und nachher würde sie auch noch durch die Straßen laufen müssen. Alle würden sie *so* sehen. Ausgerechnet heute!

O nein! *Nicht mit mir! Nicht heute!* Verdammter Schweinehund, du versaust mir nicht den Tag, auf den ich mich so gefreut habe. Auf einmal sah sie die Sternschnuppe vor sich. Atmete kurz durch. Vergaß ihre Schmerzen, holte mit dem Arm weit aus und stach ihm die Krawattennadel in den Unterschenkel. Der Mann schrie brüllend auf, fasste sich an den Schenkel, die Pistole fiel scheppernd zu Boden. Elvira griff rasch nach der Nagelfeile und warf sich mit aller Kraft auf ihn. Die Nagelfeile rammte sie ihm zwischen die Rippen.

»Nicht heute«, schrie sie, »nicht heute!« Sie schrie weiter, schrie unentwegt. Stieß die Feile erneut in seinen Leib.

Ungläubig starrten die Hoeneß-Augen Elvira an.

»Was …?«, krächzte er.

Elvira schrie immer weiter. Sie hörte weder sein Röcheln noch sein Ächzen. Nahm kaum wahr, dass er neben ihr zusammensackte, sein Köper zuckte und sein Atem immer flacher wurde. Und sie sah nicht, wie sich seine Augen wirr hin- und herbewegten, bis sie starr gegen die Decke blickten. Endgültig.

Und Elvira schrie um ihr Leben. Um sie herum drehte sich der Raum. Sie schrie, bis eine Polizistin sie in den Arm nahm.

In eine Decke eingehüllt, saß sie auf dem Revier. Einen lange gesuchten Mörder und Dieb hatte sie getötet. In Notwehr. Die Polizei nahm ihre Personalien auf. Ludwig hatten sie nicht erreicht. Er schlief wohl immer noch. Nein, sie wollte nicht in ein Krankenhaus. Ihr ging es gut.

Sie fühlte sich als Heldin. Sie war unendlich stolz auf sich.

Endlich hatte sie ihr Leben selbst in die Hand genommen. Sie hatte es gewusst: Heute würde ein besonderer Tag werden. Ein unvergesslicher Tag.

Ab heute wäre nichts mehr, wie es war.

Das musste gefeiert werden! Sie lächelte.

Die Polizistin brachte sie im Streifenwagen nach Hause.

Schon am Gartentor hörte sie ihn rufen: »Elviiira! «

Unruhe beschlich sie. Warum schrie er so? Er hätte sich doch denken können, dass sie vielleicht noch kurz zum Einkaufen war ...

»Elviiiira!«

Sie lief schneller. Nein, hatte er sich nicht denken können. Stunden war sie weggewesen. Sorgen wird er sich gemacht haben.

»Ich bin sofort da! Die halbe Nachbarschaft hängt gleich am Fenster«, setzte sie flüsternd hinzu.

»Elviiiiiira!«

Um Himmels Willen, was war denn los? Mit zitternden Fingern schloss sie die Haustür auf.

»Elviiiiiiiiiiiira!«

Sie hastete am Esstisch vorbei, sah die Verwüstung. Der Kuchen völlig zerhackt, ein Stuhl umgefallen, die Tageszeitung zerfleddert im Zimmer verteilt, ein Geruch wie von verbrannter Milch in der Luft ...

»Elviiiiiira!«

Ihr war eiskalt. Sie rannte die Treppe hinauf, schnaufte.

»Ludwig, wo bist du?«

»Elvira, endlich.«

Sie hörte, wie Ludwig einen gereizten Seufzer ausstieß.

»Ich bin hiiihier.« Seine Stimme kam aus der Toilette. »Mensch, wo warst du denn die ganze Zeit?«

»Was ist denn los, Lieber?«, schluchzte sie. »Ist alles in Ordnung?«

»Nein, nichts ist in Ordnung, Elvira«, sagte er und brüllte dann: »Gar nichts, verdammt nochmal. Das Klopapier ist alle.«

klopfen auf dem klo

Nicht schon wieder. Kaum habe ich die Hose runtergelassen, ertönt in der Toilette ein Klopfen. Verdammte Handwerker. Ich gehe zurück in den Flur, horche. Nichts. Zurück im Klo fängt es wieder an. Es muss von oben kommen. Ich steige die Treppe hoch zu dem alten Mann über mir.

Er öffnet die Tür. Ich starre ihn an, denn er ist ganz braun im Gesicht, und die grauen kurzen Haare sind Stacheln, setzen sich in gleicher Länge rund ums Kinn fort.

»Haben Sie im Klo …«, sage ich, und er unterbricht mich sofort. »Ich hab mich schon gefragt, wann Sie kommen.«

»Was?«

»Sie wissen von meiner Sammlung.«

»Nein.«

»Ich sammle Klobürsten. Ich zeige sie Ihnen.«

Ich mache einen Schritt zurück.

»Kommen Sie, es wird Ihnen gefallen.« Er greift nach meinem Arm und zieht mich in seine Wohnung.

»Na, was sagen Sie?«, er hat die Toilettentür weit geöffnet und schiebt mich in den kleinen, von Kerzen erleuchteten, Raum.

Über der Spülung hängt ein mit rotem Samt ausgelegtes Regal. Darauf stehen drei gewöhnliche Klobürsten.

»Die linke«, sagt er, »habe ich 1987 aus dem Vatikan mitgebracht. Und die in der Mitte ist die Perle meiner Sammlung, habe ich in Hitlers Bunker in der Wolfsschanze mitgehen lassen.«

»Und die dritte?«

»Die habe ich selbst gekauft. Zwei sind doch keine Sammlung.«

Ich gehe auf die Knie, lege ein Ohr an die Kloschüssel. Neben dem Klo entdecke ich Druckstellen auf den Fußbodenbrettern, so als hätte jemand mit einem Gegenstand auf den Boden geklopft.

»Was machen Sie da?«

»Ich wollte hören, ob Ihr Klo auch Geräusche macht.«

»Was? Stimmen aus dem Klo? Sie sind verrückt!«

Ich verlasse die Wohnung und klingle zwei Etagen tiefer. Niemand da. Ich gehe zurück in meine Wohnung. In der Toilette klopft es immer noch. Ich lausche am Wasserrohr und betrachte den Wasserspiegel in der Schüssel. Er schlägt winzige Wellen. Ich stecke meinen Kopf hinein.

»Hallo?! Ist da jemand?«

Es hört nicht auf.

In der Nacht träume ich von dem alten Mann aus der oberen Etage, der mit einer Klobürste an mein Fenster schlägt. Ich öffne das Fenster. »Sie sind verrückt!«, ruft mir die Klobürste zu. Ich wache auf und höre mein Herz klopfen im Rhythmus der Geräusche, die mein Klo bewohnen.

Am Morgen ist alles still. Doch kaum sitze ich auf dem Becken, fängt es wieder an. Es kommt von unten. Ich renne die Treppen im Hausflur hinunter, trommle gegen die Tür.

»Machen Sie auf. Ich weiß genau, dass Sie da sind!«

»Es ist niemand da«, sagt eine Stimme hinter der Tür.

Das Gesicht eines ungefähr zwölfjährigen Mädchens mit roten Haaren erscheint im Türspalt.

»Meine Eltern sind verreist, ich bin alleine.« Sie öffnet die Tür ganz. Ihr Körper ist dünn wie ein Stiel und der Kopf zu groß, genauso wie der Fleischhammer in ihrer Hand.

»Du bist das also!«

Sie weicht vor meinen ausgestreckten Finger zurück.

»Von dir kommt das Klopfen.«

»Quatsch. Es gibt kein Klopfen, außer man macht es selbst.«

»Komm mit. Ich beweise es dir.«

Sie steigt hinter mir die Treppe hinauf, und ich erwarte bei jeder Stufe, einen Schlag mit dem Fleischhammer auf den Kopf zu bekommen. An meiner Wohnungstür zögert sie.

»Mein Papa sagt, ich soll nicht zu fremden Männern in die Wohnung.«

»Ich werde dir nichts tun. Du sollst nur das Klopfen hören.«

Sie mustert mich. »Na gut. Aber du solltest wissen, ich kann Sumo.«

Zu zweit stehen wir in der engen Toilette.

»Ich höre nichts«, sagt sie.

»Siehst du? Wenn du hier bist, gibt's kein Klopfen.«

Ich bringe sie wieder zur Tür.

»Was machst du mit dem Hammer?«

»Ich nehme ihn als Puppe, ziehe ihm Kleider an.«

»Bist du nicht zu alt für …«

»Ich weiß, was das Klopfen ist!«, unterbricht sie mich. »Es ist bestimmt der Geist.«

»Wohnen hier viele Geister?«

»Nein, nur bei dir. Das hat mein Papa erzählt.«

»Was hat dein Papa gesagt?«

»Das Gespenst macht Menschen verrückt.«

Am Abend erscheint mir das Klopfen noch lauter als zuvor. Ich glaube, einen Rhythmus zu erkennen. Dreimal kurz, dreimal lang, dreimal kurz. Das kommt mir bekannt vor. Ich gehe zu meinem Computer und gebe »Morse Alphabet« in die Suchmaschine ein. Dreimal kurz, dreimal lang, dreimal kurz. S.O.S. Save our souls. Ich wühle in dem Werkzeugskasten, hole einen großen Schraubenzieher. Mit der Morse-Alphabet-Anleitung in der Hand knie ich mich vor die Kloschüssel. Ich klopfe mit dem Schraubenzieher gegen den Sockel. »W-e-r b-i-s-t d-u?«

Stille. Zumindest hat das fremde Klopfen aufgehört. Ich versuche es noch einmal. Es fängt an, mir Spaß zu machen. »Z-e-i-g-e d-i-c-h.« Es klopft zurück. Aber es kommt von meiner Tür. Ich öffne. Der alte Mann von oben im weißen Bademantel.

»Hören Sie sofort auf mit dem Lärm!«, brüllt er mich an.

Ich schiebe den Schraubenzieher in den Ärmel meines Pullovers.

»Ich war es nicht«, sage ich.

Kaum ist der Alte weg, klopft es wieder. Ich lege eine Decke an den unteren Spalt der Toilettentür, um das Geräusch zu dämpfen. Es nützt nichts, ich höre es in der gesamten Wohnung. Ich lege meine Lieblingsmusik auf. Eine Schallplatte mit polnischen Weihnachtsliedern, das beruhigt mich immer. Ich stelle die höchste Lautstärke ein. Das dritte Stück auf der Platte ist die polnische Version von »Stille Nacht«. Da breche ich immer in Tränen aus, doch diesmal schreie ich laut. Das Klopfen macht alles kaputt. Ich zerrupfe Klopapier und vermische es mit Kerzenwachs. Ich stopfe es mir in die Ohren und lasse mich in den Sessel fallen. Die Geräusche sind weg, aber das Klopfen lässt die Fußbodenbretter vibrieren, dringt über meine Füße in meinen Körper ein.

Jetzt ist Schluss! Ich hole die Wäscheleine, einen Putzlappen und Klebeband. Mit erhobener Klobürste schleiche ich im Treppenhaus nach oben. Ich klingle bei dem Alten.

»Sie schon wieder.«

»Ein Geschenk für Sie.« Ich strecke die Klobürste vor. »Ich wollte mich entschuldigen.«

»Oh, für meine Sammlung. Das ist nett von Ihnen.«

Er bittet mich herein. Im Flur geht er mir voraus. Ich packe ihn und fessle ihn mit der Wäscheleine, und bevor er schreien kann, stopfe ich ihm das Tuch zwischen die Zähne und verschließe den Mund mit dem Klebeband. Ich ziehe ihn an den Schultern in die Küche und binde ihn auf einem Stuhl fest, kippe ihn weit nach hinten und verankere die Lehne am Fensterbrett. So kann der Verrückte keine Klopfzeichen mehr geben.

Ich lasse seine Tür angelehnt und gehe wieder nach unten. Noch bevor ich meine Klotür öffne, höre ich es. Es klopft lauter als zuvor.

Das Mädchen unter mir hat mich schon erwartet. Wieder steht es mit seinem Fleischhammer in der Tür. »Ich dachte mir, dass Sie wiederkommen.«

»Wie heißt deine Puppe?«

»Klopfer.«

Ich nehme Klopfer der Rothaarigen weg und breche den Stiel ab, dann stoße ich sie vor mit her in ihre Wohnung. Im Schlafzimmer steht ein großer Kleiderschrank. »Los, rein da. Jetzt ist Schluss mit dem Geklopfe.«

Ich schließe die Schranktür ab. »Und kein Laut!«, befehle ich.

Zurück in meiner Wohnung ist alles ruhig, doch kaum setze ich mich auf das Klobecken, geht es wieder los. Es muss vom Dach kommen. Ich laufe aus dem Haus auf die andere Straßenseite. Es ist niemand auf dem Dach. Ich gehe weiter bis zum Park, setze mich auf eine Bank. Es klopft immer noch.

Ich schüttle heftig den Kopf. Es wird lauter.

Eine alte Frau hat mich beobachtet, kommt heran. »Sie hören es auch, nicht wahr.«

»Ja«, sage ich, »es ist entsetzlich.«

»Wo kommt das bloß her, dieses Pfeifen?«

defekt

Zwei Frauen und ein Mann. Die alte Geschichte, die aber im Fall von Paula, Uschi und Leo nicht nur einzigartig begann und verlief, sondern auch endete.

Von Leo soll nur kurz die Rede sein. Er hat nichts gegen zwei Frauen in seinen Armen, an seinem Tisch, in seinem Bett einzuwenden, denn sie ergänzen sich auf ideale Weise, sodass er bei der einen findet, was er bei der anderen nicht finden kann, und umgekehrt. Paula ist die kühle Blonde, Uschi die leidenschaftliche Brünette. Den Zustand halten Paula und Uschi allerdings für untragbar und fordern ihn zu einer Lösung des Problems auf. Da kommt Leo auf die glorreiche Idee: Die beiden Frauen sollen es unter sich ausmachen, wer auf ihn in Zukunft verzichten müsse und wer ihn ein Stück auf seinem Lebensweg begleiten dürfe.

Zunächst muss er allerdings eine Weile ohne beide auskommen, denn Paula schlägt Uschi ein Wochenende in der Eifel vor. Paula und Uschi, die nicht nur in Sachen Liebe, sondern auch im Arbeitsleben und als Freundinnen einander verbunden sind, nehmen sich den nächstbesten Montag frei und starten am Freitagabend von Köln aus in Richtung Koblenz. Es ist schon dunkel. Das Kartenlesen erübrigt sich, da Paula im Besitz eines Navigationsgerätes ist und sie nach dem Bliesheimer Kreuz auf der A 61 bleiben können.

Zu Beginn sitzen sie zuversichtlich und keineswegs in Streitlaune nebeneinander, Paula am Steuer, Uschi neben ihr.

Uschi mustert Paulas unergründliche Miene im Profil. Sie wirkt kühl und distanziert, macht nicht den Eindruck, besonders verzweifelt zu sein, sondern eher hochkonzentriert. Uschi legt eine CD ein: *Ich + Ich*, »Gute Reise, Gute Reise«. Sie summt zufrieden und klopft den Takt auf dem Armaturenbrett. Man macht um das Thema Leo einen großen Bogen.

Ausfahrt Swisttal-Heimerzheim.

Paula meldet Durst an.

»Kommt sofort«, verkündet Uschi, kniet auf den Beifahrersitz und dreht sich zur Rückbank zu den Vorräten um. »Ah! Bionade! Holunder und Ingwer!«

»Holunder ist für mich«, bestimmt Paula.

»Ich weiß, wie immer. Lieb von dir, dass du an meine Sorte gedacht hast«, strahlt Uschi über das ganze Gesicht.

»Ist auch Leos Lieblingssorte«, lächelt Paula mit den Mundwinkeln, ohne den Blick von der Straße zu nehmen.

»Tja«, meint Uschi, »wir haben eben viel gemeinsam.«

Sie hebelt die beiden Kronkorken herunter. Das deutliche Plopp vom Ingwer geht in einem Fluch unter, den Paula dem BMW-Fahrer hinterherruft, der sie bei einem Überholmanöver geschnitten hat.

»Prost!« Uschi reicht ihr den Holunder. Paula checkt kurz das Etikett, setzt die Flasche an die Lippen und nippt daran, während sie das Lenkrad ganz cool nur mit der linken Hand hält.

Uschi nuckelt genüsslich am Ingwer und sagt: »Nun lass uns endlich über Leo reden.«

Paula reicht ihr ihre Flasche und meint: »Gleich.«

Ausfahrt Miel.

Uschi gluckst, rutscht tiefer in ihren Sitz, und die Ingwer-Flasche fällt ihr aus der Hand in den Fußraum und rollt dort hin und her.

»Was ist mir dir?«, fragt Paula.

»Ich weiß nicht, ich glaube, mir wird schlecht.« Uschi wird sonst immer nur auf kurvigen Landstraßen schlecht.

»Aber ich bin doch ganz normal gefahren!«

Paula runzelt die Stirn. »Wie siehst du denn aus? Oh je! Schaffst du's noch bist zum nächsten Parkplatz?«

»Nur wenn dort ein Klo ist!« Uschi gluckst wieder undefinierbar und nickt vorsichtig, kann aber noch die Flasche vom Boden aufheben. Sie betrachtet den Rest der gelbgrünen Flüssigkeit von allen Seiten und studiert das Mindesthaltbarkeitsdatum. Alles im grünen Bereich. Sie klappt die Sonnenblende herunter und betrachtete sich in dem kleinen Spiegel. Sie findet, dass ihre Gesichtsfarbe auch ein bisschen nach Ingwer aussieht, gelbgrün.

»Da!« Paula zeigt auf ein Hinweisschild am Fahrbahnrand. »Raststätte Peppenhoven. Noch zwei Kilometer. Mit WC! Ich beeil mich auch.« Sie tritt das Gaspedal durch und wechselt auf die Überholspur.

Uschis Augen werden schwer, sie schafft es nicht länger, sie offen zu halten, ihr Kinn fällt auf die Brust, ihre Hände sinken in ihren Schoß. Ihr Oberkörper rutscht im Haltegurt Richtung Seitenscheibe. Wohingegen ihr Geist noch relativ wach ist. Wach genug, um zu dem Schluss zu kommen, dass die Ingwer-Bionade schuld an ihrem Zustand sein muss. Und da die von Paula stammt, ist Paula schuld. Und da Paula schuld ist, ist das Motiv offenbar: Leo!

Raststätte Peppenhoven.

Paula fährt in eine der Parktaschen vor der hell erleuchteten Raststätte, steigt aus, läuft um das Auto herum, öffnet die Beifahrertür und zerrt an Uschi. Uschi, die wissen möchte, was Paula nun mit ihr vorhat und sich kränker und willenloser gibt, als sie ist.

Paula greift unter ihre Arme und schleppt sie die zwei Stufen hinauf, durch die Drehtüre und an den fragenden Augen des Personals und der wenigen Reisenden vorbei Richtung Waschraum.

»Es geht ihr nicht gut!«, ruft sie. Man nickt verständnisvoll, wer kennt sie nicht, die Unpässlichkeiten der Frauen! Man bietet Hilfe an, Paula lehnt ab.

Sie setzt Uschi auf ein WC, balanciert sie gegen die Rückwand, so dass sie nicht umfallen kann und legt den Riegel von innen quer. Sie lässt sich auf die Knie fallen und kriecht durch den Zwischenraum, den die Trennwand zum Boden offen lässt, in die Nachbartoilette, die, wie sie vorher inspiziert hat, frei ist. Sie wirft abgezähltes Geld für zwei Toilettenbesuche auf den kleinen Teller, weil sie es schäbig findet, eine Klofrau zu betrügen, und verlässt den Waschraum.

»Ich hol nur schnell ihre Tasche aus dem Auto!«, ruft sie der Klofrau zu.

Das tut sie jedoch nicht, sondern stopft dieselbe in einen Papierkorb auf dem Parkplatz, fährt auf die Autobahn bis zur Ausfahrt Rheinbach, wendet dort und fährt zurück nach Köln.

»Wir haben uns geeinigt«, wird sie Leo sagen. »Uschi verzichtet. Aber sie kann nicht länger in deiner Nähe sein, das hält sie nicht aus, sondern irgendwo anders auf der Welt. Ein Lkw-Fahrer hat sie mitgenommen«.

Aber kein Lkw-Fahrer nimmt sich Uschis an. Uschi, die langsam einen Teil der Kontrolle über ihren Körper wiedergewinnt, lässt sich mit einem deutlichen Plumps auf den Boden fallen, als die Nachbartoilette gereinigt wird. Ein Arm und ein Bein rutschen unkontrolliert unter der Trennwand hindurch.

»Kindchen!«, stößt die Klofrau hervor und öffnet mit einem

Spezialschlüssel Uschis Kabine. Sie zerrt die kraftlose, junge Frau in den Flur, zückt ihr Handy und wählt geistesgegenwärtig die 112, obwohl Uschi ihr versucht beizubringen, dass sie es bleiben lassen soll.

Die Klofrau holt zwei Decken, schiebt eine unter Uschi und deckt sie mit der zweiten zu. Der Notarzt kommt, untersucht Puls, Blutdruck und Herz, runzelt die Stirn und lässt sie schließlich auf einer Trage in den Rettungswagen bringen, der unauffällig hinter dem Restaurant steht.

Dort setzt er Uschi eine Kreislauf aufbauende Spritze und hält ihr eine Standpauke wegen leichtfertigen Handelns. Die Erklärung, nicht sie, sondern Paula sei an allem schuld, lässt er nicht gelten. Auch Liebeskummer, meint der junge Notarzt und zieht die Nase hoch, sei kein ausreichender Grund, mit seinem Leben zu spielen. Außerdem habe er Besseres zu tun, als verliebte Selbstmörder zu retten und werde ihr eine saftige Rechnung schicken.

Die Klofrau nimmt Uschi in Empfang und hört sich gern ihre Geschichte an. Sie meint, Leo sei an allem schuld. Und sie sagt ihr auch, was sie an ihrer Stelle machen würde. Zuerst ist Uschi entsetzt, aber dann begreift sie und strahlt über das ganze Gesicht.

Auf dem Weg nach Köln wächst mit jedem Kilometer das schlechte Gewissen hinter Paulas Stirn. Als sie die Raststätte Peppenhoven auf der Gegenfahrbahn passiert, hält sie es nicht mehr aus. Sie fährt in der nächsten Ausfahrt ab und zurück Richtung Koblenz.

Raststätte Peppenhoven.

Paula hält wieder auf dem Parkplatz, lässt den Schlüssel in der Eile stecken, rennt durch die Drehtür und stürmt den Waschraum. Paula rüttelt an der Unglückstür. Sie springt auf.

Uschi sitzt nicht mehr auf dem WC! Paula schreit auf! Sie stellt sich vor, dass ein Notarzt sie ins nächstbeste Krankenhaus gefahren hat, wo man gerade um ihr Leben kämpft. Man wird recherchieren und auf die Verursacherin kommen. Das hat Paula nicht gewollt. Oder Uschi irrt irgendwo umher …

Die Klofrau ist nicht ausfindig zu machen. Im Restaurant fragt Paula nach Uschi. Die Gäste sind nicht mehr dieselben wie vor einer Stunde, aber das Personal hat nicht gewechselt und doch nichts gesehen. Paula setzt sich in eine Ecke im Restaurant, hadert mit ihrem Schicksal, betrachtet ihr aufgelöstes Gesicht in der Fensterscheibe und sieht dort aus dem Augenwinkel, wie ihr Auto rückwärts vom Parkplatz rollt.

Sie springt auf, rennt hinaus und erwischt im letzten Moment die Beifahrertür, reißt sie im Laufen auf und lässt sich auf den Sitz fallen. »Warte«, ruft sie in der nächsten Sekunde, steigt wieder aus und rennt im Zickzack um einige Autos herum bis zu einem Papierkorb, aus dem sie Uschis Handtasche hervorzieht, ausschüttelt und abwischt.

Uschi hat den Fuß vom Gaspedal genommen, während Paula ein-, aus- und wieder einsteigt, jetzt beschleunigt sie erneut.

»Verzeih mir!«, fleht Paula sie an und hebt die Hände gegen den Autohimmel. »Bitte, Uschi! Ich weiß nicht mehr, wie ich das nur tun konnte! Es tut mir so unendlich Leid. Wir sind doch Freundinnen!« Sie klammert sich an Uschi und legt den Kopf auf ihre Schulter und wimmert leise vor sich hin.

»Ist ja schon gut«, unterbricht Uschi sie ungeduldig und erzählt ihr vom Tipp der Klofrau von Peppenhoven. Paula fährt hoch. Sie scheint entsetzt. Aber dann lächelt sie mit den Mundwinkeln, ohne den Blick von der Straße zu nehmen, und murmelt: »Da haben sich die fünfzig Cents ja wirklich gelohnt.«

»Wie war's in Koblenz?«, will Leo am Dienstagabend nach Büroschluss wissen. Er sieht von der einen zur anderen.

Paula: »Wir sind nur bis Peppenhoven gekommen.«

Leo wundert sich. »Habt Ihr euch so schnell geeinigt?«

Paula und Uschi nicken.

»Und wer ist die Glückliche?«

»Verraten wir dir in Peppenhoven«, meint Paula.

»Was gibt es denn Tolles in Peppenhoven?«

»Die klügste Klofrau der Welt!«, ruft Uschi und strahlt über das ganze Gesicht. »Kommst du mit? Jetzt? sofort?«

»Klar!«

Leo sitzt hinten und blickt zwischen den beiden Frauen hindurch auf die Fahrbahn und stirbt gleich vor Neugier, glaubt er.

Ausfahrt Swisttal-Heimerzheim.

Paula meldet Durst an. Uschi verteilt Bionade. Ingwer für Leo, Holunder für Paula und sie selbst. Sie mag jetzt keinen Ingwer mehr.

»Hey, prima!«, ruft er und wedelt mit der Flasche in der Luft herum. »Meine Lieblingssorte. Ihr Süßen denkt auch wirklich an alles.«

Paula und Uschi wechseln einen Blick.

Leo leert die kleine Flasche in einem Zug und verlangt nach einer Zweiten.

Ausfahrt Miel.

Leo wird schlecht. Er jammert und stöhnt, Paula und Uschi wechseln wieder einen Blick.

Raststätte Peppenhoven.

Paula parkt vor dem Restaurant. Sie schleppen Leo in Richtung Männerklo. »Es geht ihm nicht gut!«, rufen sie dem Personal und den Gästen zu. Man nickt verständnisvoll.

Auf dem Männerklo nimmt die Klofrau Leo in Empfang

und schickt gnadenlos alle Männer hinaus, auch die, die es wirklich nötig haben. Sie setzt Leo auf ein WC und lehnt ihn an die Rückwand. Sie schließt die Kabine von außen ab. Sie löscht das Licht, auch im Waschraum, und sie schließt die Eingangstüre zu Männerklo. Sie hängt ein Schild an die Tür, auf dem steht: »Defekt«.

wo der kojote heult

Die erste Nacht im *Field Camp* der *University of Pennsylvania* in Idaho schlief ich schlecht. Waren wir bisher in Hotels oder doch zumindest in Hütten untergekommen, so mussten wir jetzt mit Zelten vorliebnehmen. Um uns zu waschen hatten wir nur den Fluss, und das einzige Klo war ein Six-Seater, ein sechssitziges Plumpsklo. Jetzt waren wir wirklich im Wilden Westen angekommen. Irgendwo in der Ferne heulte ein Kojote.

Evans, der Exkursionsleiter, sah ohnehin aus wie ein Cowboy. Er trug einen Hut mit breiter Krempe, und es hieß, dass er auch einen Revolver, einen guten alten Colt, mit dabei habe. Gesehen habe ich die Waffe nicht. Um unsere Vorräte aufzufüllen, hielten wir in Mackay vor einem *General Store*, in dem man alles bekommen konnte, was man im Westen brauchte. Bier vor allem. Große Mengen Coors und Oly packten wir ein. Ich besah mir die Sättel und Lassos. Evans schenkte mir ein Hufeisen. Es sei *magically protective*, sagte er. Ich war der jüngste Teilnehmer der Exkursion. Von den anderen achtzehn kamen fünfzehn aus den USA, zwei aus Kanada und einer aus Schweden.

»Wohl schwul, Erich?«, sagte Muller, als ich das Hufeisen kriegte. Er grinste.

Ich mochte ihn nicht. Ich war nicht schwul, und Evans wahrscheinlich auch nicht. Jedenfalls trug Evans ein Foto seiner Frau in der Brieftasche mit sich herum.

In Rock Springs in Wyoming hatte unsere Exkursion begonnen. Zehn Tage lang hatten wir eiszeitliche Moränen und Schmelzwasserkiese gesehen. Wir besuchten die Geysire und badeten bei großer Hitze im Yellowstone Lake. Ich staunte über die Weite des Landes. Am meisten überraschte mich aber das Schiff im Gebirge, der Bagger im Yankee Fork.

Evans erzählte. Der Goldrausch in Kalifornien 1849 war nach kurzer Zeit vorüber gewesen, aber die Hoffnung auf schnellen Reichtum war geblieben. Die Suche nach dem begehrten Metall hatte sich in immer unzugänglichere Gegenden des Wilden Westens verlagert. Auch in Idaho war nach Gold gesucht worden. Ein Bergbauunternehmen hatte sich schließlich in Milwaukee am Michigansee einen Schwimmbagger bauen und zum Yankee Fork transportieren lassen.

Der Schwimmbagger war vierunddreißig Meter lang und sechzehn Meter breit. Im Yankee Fork konnte kein Schiff dieser Größenordnung fahren. Der Bagger hatte sich sein Schwimmbecken und seinen weiteren Weg selbst freiräumen müssen, das Baggergut war im Schiff gewaschen, der Abraum anschließend wieder verklappt worden. Zwölf Jahre lang hatte sich das Monstrum durch das Kiesbett seines Baches gegraben. Die Arbeiten waren schließlich eingestellt worden, als er die Grenze des Konzessionsgebietes erreicht hatte. Dort liegt der Bagger noch heute. Insgesamt war das Flusstal auf einer Länge von neun Kilometern umgewühlt worden. Dabei waren, wie eine Informationstafel verriet, Gold und Silber im Wert von 1.037.322 Dollar gewonnen worden. Die Kosten für diese Aktion hatten sich allerdings auf 1.076.100 Dollar belaufen.

Doch das Gold hat trotz aller Enttäuschungen seine Faszination nicht verloren. Evans zeigte uns ein Reagenzglas, in dem er einige millimetergroße Klümpchen Gold hatte. »Selbst gesucht!«, sagte er.

»Vielleicht solltest du den Bagger übernehmen!«, schlug Muller vor.

»Und du willst dir keinen Claim abstecken?« Der weißhaarige Professor, der mich das fragte, hieß Bill. Er stammte aus Idaho, aber er lebte irgendwo an der Ostküste.

»Einen Claim? Wir sind doch nicht mehr im Wilden Westen!«

Bill widersprach: »Doch, Erich, hier sind wir im Wilden Westen. Allein hier in Lemhi County gibt es über tausend aktive Claims. In Idaho sind es über achttausend. Auf dem Land, das dem Staat gehört, kann sich jeder einen Claim abstecken. Jeder, der Gold suchen will. Oder andere Bodenschätze. Die meisten Claims sind nicht größer als dreißig Acres. Zwölf Hektar also. Manche stammen noch aus dem 19. Jahrhundert.«

»Aber – das lohnt doch nicht, so nach Art der alten Goldgräber selbst nach Gold zu suchen!«

»Das ist ein Irrtum«, sagte Bill. »Du musst die Entwicklung des Goldpreises berücksichtigen. Damals, als der Bagger hier am Yankee Fork in Betrieb war, da hat die Unze Feingold fünfunddreißig Dollar gekostet. Heute kostet sie eintausenddreihundertfünfundachtzig! Wenn du den Bagger heute betreiben würdest, würdest du keinen Verlust machen, sondern knapp vierzig Millionen Dollar Gewinn.«

»Der Weg zum Erfolg besteht also darin, sich einen goldhöffigen Claim zu sichern und dann zu warten, bis der Goldpreis hoch genug klettert.«

»Ja. Und der Goldpreis steigt und steigt. Es ist sicher kein Zufall, dass die meisten Claims erst nach dem Jahr 2000 vergeben worden sind. Zuständig für die Vergabe ist übrigens das BLM, das *Bureau of Land Management*. Die Anschrift habe ich dabei.« Aber Bill wusste nicht, ob ich als Ausländer überhaupt berechtigt wäre. Er stieß Muller an: »Zeig ihm die Liste!«

Muller hatte eine Aufstellung aller Claims und ihrer Eigentümer dabei. Die Claims hatten Namen wie *Last Chance* und *Smith's Teardrop*.

Wir fuhren den ganzen Nachmittag umher, und Evans zeigte uns, wie weit hier in Idaho einst die Gletscher gereicht hatten. Jetzt saßen wir wieder auf unseren Pick-up-Trucks und fuhren zurück zu unserem Lager.

»Er kennt sich wirklich gut aus hier, der Evans«, sagte ich.

Mein Nebenmann lachte: »Das ist kein Wunder! Er hat schließlich die letzten zehn Jahre damit zugebracht, diese Gegend für den US Geological Survey zu kartieren.«

»Ich dachte, er ist bei der Uni?«

»Ja, ist er auch. Aber im Sommer, in den Ferien, da zahlt die Uni nicht. Da kartiert er für den USGS. Der Mann kennt hier jeden Stein. Wenn es hier wirklich Gold geben sollte, dann wäre er der Erste, der es wüsste.«

»Aber die Ergebnisse seiner Kartierung – die hat doch der Geological Survey!«

Mein Nebenmann lachte: »Der Geological Survey weiß nur, was der Kartierer ihm erzählt. Jedenfalls munkelt man, dass Evans sich schon vor langer Zeit ein paar Claims in dieser Gegend hier gesichert hat.«

Dann kam der letzte Abend der Exkursion. Wir saßen auf Baumstämmen um ein großes Lagerfeuer. Es gab gegrilltes Fleisch, amerikanisches Weißbrot und jede Menge Bier. Der Schwede trank am schnellsten. Für ihn endete der Abend damit, dass er einschlief und rückwärts von seinem Baumstamm kippte. Auch ich war erheblich betrunken. In der Ferne drohte ein Gewitter, aber ich bezweifelte, dass auch nur ein Tropfen Regen fallen würde. Das Gras hier in den Bergen war verdorrt; es regnete selten in Idaho zu dieser Jahreszeit.

Als ich aufwachte, war es stockdunkel. Ich saß in einer Ecke auf dem Plumpsklo und wusste nicht, wie ich hier hingekommen war.

»Asleep«, sagte jemand. »Fast asleep.«

Es dauerte eine Weile, bis ich merkte, dass er mich meinte. Mir war schlecht. Es war spät in der Nacht, und draußen heulte der Kojote.

»Völlig weggetreten«, sagte eine andere Stimme. »Hier sind wir völlig ungestört.«

»Wie auch immer.« Neben mir wischte sich jemand den Hintern.

»Die Claims«, sagte der andere, »deine beiden Claims.«

»Was ist damit?«, brummte Evans.

»Die gehören jetzt mir.«

»Unsinn. Die Claims sind auf meinen Namen amtlich registriert.«

Der andere lachte. Muller? Ja, das musste Muller sein.

»Deine eidesstattliche Erklärung«, sagte er. »Die hast du vergessen.«

»Dieser Papierkram, das ist doch nur eine Formalie.«

»Die Erklärung ist jedes Jahr fällig«, beharrte Muller. »Das weißt du doch. Die eidesstattliche Erklärung, dass du hier Bodenschätze gewinnen willst. Und die Überweisung der neun Dollar fünfzig an die Verwaltung hier in Lemhi County. Und außerdem die fünf Dollar für das BLM. Wenn du die

Gebühren nicht zahlst, verfällt dein Anspruch, und die Claims sind wieder frei.«

Evans schwieg einen Augenblick. »Du hast sie dir also wirklich unter den Nagel gerissen?«

»Ja.«

»Und – was willst Du mit den Claims?«

»Dasselbe wie du!«

»Dasselbe wie ich? Du hast ja keine Ahnung! Das ist völlig wertloses Land. Ich habe mir die Stücke damals nur gesichert, damit wir unsere *Field Station* hier errichten konnten. Alles nur für die Universität.«

»Zwei Claims für eine *Field Station*?«

»Was willst du, Muller?«

Muller ließ sich Zeit mit der Antwort. Er zündete sich eine Zigarette an. Schließlich sagte er: »Ich lasse ja mit mir reden. Wenn du hier unbedingt nach Gold graben willst – von mir aus. Warum kaufst du mir die Claims nicht einfach ab?«

»Ich soll dir die Claims abkaufen? Meine eigenen Claims?«

»*Meine* Claims. Das sind jetzt *meine* Claims. Aber ich bin nicht daran interessiert, hier eine Goldmine aufzumachen, die vielleicht irgendwann später einmal einen Gewinn abwirft. Ich bin nur an Geld interessiert. An Geld, das ich sofort ausgeben kann.« Die Spitze seiner Zigarette glühte im Dunkeln.

»Darüber müssen wir reden«, sagte Evans. Er erhob sich. Die beiden gingen nach draußen.

Ich muss danach wieder eingeschlafen sein, jedenfalls wurde ich plötzlich wach, als es draußen krachte. Das Gewitter, das schon den ganzen Nachmittag gedroht hatte, jetzt war es da. Ein Blitz jagte den anderen, der Donner rollte. Ich beeilte mich, meinen unbequemen Aufenthaltsort zu verlassen. Kaum hatte ich mein Zelt erreicht, als auch schon der

Regen herunterprasselte. Ich rollte mich in meinen Schlafsack und schlief sofort ein.

Am nächsten Morgen strahlte die Sonne vom Himmel wie an allen Tagen zuvor, und ich war mir sicher, dass es wieder einen heißen Sommertag geben würde. Ich wusch mich im Fluss, und das kalte Wasser half, meinen gewaltigen Kater ein wenig zu vertreiben. Heute war der letzte Tag unserer Exkursion, nur noch ein halber Tag im Gelände, dann ging es zurück nach Hause.

Ich sah mich um. »Wo ist eigentlich Muller?«, fragte ich.

»Der hat einen Anruf bekommen«, sagte Evans, »er musste schon früher weg. Ich habe ihn heute Nacht noch nach Boise zum Flughafen bringen müssen, damit er heute früh die erste Maschine nehmen konnte.«

»Nach Boise? – Das ist eine ganz schöne Entfernung!«, sagte ich.

»Ja, es hat mich fast die ganze Nacht gekostet. Ich bin noch keine Stunde wieder hier.« Evans hatte einen ordentlichen Appetit. Er schmierte sich eine Scheibe Brot mit Erdnussbutter und belegte sie mit einer dicken Scheibe Käse.

Ich schwieg. Ich sah Evans an. Das Gespräch fiel mir ein, das ich heute Nacht mitgehört hatte. War Muller wirklich abgereist? Ich konnte es mir kaum vorstellen. Aber Evans wirkte wie immer. Ich machte mir mein eigenes Frühstück.

Evans beobachtete mich. Schließlich sagte er: »Für dich wird es auch allmählich Zeit. Die Straße ist in einem schlechten Zustand. Wenn du wirklich heute Nachmittag fliegen willst, ist es wahrscheinlich am besten, wenn ich dich auch jetzt gleich zum Flughafen bringe.«

Ich erschrak. »Ach, das ist nicht nötig«, sagte ich rasch.

Doch auch die anderen waren der Ansicht, dass es am

sichersten wäre, wenn Evans und ich uns gleich auf den Weg machten.

»Aber – das geht doch nicht! Du musst doch die Exkursion führen!«

Evans schüttelte den Kopf: »Das macht mein Assistent für mich.«

Ich hatte keine Wahl. Bevor wir einstiegen, legte ich wie zufällig die Hand auf die Motorhaube. Sie war kalt. Evans war heute Nacht nicht in Boise gewesen. Und der erste Donnerschlag heute Nacht – der war anders gewesen als alle nachfolgenden. Hatte der nicht eher wie ein Schuss geklungen? Kein Zweifel, Evans hatte Muller erschossen und begraben. Und ich – ich war ein lästiger Zeuge, der beseitigt werden musste. Hatte Evans nicht stets eine Schaufel auf der Ladefläche? Ich sah nach. Da lag die Schaufel. Sie war blank und völlig sauber.

Evans warf mir einen Blick zu. Er grinste.

Wir fuhren schweigend die Straße hinunter. Ich war mir sicher, dass dies mein Ende war. Aber nichts geschah. Schließlich sagte Evans: »Hast du das Hufeisen noch?«

Ich nickte.

»Das ist gut«, sagte er. »So ein Hufeisen bringt Glück.«

Ich nickte. Würde ich am Ende doch mit heiler Haut davonkommen?

»Du warst ziemlich betrunken gestern Abend«, fuhr Evans fort. »Was immer du gehört haben magst – das vergisst du am besten. Nach so viel Bier kann man sich auf sein Gedächtnis nicht mehr verlassen.«

»Nein.«

»Du hast geglaubt, ich hätte mich mit Muller gestritten. Ich habe dich beobachtet. Du hast vorhin prüfen wollen, ob ich heute Nacht tatsächlich nach Boise gefahren bin. Du hast daran gezweifelt. Aber der Motor kühlt hier in den Bergen schneller ab als in der Stadt. Und die Schaufel – du hast ja selbst gesehen, dass meine Schaufel blitzsauber ist.«

Ja, das hatte ich. Ich war erleichtert. Ich hatte mich getäuscht; Muller war auf dem Weg nach Hause, und ich würde auch heil zum Flughafen gelangen.

Evans konzentrierte sich auf den Weg. Der Regen hatte tiefe Furchen in den Lehm gespült, und wir mussten langsam fahren. Eine Weile sagte niemand etwas. Schließlich murmelte Evans ganz leise, aber eindringlich, so dass ich ihn kaum verstehen konnte: »Merke dir eins, Erich: Hier im Westen ist es niemals gut, wenn man sich mit jemandem anlegt. Wer hier verschwindet, der verschwindet für immer. Dafür braucht man keine Schaufel. Der Kojote beseitigt alle Spuren.«

»betritt ein andrer diesen ort ...«

Das Krankenhaus war ein sicherer Ort. Der Ansicht war Mathilde Varnhagen von Kindesbeinen an. Es gab zwar Leute, die jede Klinik verteufelten, weil sie glaubten, in Krankenhäusern sterbe man eher als zu Hause, aber dazu gehörte Mathilde nicht. Es war nur ihr Herz, das nicht mehr so wollte und sie dazu zwang, in die Klinik zu gehen. Jeden Morgen, jeden Mittag, jeden Abend wurde der Blutdruck gemessen, einmal täglich Blut abgenommen oder sie trug den ganzen Tag ein EKG-Gerät spazieren.

Mathilde nahm alles mit großer Gelassenheit hin, weil sie ihr Leben immer so akzeptierte wie es war. Es gab nur eines, das ihr den Krankenhausaufenthalt arg vermieste: Ihre Bettnachbarin Frau von der Waffel. Sie beschimpfte Mathilde, klagte ihr ständig ihr Leid und führte sich auf, als sei sie die einzige Kranke auf der Station. Dabei stöhnte und japste sie jedes Mal, wenn sie ihren übermäßig breiten Körper aus dem Bett heraus und wieder hinein bewegen musste und vor Anstrengung rot anlief. »Ich habe es mit dem Herzen, muss Ruhe haben«, war ihre Standardaussage.

Dass Mathilde ein ähnliches Gebrechen hatte, scherte sie nur wenig. Sie war eine von und zu, wenn auch ungeadelt, und da war ihr Herz selbstredend ein Stück wertvoller als das einer einfachen Mathilde. Schon allein wegen der vielen wertvollen »Stents« darin, wie sie nicht müde wurde zu erklären. »Stents« waren die Implantate, die ihre Gefäße am Herzen offen hielten. Mathilde hatte sich schlau gefragt, um nicht völlig verblödet da zustehen. Sie konnte natürlich nicht mithalten, denn ihr Herz wurde nur von einer Tablette in Schach gehalten. Eine einzige am Morgen zusätzlich zu denen, die sie wegen anderer Gebrechen einnahm.

»Die muss ich auch noch schlucken«, erklärte Frau von der Waffel. »Das sind Digitalis.« Es klang, als habe sie gerade vom feinsten Kaviar gesprochen. Wie zur Bestätigung fingerte sie eine Dose aus ihrer Nachttischschublade. »Ich habe eine andere Firma für meine Medizin. Hochwertiger als dieser Krankenhausdreck. Nehme sie selbstständig.« Sie schüttelte die Dose, lauschte dem Klackern, als säße sie in einem Konzert.

Mathilde achtete am nächsten Morgen genau darauf, ob die Pillen ihrer Bettnachbarin auch anders aussahen, aber da gab es keinen Unterschied. Frau von der Waffel hatte wie immer maßlos übertrieben. Weil sie eben bei allem maßlos übertrieb und ganz besonders, wenn es um die gemeinsame Nutzung der Zimmertoilette ging. Das duldete Frau von der Waffel nämlich gar nicht und verkündete schon bald die Alleinherrschaft über das Örtchen.

Als Mathilde es trotzdem nutzte, kam es beinahe zum Eklat. Frau von der Waffel erdreistete sich eines Morgens nämlich, sie von der Kloschüssel zu jagen. Es war beschämend für Mathilde, über den Flur zu huschen, bis sie die rettende Tür erreicht hatte.

Mathilde wagte es aber nicht, sich zu beschweren, dazu war ihre Bettnachbarin zu laut, zu dominant und sie zu zurückhaltend. So nahm sie es hin.

Während Mathilde also, trotz ihrer Herzprobleme, wahre Geschwindigkeitsrekorde auf dem Weg zum Gemeinschaftsklo aufstellte, ließ Frau von der Waffel ihrer Kreativität freien Lauf und malte ein Schild, das nun mit rosa Schleifen den Eingang ihrer Privattoilette schmückte. Es zierten tiefrote

Rosen, und dazwischen schlängelte sich ein kleiner Vers, den Frau von der Waffel mit ihrer schnörkeligen altdeutschen Schrift selbst verfasst hatte. »Betritt ein andrer diesen Ort, so jage ich ihn ganz schnell fort!«

Mathilde empfand es als pure Provokation, schwieg aber auch dazu, weil es augenscheinlich sonst niemanden störte. Ihr ging es bei alledem immer schlechter, ihre Bettnachbarin dagegen genoss ihren Triumph in vollen Zügen. Mathilde schlug das alles auf den Magen. Während sie vor Kummer wie ein Spatz mit Magengeschwür das Essen von einer Tellerseite zur nächsten schob und extrem wenig aß und trank, damit sie den Gang zur Toilette auf ein Minimum begrenzen konnte, schaufelte sich Frau von der Waffel die Krankenhausmahlzeiten mit großer Wonne hinein.

Mathildes Leid schien sie mehr und mehr zu beflügeln. Für die spitzen Bemerkungen hievte sie ihre Massen, die von Bettkante zu Bettkante reichten, sogar in der Nacht in die vertikale Position. »Wer in der Jugend vorgesorgt hat, braucht im Alter nicht zu darben«, war nur einer ihrer Sprüche. Immer wieder schlug sie den Bogen zu Mathildes niederer Herkunft, die sie mit der Nase eines Spürhundes blitzschnell herausgefunden hatte.

Mathilde versuchte, die Bemerkungen zu ignorieren, sich nicht unterkriegen zu lassen. Sie hatte auch ihren Stolz. Obwohl sie nur vom Land kam. Obwohl sie ihr Leben lang nur die Hühner und den Hof versorgt hatte. Sie besaß kein teures Parfüm wie Frau von der Waffel, und sie hatte lediglich ein einziges Kostüm, das sie zu Weihnachten und zu Beerdigungen aus dem Schrank holte. Es roch immer ein bisschen nach Mottenkugeln, und doch war es für Mathilde ein feierlicher Geruch.

Nachts hallten ihr Frau von der Waffels Worte im Ohr.

Tanzten Polka, wiederholten sich und wiederholten sich und wiederholten sich …

Immer mehr begann sich in ihr ein Gefühl zu regen, das Mathilde in ihrem achtzigjährigen Leben bislang fremd gewesen war. Erst gestand sie es sich nicht ein, aber nach und nach nahm es Formen an.

Als Frau von der Waffel schließlich erneut zum Schlag ausholte, indem sie demonstrativ den Türgriff zu ihrer Toilette umschloss und »Was ist es schön, ein eigenes Örtchen zu haben«, flötete, dabei Mathilde süffisant anlächelte, flüsterte die zum ersten Mal das Wort: Rache! Erst schlug sie sich mit der Hand vor den Mund, aber dann begannen die Gedanken zu kreisen. Frau von der Waffel sollte leiden. Einmal richtig leiden. Und sie, Mathilde Varnhagen, würde ihr dabei genüsslich zusehen.

Eines Morgens, als die Laune von Frau von der Waffel mehr als grottenschlecht war, entschied sie sich dafür, ein paar Tabletten zu stehlen und damit ihre Bettnachbarin außer Gefecht zu setzen. Die Schwester ließ das Medizintablett immer unbeaufsichtigt auf dem kleinen Tisch im Flur stehen, wenn sie etwas holen musste. So ein paar zusätzliche Pillen würden Frau von der Waffel schon nicht umbringen, sie hatte schließlich eine robuste Natur und genug zuzusetzen. Viel hilft viel, dachte Mathilde, ging hinaus, bediente sich reichlich. Frau von der Waffel konnte eine Menge vertragen. Das hatte sie selbst behauptet, allerdings war es dabei um Champagner gegangen.

Mathilde nahm von jeder Farbe eine Tablette, aber alle aus verschiedenen Töpfchen, damit es nicht auffiel. Sie brauchte sie Frau von der Waffel nur in den morgendlichen Orangensaft zu kippen, während die sich im Badezimmer der Morgentoilette hingab.

Das Einrühren in den Orangensaft ging schnell, allerdings musste sie doch ein paar Tabletten mit dem Messergriff zerstampfen, weil sie sich eben nicht wie Brausebonbons auflösten. Dann hatte Mathilde es geschafft, der Saft wurde nur ein kleines bisschen trüb. Das würde sicher nicht auffallen.

Als Frau von der Waffel wieder ins Zimmer kam, war ihr Gesicht finsterer als je zuvor.

»Was hat Sie denn so verstimmt?« fragte Mathilde betont freundlich.

»Die Nachtschwester hat gesagt, ich muss Sie ab heute auf mein Klo lassen. Das lasse ich mir nicht gefallen, Sie werden schon sehen! Ich nutze meine Toilette nicht gemeinsam mit einer Bäuerin! Niemals! Sie werden schon sehen, dass ich mir nichts, auch gar nichts gefallen lasse.« Danach würdigte sie Mathilde keines Blickes mehr.

Die jedoch genoss zum ersten Mal, seit sie im Krankenhaus war, den Geruch der frischen Brötchen auf ihrem Tablett. Sie biss herzhaft hinein und betrachtete mit Genugtuung, wie ihre Bettnachbarin den Orangensaft in einem Zug austrank, einen kleinen Rülpser von sich gab und sich dann hintenüber fallen ließ.

Mathilde griff nach ihrer eigenen Tablettenration. Sie nahm stets alle auf einmal in den Mund, sortierte sie dann dort mit der Zunge. Anschließend schluckte sie sie der Reihe nach herunter zuerst die dicke lange, dann die kleine runde, dann die lackierte, dann die ganz kleine fürs Herz. Die, die Frau von der Waffel auch nahm, aber von der besseren Firma. Mathilde schluckte und schluckte, stutzte …

In Gedanken noch einmal von vorn. Erst die dicke, lange. Dann die kleine runde, schließlich die lackierte, nun die ganz kleine … Eine ganz kleine.

Mathilde fasste sich an den Hals. War es wirklich nur eine

gewesen? Sie war sich nicht sicher. Die Tyrannei ihrer Bettnachbarin hatte sie unkonzentriert gemacht.

Gerade wollte sie nach der Klingel greifen, zuckte dann aber zurück. Wenn es gar nicht stimmte, würde sie sich vor Frau von der Waffel völlig blamieren, und sie hätte vollends verloren.

Sie beschloss, noch ein wenig abzuwarten. Abwarten hatte ihr immer im Leben geholfen. Alles würde sich von selbst regeln. Sie schlief ein, wurde wach, als Frau von der Waffel kreidebleich hinter der Tür mit dem rosa Schleifchen verschwand.

Mathilde kam die Welt mit einem Mal vor, als befände sie sich in einem Spielfilm, der auf Zeitlupe gestellt war. Das Zimmer war plötzlich grün, dann wieder ein bisschen gelb. Und ihr war verdammt schlecht, aber es reichte nicht, um sich zu übergeben.

Frau von der Waffel wankte gerade vom Örtchen zurück. Trotz Blässe umspielte ein gehässiges Lächeln ihren Mund, als sie zu Mathilde hinüberblickte und deren offensichtliches Unwohlsein bemerkte. Sie nestelte in der Schublade nach ihrer Tablettendose, die sie einmal kurz in Mathildes Richtung nach oben hielt und leicht schüttelte. Ihre Geste war eindeutig und Mathilde verstand sofort: Eine Frau von der Waffel würde sich nie von einer Bäuerin unterkriegen lassen.

Ihre Bettnachbarin kippte zurück in die Kissen, griff nach der Klingel.

Mathildes Gedanken schlugen Purzelbäume, sie versuchte, sie zu ordnen: Frau von der Waffel war außer sich vor Wut, dass sie, Mathilde, von heute an die Toilette mitbenutzen durfte. Ihre Sätze von vorhin sagten alles. »Ich teile nicht mit einer Bäuerin das Klo. Sie werden schon sehen. Das lasse ich mir nicht gefallen … nicht gefallen … nicht gefallen …«

Dann schossen Mathilde die Worte des Arztes in den Kopf. »Mit den ganz kleinen Tabletten, Frau Varnhagen, da muss man vorsichtig sein, dass man nicht zu viel nimmt. Sehr vorsichtig.«

Mathilde versuchte noch einmal, alles zusammenzufassen: Erst die dicke lange, dann die kleine runde, dann die lackierte, dann … viele kleine. Ganz viele kleine Tabletten. Es war als prasselten sie ihr aus Frau von der Waffels Dose aufs Gesicht. Ihre Sinne tanzten, spielten ihr Streiche.

Sie wandte den Kopf, sah ein paar Schwestern und Ärzte an sich vorbeischweben. Sie schienen sehr um das Wohlergehen von Frau von der Waffel bemüht. Mathilde hob die Hand, aber niemand bemerkte sie.

Sie öffnete ihren Mund, doch dem entwich nur ein lautloser Schrei. Keiner sah, wie schlecht es ihr ging, niemand würdigte Mathilde Varnhagen eines Blickes. Alles drehte sich nur um Frau von der Waffel.

Als ein schwarz gekleideter Mann an deren Bett trat, fragte Mathilde sich noch, ob es der Pfarrer oder der Teufel war. Und ihr letzter Gedanke war, als ihre Seele sich gemeinsam mit der ihrer Feindin auf die letzte Reise begab, ob es in der Ewigkeit auch Toiletten gab, um die man kämpfen musste. Denn dann würde sie wohl auch dort keine Ruhe finden.

cave canem

Ein Blick über die Schulter, ja, der Legionär ist auf dem Weg zurück in das Lager, und da kommt Paris, ihr schwarzweißer Hund, schwanzwedelnd von der Latrine zurück. Gut.

Jetzt zu Berix. »Komm, mein Großer, mein Starker, lass es dir schmecken.« Die Verheißung in ihrer Stimme ist nicht mehr das, was sie einmal war, es knarrt und knarzt, wird es reichen?

»Gib die Suppe schon her, Titia, kochen kannst du ja. Und dein Wein ist auch nicht schlecht. Aber was ist los, seit wann so freundlich, altes Huhn, früher hast du gegackert und gekeift, wenn ich dich nur angesehen habe. Früher, als du noch jung warst und dein Haar von sattem Braun, die Haut frisch und rosig und der Körper gertenschlank. Und jetzt, grau der Knoten mit dem dünnen Haar auf deinem Kopf, Runzeln im Gesicht, faltig der Körper. Was willst du? – Verpiss dich, Köter, oder der nächste Tritt ist fällig!«

»Ab, Paris.« Ein Knochen für den Hund, in den Hof geworfen, außer Reichweite. Der gute Paris, alt geworden mit ihr, doch immer noch flink auf den Pfoten, trotz des Beinbruches nach dem Tritt. Fast so flink wie damals, nachdem sie ihn aufgepäppelt hatte. Halb verhungert war das Tier gewesen, als sie ihn in den Gassen des Vicus gefunden hatte. »Ein Hund«, hatte Modius, ihr Mann, gesagt, »was sollen wir in der Taverne mit einem Hund?« Doch sie hatte Modius angelächelt, war nett zu ihm gewesen, hatte betont, dass der Hund ungebetene Gäste fernhalten könnte, und hatte ihn behalten dürfen. Es hatte sie nie gereut.

»Ach, weißt du, Berix, seit mein Mann tot ist … Und ich darf dich daran erinnern, dass du auch nicht mehr der Frischeste bist, wenn du dich auch gut gehalten hast. Du zählst genauso viele Jahre wie ich, und auch dein Haar ist grau und nicht mehr voll. Ja, ja, ich weiß, das Leben für die Legion, wenn auch nur als Schuster …«

Das Leben in dieser unwirtlichen Provinz, im Lager wie im Dorf davor, ihrem Dorf, ist wahrlich nicht leicht. Es macht die Männer hart und die Frauen gefühllos. Nun, sie nicht. Aber seit die Mädchen weg sind, beide Töchter, geht es bergab. Mit den Händlern sind sie gezogen, und sie kann es ihnen nicht verdenken, war sie doch damals, als junges Ding, auch so aus Rom gekommen, den Legionen folgend. Hatte ihren Mann getroffen, der als Schmied gearbeitet hatte, bis ihn die Gicht erwischt und sie die Taverne aufgemacht hatten, hier, in der Provinz Germania Magna, damals noch aufblühend und vielversprechend. Damals hatte sie Paris die Kunststückchen beigebracht, nur so aus Spaß, zusätzliches Geld hatte sie noch nicht benötigt.

»Trink noch ein wenig Wein, Berix, und lass uns von den alten Zeiten plaudern.« Sie setzt sich neben ihn, gießt ihm nach, in den billigen Tonbecher, die teuren kann sie sich nicht mehr leisten. Das Öllämpchen auf dem Tisch flackert und rußt. Berix löffelt die Suppe mit aufgestützten Ellenbogen, schlürft, es tropft auf seine Tunika. Er lächelt sie an, rülpst, und trotz des schwachen Lichtes kann sie die schwarzen Zahnstummel sehen. Sie legt ihre Hand auf seinen bepelzten Arm. Bald hat sie ihn soweit. »Früher warst du hinter mir her wie Paris hinter den läufigen Hündinnen, Berix, und nur schwer habe ich mich deiner erwehren können. Ist deine Manneskraft erlahmt?«

»Ha!« Sein Arm mit dem Löffel fährt in die Luft, Suppe und Fleischstückchen spritzen umher.

Paris läuft herbei, sucht sie vom Boden, bevor er an Berix' Gürtel zu schnuppern beginnt. Ein derber Stoß, ein kurzes Jaulen, der Hund springt davon, den Schwanz zwischen den Hinterbeinen.

»Verdammter Köter! Damals, bei meinem Stamm auf der anderen Seite des Rhenus, haben wir sie am Spieß gebraten. Ihr Römer seid schon seltsam, haltet dieses Viehzeug als Hausgenossen und gebt ihnen Namen. Wenn ich den mal allein erwische … Den mache ich fertig, und dann richtig, dann kommt er nicht nur mit einem Hinkebein davon. Genau wie ich noch jede Frau bekomme, die ich haben will, und es ihr besorge, bis sie schreit.«

Ihre Hand krallt sich in seinen Arm, er nimmt es offenbar als Anerkennung: »Ja, wenn ich will!«, sagt er.

»Nur dass es hier keine Frauen mehr gibt, Berix. Die Einheimischen lassen ihre nicht mehr in unsere Nähe, und freiwillig wie früher zieht auch aus dem Reich keine mehr nach. Seit Varus' Niederlage ist alles anders geworden, Tiberius hat ja immerhin noch einmal für etwas Ruhe gesorgt, aber dieser junge Pfau Germanicus macht alles nur schlimmer. Für die paar Legionäre, die hier noch liegen, und die du mit Schuhwerk versorgst, kommen nicht einmal mehr die Huren her. Du wirst nicht jünger, Berix, was willst du machen, wenn das Reißen in deinen Händen dich Schere und Ahle gar nicht mehr halten lässt?«

»Die Römer haben mir eine Pension versprochen«, brummt Berix und nimmt einen ordentlichen Schluck Wein.

Sie schenkt ihm nach.

»Titia!« Das war der Centurio Hermodius, betrunken wie gewöhnlich. Sie sieht ihn an. Entschließt sich. Sie hat ihn lange genug geschont, heute ist die Reihe an ihm. Sie bedenkt Berix' haarigen Arm mit einem sanften Streicheln und geht hinüber.

»Titia, ich will zahlen.«

»Gern, Hermodius, das macht fünf As für Wein und Speise.« Sie schnalzt mit der Zunge, Paris läuft hinkend herbei, steht schwanzwedelnd neben dem Betrunkenen. Der zückt seinen Beutel, zählt mit unsicheren Fingern das Geld heraus, hängt die Börse wieder an den Gürtel. Der Hund springt kurz und gezielt, dann läuft er davon. Gutes Tier!

Hermodius schwankt aus der Taverne, er wird noch die Latrine aufsuchen, bevor er zurück ins Lager torkelt. Das tun sie alle. Zwei Zecher sitzen noch auf den hölzernen Bänken, Pferdeknechte, und natürlich Berix, doch für heute ist es genug. Nicht übertreiben. Sie schenkt den Pferdeknechten nach, wechselt ein paar Worte mit ihnen, lacht zu den derben Witzen. Dann verlässt sie den Schankraum, überquert den Hof, betritt die Latrine, ihr ganzer Stolz. Modius, als er noch lebte, hatte dieses Schmuckstück gebaut. Vier Sitze nebeneinander über der Abwasserleitung, davor das Wasserbecken mit dem Schwammstock, alles so sauber, wie es der Caesar nicht besser hätte haben können. »Eine gute Latrine ist das Aushängeschild einer Taverne«, hatte Modius gesagt, und hätte er Marmor für die Sitze geordert, hätte es sie nicht verwundert. Aber schon die Sitze aus einheimischem Sandstein sind eindrucksvoll genug, mit gutem Holz verkleidet. Sie nimmt einen Lappen, wischt über den Sitz, wo Hermodius sein Wasser abgeschlagen hat. Sauberkeit ist oberstes Gebot auf ihrer Latrine, jeder weiß, dass sie darauf hält.

Paris umspringt sie, wartet auf seine Belohnung. »Hier, mein Guter, hast sie dir verdient.« Sie wirft ihm ein Stück süßes Backwerk hin, das liebt er am meisten. Die Börse, die der Hund in eine kleine Vertiefung neben dem Wasserbecken gelegt hat, ist gut gefüllt, Hermodius hat wohl gerade seinen Sold abgeholt. Einmal hatte ein Händler gemerkt, dass seine

Börse fehlte, sie wurde wiedergefunden in dieser kleinen Vertiefung. »Welch ein Glück«, hatte er gesagt und: »Vielen Dank, gute Frau, dies ist ein Haus, in dem nichts wegkommt, ich werde es weiterempfehlen.«

»Guter Hund, mein Paris.« Sie streicht dem Tier über den Kopf. Der Zufall mit der Börse des Händlers hatte sie damals auf diese Idee gebracht. Es hatte nicht lange gedauert, Paris den Trick beizubringen. »Kluger Freund!«

Zurück zu Berix. Der hat inzwischen noch ordentlich dem Wein zugesprochen. Sie setzt sich wieder neben ihn, und diesmal lässt er seine Hand auf ihren Arm fallen. »Ach, Titia, vielleicht sollten wir doch den alten Zwist begraben. Bist ja noch eine ansehnliche Frau, und ich ein ganzer Mann. Hast ganz recht, wird Zeit, dass ich mir wieder ein neues Weib suche, wo doch die Alte durchgebrannt ist. Kochen kannst du, auf Sauberkeit hältst du auch und bringst sogar noch Geld herein mit deiner Taverne. Nur der Köter muss weg. Doch egal jetzt, komm, altes Mädchen, wo ist dein Lager?« Seine Hand wandert ihren Arm empor.

Sie lächelt, rückt ein wenig ab. »Gern«, gurrt sie, »aber noch sitzen die Pferdeknechte bei ihrem Wein, die müssen erst verschwinden. Komm, trink noch etwas. Geht aufs Haus.«

»Bleibt ja sozusagen in der Familie, ha ha.« Er schenkt sich nach, säuft, rülpst.

Die beiden Pferdeknechte stehen auf, sie geht zu ihnen, kassiert die Zeche. »Alles zu eurer Zufriedenheit?«

»Ja, danke. Gut wie immer. Vale, Titia.«

»Vale.« Sie schaut ihnen nach, die Richtung Latrine verschwinden, räumt die Becher weg, wischt den Tisch ab. Berix sitzt und trinkt, ein Grinsen im Gesicht.

Noch ein wenig wischen hier, fegen dort, immer schön mit dem Hintern in Berix' Richtung. Der sitzt, schaut zu, schnalzt mit der Zunge. »Nun ist genug, komm her, ich will dich, hier und jetzt.«

Sie tänzelt auf ihn zu. »Ja, mein Starker, aber erst gehst du pinkeln. Deine Blase ist doch voll wie eine Amphore, das wird nichts mit dem Spaß, das wird dich behindern.«

»Blödsinn«, lallt er, folgt ihr aber brav, die ihn am Arm nimmt und zur Latrine bringt. Schön die Tür schließen. Sie lüpft seine Tunika, setzt ihn auf den Sitz.

»Oh, hier? Nun, warum nicht? Wirst sehen, wie gut ich bin.«

»Ja, gleich, mein Großer.« Sie dreht sich um, nimmt den Stock mit dem Schwamm, den man braucht, um sich nach dem Geschäft zu reinigen.

»Ich muss mich nicht noch waschen, jetzt übertreibst du aber …«, protestiert Berix noch, als sie schon den Stiel, den sie heute Morgen angespitzt hat, in seinen Körper rammt.

Er schreit nicht, wie sie befürchtet hat, gurgelt nur vor sich hin, während er sich auf dem Sitz zusammenkrümmt, stöhnt. Zu besoffen zum Schreien. Aber das hätte ohnehin niemand gehört, kaum einer lebt noch in dem Vicus, in diesem Dorf vor dem Lager. Sie auch nicht mehr lange.

Jetzt schnell. Mit einem Eisen öffnet sie den Deckel, der zum Abwasserkanal führt. Hier kann man hinunter, um bei Bedarf den Kanal zu reinigen, aber seit Jahren hat das niemand mehr getan. Nicht hier, nicht woanders im Vicus, nicht im Lager. Häufig hat sie sich darüber geärgert, heute nicht. Nein, das ist gut, die Götter sind mit ihr.

Paris ist da, blafft freudig, nicht laut. »Ruhig, Paris, es ist gut.«

Sie zerrt den blutenden und stöhnenden Mann vom Sitz, er fällt auf den Boden, stöhnt lauter. Er ist schwer, schwerer als gedacht, jetzt nicht nachlassen, ziehen, ziehen, und hinein in den Schacht. Sie hört ihn auf dem Wasser aufschlagen. Das

Stöhnen wird leiser. Sie sieht sich um, war ihr doch so, als fiele etwas Metallenes auf den Boden. Da, sein Dolch, mit dem Fuß schiebt sie ihn an den Rand des Schachtes, ein letzter kleiner Tritt, und er fällt hinein. Das Stöhnen schwillt noch einmal an. Doch als sie den Deckel wieder an seinen Platz geschoben hat, hört sie nichts mehr.

Sie richtet sich auf, atmet durch. Genießt das Gefühl. Den Triumph. Gleich wird sie sich einen Becher vom besten Wein gönnen, doch noch ist sie nicht fertig. Während sie mit Wasser und Lappen putzt, humpelt der Hund um sie herum, zeigt an, wo noch Spuren von Blut sein könnten, die sie im kärglichen Fackellicht nicht sieht. Dann ist es geschafft. Paris läuft zu der Vertiefung neben dem Wasserbecken, wedelt mit dem Schwanz. Tatsächlich, sie zieht eine Lederbörse hervor. Berix hatte viel Geld dabei. Sie lacht. »Guter Paris, braver Hund. Der Kerl wird dich nie wieder treten.«

ein guter platz

Sex im Alter – die Leute haben doch keine Ahnung! Isolde drückte die prall gefüllte Plastiktüte fester an die Brust und streichelte ihre glatte Oberfläche. Warm, weich – und wenn sie an den Inhalt dachte, lief Isolde eine Gänsehaut über den Rücken. Ja, das war besser als Sex – viel besser, nun ja, gewesen, wie es aussah.

Ihr Blick streifte Bruno, im spärlichen Mondlicht sah er noch bleicher aus als vorhin im Wohnzimmer.

Rocky sprang um sie herum, sein braunschwarz gescheckter Schwanz drehte sich wie ein Propeller, und seine Augen blitzten abenteuerlustig.

»Wo kommt der Köter her?«, blaffte Karl-Theodor überlaut. Sein Hörgerät war defekt, oder war es Majorgewohnheit? Den Kasernenhofton konnte man wahrscheinlich nicht ablegen wie die Uniform. Oder die Haltung. Als kommandierte er einen Panzer auf dem Weg in die Schlacht.

Rocky sprang ihnen voraus in die Grube.

»Pfeif die Töle zurück!«, brüllte Karl-Theodor und fuchtelte mit dem Schaufelstiel, der ihm auch als Stock diente.

»Schrei nicht so«, zischte Isolde und legte den Finger vor den Mund, um ihr Anliegen zu illustrieren, hören würde er sie schwerlich. »Rocky, komm zu Frauchen!«, lockte sie leise.

Rocky blieb verschwunden.

»Ich schreie nicht! Los jetzt!«, trompetete Karl-Theodor und schubste sie in Richtung Grube. Die war fast zwei Meter tief und die Leiter kippelig. Widerwillig legte Isolde die Tüte ab

161

und machte sich an den Abstieg. Abnehmen sollte sie, dann wäre sie beweglicher. Ihre Bandscheibe ließ sie aufstöhnen, Schmerz zuckte durch ihr rechtes Bein bis in die Zehen. Keuchend stand sie unten, in Brunos Grube.

Bruno. Der Lateinlehrer und Hobbyarchäologe hatte sich mit zweiundsiebzig seinen Jungendtraum erfüllt und ein Haus auf geschichtsträchtigem Boden, an der Straße Am Wiegel, gekauft. Seither führte er in seinem Garten Ausgrabungen durch, im Schutz des Gartenhauses. Jeder wusste, dass der Boden in Haltern Artefakte aus der Römerzeit barg, jeder kannte das Legionslager, keine zweihundert Meter von hier auf der anderen Seite der Weseler Straße, auf dessen Überresten jetzt das Römermuseum stand.

Und hier, rund um Brunos Straße, hatte man das zum Lager gehörende Dorf lokalisiert. Stolz war Bruno gewesen, als er tatsächlich Fundamente gefunden hatte, den Beifunden nach zu urteilen von einer Taverne oder Herberge. In den Regalen an den Schuppenwänden hortete er seither Keramik, ein paar Münzen, einen großen Bronzering und – sein ganzer Stolz – eine korrodierte Messerklinge, vom Dolch eines Legionärs gewiss. Wie genau sie sich noch an Brunos leuchtende Augen erinnerte, als er ihr von seinem Dolchfund erzählt hatte! Ja, ihr Gedächtnis arbeitete tadellos, trotz ihrer Fünfundsiebzig.

Mehr als zwei Drittel der Grundfläche des Gartenhauses nahm seine Ausgrabung mittlerweile ein. Vorn ragten Fundamente einen halben Meter aus dem Boden, laut Bruno Reste einer Latrinenanlage ... Isolde hatte nicht wissen wollen, woraus er das geschlossen hatte. Und quer durch die Grube, deutlich tiefer als die Mauerreste, verlief eine bröselige Zementschicht, die Sohle eines Abwasserkanals. Auf der gegenüberliegenden Seite verschwand sie in einem Loch in der Erdwand, einer Art Tunnel, an dem Bruno zuletzt gearbeitet hatte, um den Verlauf der Leitung ein Stück weit verfolgen zu können.

Karl-Theodor, der Isolde ächzend in das Loch gefolgt war, ließ den Strahl seiner Taschenlampe zittrig durch die Grube streifen, dann über die Wand nach oben wandern, bis er die Tüte erfasste.

»Lang mal hoch und gib sie mir!«, blaffte er.

Isolde zuckte zusammen, ein Schatten schoss vor ihr aus dem Tunnel, Rocky. Was schleppte er da im Maul? Irgendetwas Längliches. Seit sie die Siebzig überschritten hatte, sah sie nicht mehr gut. Wie der Blitz sprang der Beagle einen Erdhaufen hinauf und verschwand aus ihrem Blickfeld. Was sollte es …

Karl-Theodor fokussierte den Lichtstrahl auf dem Boden. Ja, der römische Abwasserkanal war nicht nur Brunos liebstes Projekt gewesen, sondern auch das perfekte Versteck. Denn im hinteren Teil der Grube war der Kanal auf einer Länge von knapp einem halben Meter eingebrochen. Der Untergrund musste irgendwann unterspült worden sein. Bruno hatte die Trümmer herausgeräumt und eine bis unter den Kanal reichende Höhlung freigelegt. Sie bot reichlich Platz für fünf Plastiktüten und zwei Sporttaschen, und ihr Zugang war üblicherweise von ein paar Brettern abgedeckt.

»Die Tüte, mach schon!«, raunzte Karl-Theodor.

Wieder schlug Isoldes Herz schneller, als sie nach dem Plastikbeutel griff. Wieviel mochte es mittlerweile sein? Eine halbe Million sicherlich …

Hätte sie Bruno wohl von seinem Vorhaben abbringen können, wenn er sich ihr anvertraut hätte? Sie reckte sich hoch, verdrängte das Ziehen im Kreuz, um an die Tüte zu gelangen und reichte sie Karl-Theodor.

Karl-Theodor, der Major, hatte sich schon als Anführer gebart, kaum dass der Plan gefasst war. Nun, Bruno und sie waren froh gewesen, auf einen Erfahrenen wie ihn vertrauen zu können. Zuerst.

Der Major a. D. betrachtete ihren Hort wie sonst seine Orden und Medaillen. Obwohl nur der Strahl der Taschenlampe die Dunkelheit durchkreuzte, sah Isolde die heruntergezogenen Mundwinkel, die sichelförmigen Schlitze seiner Augen, die Furchen auf der Stirn. Er erinnerte sie irgendwie an Robert de Niro in *Good Fellas*.

»Hoch jetzt!«, herrschte Karl-Theodor sie an.

»Wir sind nicht in der Kaserne!«, klagte sie, erklomm aber gehorsam die Stufen. Neben Bruno blieb sie stehen. Mit gerunzelter Stirn sah sie auf ihn hinunter, spürte der Zuneigung nach, die sie für ihn empfunden hatte. Ja, seine zärtliche Verehrung war ihr sehr willkommen gewesen, und nach dem Tod ihres Mannes erst recht.

Brunos Idee war es gewesen; sie, die ehemalige Bankangestellte, hatte sich zuerst gesträubt. Aber als die Rente kaum noch für das Nötigste gereicht hatte, war ihr Brunos Einfall nicht mehr so abwegig erschienen. Bruno hatte Karl-Theodor hinzugewonnen, der über Mittel und Wege verfügte, eine Waffe zu beschaffen – nur für alle Fälle. Heute war es für sie undenkbar, auf Nervenkitzel und Zubrot zu verzichten.

Undenkbar für sie alle, so war bislang ihr Glaube gewesen. Aber dann, nach dem Überfall heute Morgen, hatte Bruno verkündet, er wolle aussteigen. Sie war entsetzt gewesen, Karl-Theodor hatte getobt, plötzlich ein Knall – und Bruno hatte in seinem Wohnzimmer gelegen und den Teppich vollgeblutet.

Isolde betrachtete das Loch in seinem Kopf und fühlte sich schuldig.

»Schieb ihn über den Rand!«, kommandierte Karl-Theodor von unten.

Nur gut, dass die Nachbarn verreist waren, Bruno versorgte immer ihre Blumen, hatte er gestern erzählt. Bruno der Fürsorgliche, der Spinner, der Geliebte … Sie würde ihn vermissen.

»Schieb ihn näher«, schrie Karl-Theodor.

»Er ist schwer.«

»Was?«

»Er ist schwer«, wiederholte Isolde lauter.

»Stell dich nicht so an!«

Langsam reichte es ihr. »Rede gefälligst nicht so mit mir!«

»Was für ein Tier?« fragte Karl-Theodor.

Tier … wo war eigentlich der Hund? Isolde sah sich um. Er lag neben der Tür am Boden, den länglichen Gegenstand zwischen den Pfoten. »Gib mal die Lampe«, sagte sie zu Karl-Theodor und streckte die Hand aus.

»Rampe? Ach was, schieb einfach, ich nehme ihn an. Nun mach!« Karl-Theodor platzierte die Lampe so auf den oberen Grubenrand, dass ihr Strahl auf das tunnelartige Loch gegenüber fiel.

Isolde war kurz versucht, die Lampe zu nehmen, aber dann siegte Karl-Theodors Autorität. Ihr Hals war wie zugeschnürt, als sie an Bruno zerrte, bis er über den Rand ragte. Er war steif, und seine abgespreizte Hand peitschte ihr schmerzhaft über das Gesicht, als er in die Grube kippte.

Im Lampenlicht funkelten Schweißtropfen auf Karl-Theodors Stirn, als er zur Schaufel griff, um wie abgesprochen in Brunos Tunnel neben dem Abwasserkanal ein Grab auszuheben. Sein schütterer Haarkranz stand zu Berge, zusammen mit seiner Hakennase ähnelte er einem mausernden Kakadu.

Aus Richtung der Tür hörte sie ein leises Krachen, als bräche ein Ast. Beherzt griff sie nach der Lampe.

»Stell das Licht wieder hin!«, keuchte Karl-Theodor.

Isolde ignorierte ihn und ging zu dem Hund hinüber, der mit geschlossenen Augen kaute. Mein Gott, dachte sie, und entriss dem Tier seinen Fund. Ein Oberschenkelknochen, sie kannte sich aus, ihr Mann war Präparator am Institut für Anatomie der Universität Münster gewesen.

»Zum Henker, bring das Licht zurück! Hier ist etwas!« Scharren, Klirren, prasselnde Erde. »Licht! Sofort!«

»Nur die Ruhe!« Isolde wuchtete ihre hundert Kilo die Leiter wieder hinunter, in einer Hand die Lampe, in der anderen ihren, nein, Rockys Fund. Jeden einzelnen ihrer eigenen Knochen spürte sie; Knie und Bandscheibe sowieso. Sie stieg über Bruno hinweg, beugte sich vor und richtete den Taschenlampenstrahl in den Tunnel, auf Brunos Grab. Es würde eine schweißtreibende Arbeit werden, alles wieder zuzuschütten. Oder man verschlösse einfach den Zugang zum Tunnel …

Der Major im Ruhestand deutete auf ein Stück rostiges Metall, das zum Vorschein gekommen war, weil er den Tunnel noch ein Stück hatte verlängern müssen. Es ragte an der Stirnseite des Grabes aus der Erde, eine Art Gitter vielleicht. Daneben lagen Knochen. Rippen, identifizierte Isolde. Der Besitzer des Dolches oben im Regal? Und des Knochens, der immer schwerer in ihrer Hand wog?

»Ha, da liegt schon einer!« Karl-Theodor lachte hämisch. »Bestimmt einer seiner Römer, das wird ihn freuen! Ein guter Platz für unseren Bruno!«

Karl-Theodor schob Bruno in sein Grab. Er hatte ganze Arbeit geleistet, Bruno fand darin leicht Platz. Isolde musterte ihren Partner, Freund wäre zuviel gesagt, ein Freund war Bruno gewesen. Mit Bruno konnte sie nun nicht mehr arbeiten – und mit Karl-Theodor wollte sie es nicht mehr. Aber auf die Überfälle verzichten mochte sie auch nicht, ganz zu schweigen von dem Geld, das sie gut brauchen konnte.

Was spräche eigentlich gegen neue Partner? Wilhelm fiel ihr spontan ein, dessen Rente nicht viel mehr als Hartz IV betrug. Und Elvira, doch, der traute sie einiges zu.

Isolde spürte die Kühle des Oberschenkelknochens in der Hand, holte aus, schlug zu. Karl-Theodor sackte neben Bruno zusammen, kam auf den alten Knochen zu liegen. Bestimmt von einem Legionär, einem Soldaten, wie du, dachte Isolde zufrieden.

Ja, wirklich ein guter Platz.

der goldene schuss

Es stank nach Kloake. Ein Urinal war übergelaufen, und das Wasser sammelte sich auf dem gefliesten Boden in einer großen Pfütze. Viele Schuhabdrücke hatten ihre schmutzigen Spuren hinterlassen, einige führten zu den Abortkabinen.

Fünf seiner SEK-Kollegen sicherten die Räumlichkeit. Jäger blickte vorsichtig in den Raum und legte die Hand mit der Walther auf den vorgestreckten linken und angewinkelten Unterarm. Drei der insgesamt sieben Kabinentüren waren verschlossen, zwei ganz rechts und die letzte links an der Wand. Mit einem Kopfnicken gab er Kretschmer, der direkt hinter ihm stand, zu verstehen, dass es losging. Sein Kollege nahm mit gezückter Pistole einen kurzen Anlauf und trat dann mit voller Wucht die äußerste rechte Kabinentür ein.

»Polizei, Leute! Keine Bewegung!«

Zwei Männer mit runtergelassenen Hosen saßen zusammen auf der Brille und schienen vor Schreck zu erstarren.

»Los – haut ab!«

Kretschmer trat die nächste Tür ein, während Jäger und die anderen sicherten. Dort saß ein Spanner mit geöffnetem Hosenschlitz, der wohl durch ein auffallend großes Loch in der Wand das Treiben in der Nachbarkabine beäugt hatte.

»Verpiss dich, Wichser!«

Während die drei Männer hastig ihre Kleider ordneten, an Jäger vorbeistürzten und die Markthallentoilette verließen, konzentrierte sich Kretschmer auf die letzte verschlossene Tür.

»Polizei! Kommen Sie sofort da raus!«

Der Verschluss knackte, und die Tür wurde heftig nach innen aufgerissen, während eine pistolenbewehrte Hand ins Freie stieß. Kretschmer warf sich zu Boden, die anderen Kollegen sprangen zurück in den Nachbarraum. Jäger blieb stehen, erkannte einen halbverdeckten Mann, sah die auf ihn gerichtete Knarre und schoss sofort. Der Mann sackte zusammen und fiel dann seitlich hinter die Tür. Dann schoben sich ganz langsam zwei dreckige Turnschuhe mit den dazugehörigen Beinen durch den unteren Spalt der Kabinentür.

Jäger sprang heran, stieß die Tür auf und besah sich die Sauerei.

»Und?« Neben ihm stand ein nasser und nach Urin riechender Kretschmer.

»Is hin!« Jäger zeigte auf die Spritze, die immer noch im Unterarm des Toten steckte. »War nur so'n verfluchter Junkie!«

Kretschmer klopfte ihm auf die Schulter. »Glückwunsch, Jäger. So was nennt man einen goldenen Schuss!«

47 Minuten vorher.

Lehmann hatte gerade einen Bankkunden verabschiedet und wollte sich wieder den Kreditanträgen widmen, als er aus dem Fenster blickte, die Situation erfasste und sofort ahnte, was gleich passieren würde. Er sah einen Typen die Straße überqueren, den wirren Blick, die fettigen Haare, die verwahrloste Kleidung. Und er bemerkte die Knarre in der Hand des jungen Mannes, ahnte sofort, was gleich passieren würde und drückte den Knopf.

Die Alarmsirene heulte durch die Schalterhalle, noch bevor der Mann durch den Eingang ins Innere der Bank gestürzt kam.

»Geld her!«

Der Typ begann sofort zu schießen, und es sah so aus, als

mache die kugelspritzende Pistole mit ihm, was sie wollte, als stolpere er seinem bewaffneten Arm hinterher.

Lehmann warf sich zu Boden und sah nur wenige Meter neben sich Kollegin Biester mit zerplatzter Stirn niederbrechen. Im Schalterraum schrien unterdessen die Kunden wild durcheinander.

»Ich will das scheiß Geld!«

Lehmann sah den Kopf des Typen über sich, registrierte zur gleichen Sekunde den fürchterlichen Schmerz, als seine zerschossene Kniescheibe blutspritzend aus dem Hosenbein sprengte. Er war der Ohnmacht nahe, doch er wurde hochgerissen und zum Geldschalter gezerrt. Kollege Köhler stand die Angst im Gesicht geschrieben, obwohl ihm in dem schusssicheren Glaskasten nichts passieren konnte.

»Rück die Asche raus! Ich leg euch alle um!«

Köhler schüttelte den Kopf und drückte sich noch weiter in den hinteren Teil des Kastens. Lehmann sah seinen eigenen, rechten Schuh explodieren, fühlte diesmal aber keinen Schmerz. »Köhler gib dem Mann sofort das Geld, du Arsch«, schrie er.

Doch Köhler weigerte sich immer noch.

»Du mieses Kollegenschwein!« Lehmann riss seine Brieftasche aus dem Jackett und hielt sie dem Typen vor die Nase. »Nimm! Da sind zweihundert Euro drin!«

Der Mann griff nach der Brieftasche, und Lehmann wurde losgelassen. Er knallte auf den Fußboden wie ein nasser Sack und sah den Räuber durch den Ausgang in Richtung Markthalle flüchten. Normalerweise hätte der Ausgang durch den ausgelösten Alarm verriegelt sein müssen, doch ein lebloser Körper, der zwischen Tür und Angel lag, verhinderte das.

Puscha saß vor der großen Panoramascheibe, las den Sportteil der BILD und schlürfte einen *Latte*. Mittagspause. Abchillen. Was für ein anstrengender Tag bisher. Um Sechse war's losgegangen mit den *Cold Turkeys*. Hatten ihm das Zeug aus der Hand gerissen, bevor er den Schotter hatte nachzählen können. Dann die Frauen, die keine Asche gehabt, aber den Stoff gebraucht hätten, um nicht vollends abzukacken. *Bitte Puscha, ich blas dir einen, jetzt, hier, sofort. Aber rück was raus! Bitte, bitte!* Aber er hatte sich nicht erweichen lassen. Wer mit Freaks zu tun hatte, kannte das Spiel. Egoisten allesamt, Männer wie Frauen, alle wollten nur das eine, einen Schuss, einen Druck: *Hot stuff to fuck the day.* Wer kein Geld hatte, log, bettelte, klebte ihm am Arsch wie ein Putzerfisch. Er jagte sie fort, schubste sie aus seinem Dunstkreis oder trat nach ihnen wie nach Straßenkötern. Denn jede Rudelbildung konnte die Aufmerksamkeit der Bullerei auf sich ziehen. Wenn die sich einmischten, half nur ein probates Mittel: verduften – aber so schnell wie möglich. Dann hieß es wieder ab auf die Scheißhäuser der Bumslokale im Steintorviertel, rein ins Klo mit dem Zeug, spülen und weg damit. Sonst ging's wieder in'n Bau.

Puscha blickte aus dem Fenster und sah einen Mannschaftswagen der Polizei vorbeiheulen. Er hatte heute wohl zur rechten Zeit seinen Stammplatz verlassen, denn außerhalb der Markthalle schien die Hölle los zu sein. Unzählige Bullen- und Krankenwagen jagten mit Blaulicht durch die Straßen, und das ständige Gejaule der Signalhörner war selbst hier in der Halle nicht zu überhören. Gut – aber ihm galt der aufwändige Polizeieinsatz heute nicht. Er war nur ein kleiner Kulissenschieber in diesem schmutzigen Straßentheater.

Puscha widmete sich gerade wieder dem Vorbericht vom Heimspiel der 96er gegen Schalke, als ihm ein penetranter Geruch in die Nase stieg. Dann wurde er an der Schulter herumgerissen. Er blickte in ein schweißnasses Gesicht. Es gehörte einem seiner Stammkunden, die wussten, dass er um diese Zeit in der Markthalle seinen Kaffee trank.

»Kein Brown Sugar; ich will zwei Gramm vom weißen Zeug. Mach hinne!« Der Typ schob ihm zwei Hunnis unter das Kaffeeglas.

Puscha war durch die Störung zwar etwas genervt, aber das war schnelles Geld. Er gab dem Kerl zwei Tütchen, und schon war der Junkie wieder weg. Er steckte das Geld ein, nahm einen Schluck *Latte* und studierte in aller Ruhe Mirko Slomkas geniale Mannschaftsaufstellung.

Zwischen den Zähnen hielt er das Ende des Schlauchs, mit dem er sich den Arm abgebunden hatte. Scheiße, Scheiße, Scheiße! Es stank hier wie Sau. Der Schweiß tropfte ihm von der Nase, die Hände zitterten, der Atem ging stoßweise, und er konnte kaum den Löffel und das Feuerzeug ruhig halten. Ständig überkam ihn das Gefühl, kotzen zu müssen. Was hatte er getan? Zwei, drei Menschen abgeknallt, einige schwer verletzt. Wofür, verdammter Mist? Für zweihundert Euros? Für dieses kochende Zeug in seinem Löffel, diese Mischung aus Äitsch und Ascorbinsäure? Für seinen Ego-Trip? Getötet für einen Tag Wohlbefinden? Er war doch nur ein verschissener Junkie – und doch: geschossen und getötet für einen Schuss! Was war bloß aus ihm geworden?

Die Scham schnitt schmerzhaft durch sein Hirn, während das Gewissen den Magen mit Krämpfen überzog. Der Affe auf seiner Schulter lachte höhnisch und spornte ihn gleichermaßen an. *Mach zu, mach zu!* Das hemmungslose Gestöhne der kopulierenden Männer ein paar Kabinen weiter wurde unerträglich. Er schnappte förmlich nach Luft, während ihm die kalte Angst über die Fontanelle kroch. Der Affe wollte ihn beruhigen: *Aber gleich geht's dir besser, gleich gehört der Tag wieder dir.*

Er hatte alles aufgekocht. Zwei Gramm vom weißen Zeug. *The great white open.* Das war der Weg aus der Scheiße. Endgültig. Der Cocktail war tödlich. Das war Sühne genug! Amen.

Dann zog er die Spritze auf, suchte die Ader, doch er zitterte zu stark, stach daneben, ballerte sich lediglich ein Ei unter die Haut. *Verdammt!* Das konnte doch alles nicht wahr sein! Der Schlauch glitt aus seinem Mund, der Löffel fiel zu Boden. Der nackte Wahnsinn, null Wirkung – nur eine dicke Quaddel auf dem Arm. Sein Kopf schien zu platzen. Schluss! Ich will Schluss machen. Schluss, Schluss, Schluss!

»Polizei, Leute! Keine Bewegung!

Die Bullen! Auch das noch. Ein Krach, als ob Türen eingetreten wurden! Stimmengewirr. Was nun? Es gab nur noch eine Möglichkeit! Er griff zur Pistole, steckte sich den Lauf in den Mund und – *Klick! Klick! Klick!*

Nein! Er hatte die ganze Munition in der Bank verschossen. Welch ein scheiß Tag! Nichts klappte! Und welch ein verschissener Ort, um den Arsch zuzukneifen!

»Polizei! Kommen Sie sofort da raus!«

Der Affe sprang ihm von der Schulter. *Du Arsch!*

Na, und? Als er lächelnd die Kabinentür aufriss, war sein Verstand klar wie ein kalter Wintermorgen, die Angst verflogen.

Die Polizei, dein Freund und Helfer.

das heilige land

Das wahrhaft Heilige Land liegt nicht im Nahen Osten. Es liegt in der Westlichen Welt und ist unter dem Namen Bibelgürtel bekannt. Dort gibt es mehr Gemeinden, die sich auf die Heilige Schrift berufen, als irgendwo sonst in unserem Universum. Mehr Kirchen als die Bibel Seiten hat, mehr Prediger als zu Zeiten des Herrn Menschen auf Erden lebten. Dieses Land ist mein Revier.

Ich komme immer am späten Abend, wenn die Zielperson sich nach der Mühsal des Tages zur Ruhe begeben will.

»Der Herr segne euch, guter Mann« ist meine übliche Begrüßung.

Der Angesprochene dreht sich um, denn ich komme immer von hinten. Er kneift die Augen zusammen, denn die Dunkelheit ist meine wichtigste Verbündete.

»Ja?«, antwortet er.

Er sieht einen alten, gebeugten Mann mit scharf geschnittenem Gesicht, ausgeprägter Nase und tief liegenden Augen. Ganz in schwarz gekleidet und mit einem sorgenvollen Ausdruck im Gesicht, in den sich ein kleines bisschen Hoffnung mischt.

»Könnten Sie wohl einen Augenblick erübrigen, Mister Gartenstein?«, frage ich den Mann, dem ich heute gegenüberstehe.

Homer Gartenstein ist siebenundfünfzig Jahre alt und kinderlos verwitwet. Er hat in der Stadtverwaltung gearbeitet, bis diese ihn gegen zwei Computer austauschte. Sein wichtigster Lebensinhalt ist seitdem die Kirchengemeinde, deren glühendstes Mitglied seine Frau war.

»Kennen wir uns?«, fragt Gartenstein zögernd.

Er schließt das weitgehend schmucklose aber solide Kirchengebäude morgens auf und abends zu. Er sorgt für den zurückhaltenden Blumenschmuck, legt die Gebetbücher bereit und schreibt die besonderen Mitteilungen an die Tafel im Vorraum. Er tauscht abgebrannte Kerzen gegen neue aus, fegt den Kirchenraum und gibt vergessene Handschuhe, Kindermützen oder Lesebrillen ihren Besitzern zurück.

»Ich komme von weit her, um Sie zu sehen.«

Seine Augenbrauen heben sich leicht. Er ist Aufmerksamkeit nicht gewohnt.

»Ist etwas mit meiner Schwester?«

»Ihre Schwester? Nein, Mister Gartenstein. Ich kenne Ihre Schwester nicht.«

Das ist gelogen. Isobel lebt mit ihrer Familie in einem ähnlichen Ort dreihundert Meilen von hier. Ich habe sie in einem der Bibelkreise kennengelernt, die ich zum Zweck der Vorbereitung besuche. Die meisten Gruppen nehmen Durchreisende freundlich auf und irgendjemand findet sich immer, der mir aus seinem Leben erzählt. Diese Informationen, die ich mit geschickten Fragen in die gewünschte Richtung lenke, sind Gold wert. Isobel zum Beispiel, die mich in meinem jetzigen Aufzug nicht wiedererkennen würde, macht sich Sorgen um ihren Bruder.

»Es geht um etwas, das Sie für Ihre Gemeinde tun können, Mister Gartenstein. Und für die gesamte Christenheit.«

Homer Gartenstein erstarrt. Genau das war der Wunsch seiner Frau auf dem Sterbebett: Dass er mehr für die Gemeinde täte, um sein fehlendes Engagement während der Jahre seiner Berufstätigkeit auszugleichen.

Deshalb bin ich hier.

Wenige Minuten später setze ich mich auf die Bettkante in dem billigen Motelzimmer, in dem der unförmige, alte Lederkoffer neben meiner Reisetasche steht.

»Sie haben mir Ihren Namen noch nicht verraten«, sagt Gartenstein, während er sich ächzend in den viel zu weichen Sessel mit dem abgewetzten Bezug setzt. Die Tischlampe neben ihm taucht den Raum in ein gedämpftes Licht.

»Mein Name ist Abraham Levi.«

Wieder erstarrt er. »Sie sind …«

»Jude. Zumindest offiziell.«

Homers Blick ist düster geworden. Sein massiger Körper zeigt mir, dass er es mit dem Gebot der Mäßigung nicht so ernst nimmt, wie er sollte. Seine Schwester meinte das übrigens auch. Der teigige Teint rührt von zu viel Fett und Kohlenhydraten her, die wenigen Schritte von der Kirche hierher haben ihm dem Atem geraubt. Homer Gartenstein ist ein Mann, der seinen eigenen Ansprüchen nicht gerecht wird.

»Meine Familie ist seit dreitausend Jahren jüdisch – die letzten zweitausend allerdings nur noch zur Tarnung, Mister Gartenstein.«

Er reißt die Augen auf. Die meisten Amerikaner kennen gerade noch ihre Großväter, danach verschwindet der Stammbaum im Nebel der Geschichte.

»Anders hätten wir das Vermächtnis nicht so lange bewahren können.«

Gartenstein wird blass, nervös zupft er an den Armlehnen herum. »Vermächtnis …?«, haucht er heiser, räuspert sich. »Was meinen Sie mit Vermächtnis?«

Ich werfe einen Blick zu den Fenstern, deren Vorhänge ich fest geschlossen habe, und zur verriegelten Tür. Dann blicke ich Gartenstein ins Gesicht. »An jenem Abend, damals, vor zweitausend Jahren, da war der Herr bei meiner Familie zu Gast.«

Sämtliches Blut weicht meinem Gegenüber aus dem Gesicht, auf seiner Stirn bilden sich Schweißtropfen. Er zittert.

»Natürlich wussten wir damals nicht, welche Prüfungen der Herr seinem Volk noch auferlegen würde, aber dass der Mann in unserem Haus der Sohn Gottes war, das war uns allen klar.«

Homers Hände verknoten sich in seinem Schoß, lösen sich, umfassen die Sessellehnen, verknoten sich wieder.

»Später wurde der Kelch, aus dem er getrunken hat, zum Gegenstand von Kriegen, die die Welt veränderten.«

Homer nickte.

»Aber der Rest …«

Es dauert eine Weile, bis er sich traut, das Wort zu ergreifen. »Der Rest?«

Ich blicke ihn zwanzig Sekunden lang reglos an, bevor ich mich langsam erhebe, zu meinem Lederkoffer gehe, ihn mit allergrößter Vorsicht auf das Bett hebe und die alten Schnallen nacheinander öffne. Homer Gartenstein beobachtet mich reglos. Reglos bis auf seine Hände, die weiter kneten und seine Unterlippe, die er zwischen die Zähne saugt.

Ich klappe den Deckel des Koffers auf, schlage die Decke zurück, die den Inhalt schützt, und trete zur Seite.

»Bitte«, fordere ich ihn auf.

Mit größter Mühe stemmt er sich aus dem Sessel, geht drei Schritte bis zum Bett auf wackeligen Knien und schaut in den Koffer. Dann schlägt er die Hand vor den Mund.

»Ein Nachttopf?«

»Seit zweitausend Jahren ist dieses Gefäß im Besitz unserer Familie. Wir haben es mit unserem Leben geschützt. Wir haben unseren wahren Glauben verleugnet, um Herodes Antipas und seinen Nachfolgern zu entkommen. Wir haben die Kreuzritter, den Propheten und die moderne Archäologie überlebt. Zweitausend Jahre lag diese Bürde auf unseren Schultern. In jeder Generation ging die Verantwortung auf den ältesten Sohn über, aber nun ...«

Ich beobachte ihn, während ich rede. Sein Gesichtsausdruck wechselt von schockierter Entrüstung über Enttäuschung zu Ungläubigkeit. Aber je mehr er von meinen Worten wirklich aufnimmt, desto mehr wird dieses Tongefäß in dem mit Leinen ausgeschlagenen Koffer zu einem Schatz, der die Jahrtausende überdauerte, weil er einzigartig ist. Ein Schatz, der seit zweitausend Jahren so gut versteckt wird, dass niemand von seiner Existenz wusste.

»Aber, ich habe niemals davon gehört ...«, sagt Homer dann auch erwartungsgemäß.

»Natürlich nicht«, rufe ich. »Glauben Sie etwa, es wäre möglich, solch ein unermesslich wertvolles Zeugnis aus SEINEM Leben zu bewahren, wenn die ganze Welt danach sucht? Mit Mord, wie die römischen Statthalter es taten. Mit Waffengewalt, wie die Kreuzzüge. Mit den modernsten Methoden der Spionage, die den Staaten zur Verfügung stehen, die seit Jahrhunderten in der Heimat des Herrn Krieg gegeneinander führen?«

Kleinlaut nickt er.

Ich sammle mich, atme tief durch und lege die Hände aneinander zum leisen Gebet.

»Jetzt allerdings«, flüstere ich, »ist unsere Zeit abgelaufen. Ich bin der letzte Nachkomme meiner Familie und der Geheimdienst beobachtet mein Haus.«

Homers Blick irrlichtert zur Tür, Panik liegt in seinen Augen.

»Keine Sorge, sie sind mir nicht gefolgt. Ich hatte das Land bereits verlassen, bevor sie mir zu nahe kamen.«

Er beruhigt sich.

»Seit zwei Jahren reise ich durch die Welt auf der Suche nach einem Platz, wo das Vermächtnis sicher ist.«

Er starrt mich mit riesigen Augen an.

»Und deshalb habe ich Sie heute aufgesucht, Mister Gartenstein.«

Homer Gartenstein schluckt, verschluckt sich, hustet. »Mich?«

»Sie. Hier wird niemand das Geheimnis vermuten. Sie sind ein guter Mensch. Ihre Gemeinde ist wahrhaft ein Hort des Glaubens in einer immer maßloseren Welt. Hier ist der richtige Platz und Sie sind der richtige Mann, um mich von meiner Bürde zu erlösen. Mister Gartenstein, ich frage Sie: Werden Sie diese Verantwortung von meinen Schultern nehmen?«

»Ja, oh mein Gott, natürlich«, flüstert Homer. Er fällt vor dem Nachttopf auf die Knie und faltet die Hände zum Gebet. »Das ist ein Zeichen von Edith, meiner Frau. Sie wusste, dass mein Leben nicht immer gottgefällig war. Sie hat mir dieses Wunder geschickt, damit ich meine Verfehlungen wiedergutmachen kann.«

Homer Gartenstein steht auf, drückt mich an sich und will nach dem Koffer greifen.

»Mister Gartenstein, es ist mir sehr peinlich, aber ich habe noch eine Bitte …«

Er tritt zurück, sein Blick verschließt sich. »Ja?«

»Die Bewahrung dieses Vermächtnisses und die zweijährige Flucht haben all meine Ersparnisse aufgebraucht, Mister Gartenstein. Ich würde Sie nicht bitten, wenn es nicht sein müsste, aber ich wäre Ihnen dankbar, wenn Sie mir tausend Dollar für die Rückkehr in meine Heimat geben könnten.«

Einen winzigen Moment verdüstert sich sein Blick, dann

lächelt er mich erleichtert an. »Wenn es sonst nichts ist … Ich habe immer genügend Bargeld zu Hause, wissen Sie, ich traue den Banken nicht. Ich gehe es schnell holen. Warten Sie. Ich bin gleich zurück.«

Ich verneige mich ein wenig, schließe die Tür auf, schaue vorsichtig nach draußen und nicke Homer zu, dass die Luft rein ist. Dann lehne ich mich von innen an die Tür und gestatte mir ein feines Lächeln. Dieser Monat ist einer meiner erfolgreichsten. Noch ein paar Wochen, dann werde ich mich zur Ruhe setzen. Auf den Bahamas vielleicht. Oder in Mexiko. Bis dahin ist halb Amerika voller Pisspötte, die in kleinen Kirchengemeinden bis zur Wiederkunft des Herrn verehrt werden.

Als es klopft, setze ich meinen lang geprobten Gesichtsausdruck auf und öffne die Tür. Homer tritt ein und greift mit der rechten Hand in seine Tasche.

»Falls der Geheimdienst dich doch noch schnappt, wirst du ihnen nicht erzählen, wo das höchste Gut der Christenheit versteckt ist«« raunt er, während er mir mit einer unvermutet geschmeidigen Bewegung ein Küchenmesser ins Herz stößt.

Ich hatte seine Hingabe unterschätzt.

auf schritt und tritt

Mit klappernden Schritten eilte Siggi durch das Kaufhauscafé. Mist. Wo waren nur die Hinweisschilder? Sie spürte, dass einige Frauen sie interessiert beobachteten. Eine starrte auf ihre Schuhe, klimperte mit viel zu langen Wimpern, und ein riesiges Stück Kuchen verschwand zwischen ihren fiespinken Lippen. Siggi rannte weiter, unbeirrt. Der Druck war zu groß, sonst hätte sie ihnen erhobenen Kopfes ein paar böse Gegenblicke zugeworfen. Endlich sah sie das Schild. Die Toilettentür! Erlösung!

Sie stürmte hinein und stieß beinahe mit einer dunkelhäutigen Frau zusammen, die aus dem hellgrau gekachelten Waschraum hinaus wollte. Die Dunkle musterte sie von oben bis unten. Verächtlich. »Madame kann wohl nicht aufpassen? Hält sich für was Besseres!«

»Entschuldigung, ich muss dringend …«, stammelte sie, ließ die Dunkle stehen, lief durch den Waschraum in die Toilette hinein und nahm gleich die erste Kabine, was sie ansonsten vermied. Mist. Jetzt klemmte auch noch das Schloss. Und ein übler Geruch nach Klostein und anderen Geschäften stieg ihr in die Nase. Siggi hasste Kaufhaustoiletten. Sie waren hässlich, dreckig und entweder zugig oder total überheizt. Sie hasste sie mindestens so sehr, wie ihren eigenen Namen. Sieglinde. Was hatten sich ihre Eltern dabei gedacht? Als sei sie eine plumpe, unförmige Kartoffel. Ein Bauerntrampel. Sie, die Mode und Eleganz liebte! Freunde nannten sie deshalb Siggi. Menschen, die sie nicht mochte, zwang sie hingegen das sperrige »Sieglinde« auf. Die Dunkle vorhin, die dürfte nie Siggi zu ihr sagen. Impertinente Ziege.

Sie sah sich um. Kein Haken. Typisch. Bloß ein Loch in der Wand, in der dieser einmal verschraubt gewesen sein musste. Siggi fluchte, stellte notgedrungen die Handtasche aus hellem, weichem Leder nahe bei der Tür ab, wo es hoffentlich sauber war.

Man merkte gleich, dass keine Klofrau hier ihren Dienst schob. Siggi griff in den Kasten für das Toilettenpapier. Leer. Verdammt. Sie zerrte die Handtasche auf, suchte nach einem Papiertuch. Glücklicherweise hatte sie eine Packung dabei. Sorgsam wischte sie die Klobrille ab. Zog dann vorsichtig ihre enge Strumpfhose herunter, die ihr bei der Hitze im Kaufhaus an den Beinen klebte. Keine Laufmasche. Gut. Sie zog den Slip nach. Schob dann den schwarzen Bleistiftrock sorgsam hoch und setzte sich vorsichtig auf die äußerste Kante.

Es gelang ihr nicht sofort, sich gehen zu lassen. Auch wenn das Bedürfnis, sich zu entleeren, groß war. Siggi hatte gutes Benehmen gelernt. Ihren Namen hasste sie, aber für zwei Dinge war sie ihren Eltern zu Dank verpflichtet: für Manieren und Geld. Aber wenn man musste, dann musste man eben. Selbst wenn die einzige Möglichkeit in einem dieser fürchterlichen Kaufhäuser war. Und man brauchte die Größe, solche Dinge hinter sich zu lassen. Sie lauschte in den Raum hinein, in dem sich jedes Geräusch zu vervielfachen schien. Nein, da war keiner. Erst jetzt konnte sie loslassen.

Laut hörbar atmete sie auf, als sich ihre Blase zu entleeren begann. Niemand würde das Plätschern hören und auch nicht die peinlichen lauten Winde, die ihr abgingen, als sie sich nun endlich entspannte.

In dem Moment sah sie sie: eine dunkelhäutige Hand unter

dem Türschlitz. Und ihre Handtasche, die mit ebendieser verschwand.

»Hey, was soll das? Geben Sie sofort die Tasche her!«, schrie Siggi laut. Sie hielt die Blase an, riss ohne nachzudenken an dem Schloss, das dieses Mal nicht klemmte, so dass sie ungebremst der Länge nach zu Boden stürzte. Strumpfhose und Slip auf halber Höhe der Waden – mit diesen Fesseln hatte sie keine Chance gehabt, den Fall auszugleichen.

Tränen kullerten heiß ihre Wangen hinab. Was für ein Scheißtag! Zuerst war ihr am Morgen die Tönung misslungen, weil sie keinen Wecker gestellt und sich in der Lektüre der Vogue verloren hatte. Jetzt biss sich Farbnuance mit ihrem Outfit. Dann am Mittag dieses Blind Date. Ein Reinfall! Er war zwar gebildet gewesen, hatte auch nicht schlecht ausgesehen, ihr aber völlig unverhohlen auf ihre Brüste gestarrt, deren Rundungen sich unter der blassrosa Seidenbluse abzeichneten. Diesen unkultivierten Typ hätte sie nicht länger als eine Proseccolänge ertragen. Dann diese geschmacklosen, starrenden Weiber vorher im Café! Und jetzt musste sie auch noch zur Polizei, um den Diebstahl zu melden.

Angewidert zog sie die Hände vom Boden weg. Was darauf alles klebte, wollte sie sich lieber nicht vorstellen. Ihre Beine waren zum Glück mit leichten Schürfwunden und blauen Flecken davongekommen.

Siggi säuberte sich mit Toilettenpapier, zog Slip und Strumpfhose hoch und strich den Rock glatt. Gottlob hatte niemand sie in dieser peinlichen Lage gesehen. Sie betätigte die Spülung, und als es laut rauschte fiel ihr ein, dass sie gar nicht wusste, wo das nächste Polizeirevier war. Und ohne ihr iPhone hatte sie keine Ahnung, wie sie eines finden sollte. Sie würde auch noch eine dieser einfältigen Verkäuferinnen fragen müssen.

Siggi ging in den Vorraum – und schnappte nach Luft: Lidschatten, Lippenstift, ihre Sonnenbrille: Ein Großteil des Inhaltes ihrer Tasche lag achtlos auf dem Boden! Und die schöne hellrosa Gucci-Tasche, die perfekt zu Bluse und Schuhen passte, steckte in einem Papierkorb zwischen benutzten Wegwerfhandtüchern! Ungläubig zog sie sie heraus und lugte hinein. Leer. Und das schöne Leder fleckig! Dahin! Sie sank auf die Knie, griff nach den Kosmetikartikeln. Der Lidschatten war zerbröselt und der Verschluss des Lippenstifts zerbrochen. Die anderen Sachen waren auch kaputt. Sie warf alles in die Tasche. Klaubte das Notizbuch auf, das offen in einer Wasserlache unter einem Waschbecken gelegen hatte. Taschentücher, Parfum und Tampons – alle Dinge, die sie auf dem Boden fand. iPhone und Geld blieben allerdings verschwunden. Typisch.

Eine seidige, dunkle Haarsträhne klebte in ihrem Gesicht. Sie strich sie weg und entdeckte, dass sie etwas Blut an ihren Händen hatte. Eine Verwundung vom Sturz. Als sie sich gerade aufrappeln wollte, öffnete sich die Tür, die vom Café hereinführte. Siggi sah auf. Lange schwarze Wimpern, fiespinker Lippenstift, große Glitzerohrringe. Die Frau aus dem Café. Ausgerechnet! Und wie arrogant sie auf Siggi hinabblickte, die über den Resten ihrer lädierten Handtasche kniete. Ein schräges Grinsen zierte die ekelhaften Glitzerlippen, das sie eindeutig verhöhnte. Sie, Siggi, die Eleganz in Person! Mit einem Mal war es ihr, als hole sie alles ein. Ihre Kindheit, ihre Eltern – ihr Name, der eben doch Programm war: Sieglinde. Die olle Kartoffel, die auf dem dreckigen Boden in diesem gewöhnlichen Allerweltskaufhaus lag. Siggi dachte an die pickligen Jungs, die sie in der Schule »Erdäpfelchen« genannt hatten, als sie noch pummelig war. Sie dachte an ihre vielen Diäten. Die Entbehrungen. Erneut schossen ihr Tränen in die Augen.

»Geht es Ihnen gut?«, zwitscherte die mit dem fiesen Pink. »Kann ich Ihnen helfen?«

»Danke«, presste Siggi zwischen zwei Schluchzern hervor. »Man hat meine Tasche gestohlen und ich bin gefallen. Ich komme schon klar.«

»Aber«, die andere deutete irritiert auf die Gucci-Tasche. »Wem gehört dann die?«

»Lassen Sie mich in Ruhe!« zischte Siggi. Sie konnte einfach nicht mehr! Kein Mitleid! Doch plötzlich kam ihr eine Idee. »Nein. Warten Sie!« Sie musterte die Flecken auf ihrer Tasche. Die war ohnehin ruiniert. »Nehmen Sie sie! Ich schenke sie Ihnen.« Siggi drückte der Frau die Tasche in den Arm. Mit Marken kannte die sich zwar garantiert nicht aus, so wie die angezogen war, aber sie hatte helfen wollen. Die andere hob die künstlichen Wimpern und Augenbrauen und öffnete den Mund. Bevor sie ihrem Dank umständlich Ausdruck verleihen würde, schob Siggi sie mit einem »Ist gut!« sanft in Richtung Toiletten.

Jetzt nur noch raus hier! Nie mehr würde sie auch nur einen Fuß in ein Kaufhaus setzen. Geschweige denn in ein Kaufhausklo!

Nur schnell noch die Hände waschen, wegen der Hygiene, und die Haare richten. Sie sah in den Spiegel über dem Waschbecken. Ein kleiner Riss zog sich von ihrer Nasenwurzel bis zum Haaransatz. Mist. Ob da eine Narbe bliebe? Sie wusch das Blut weg. Wenn die andere mit ihrer Tasche aus der Toilette zurückkäme, würde Siggi sie noch einmal um den Puder bitten. Sie hielt die Hände unter den Wandtrockner. Anschließend beugte sie sich leicht hinab, ließ den Luftstrom durch ihren Haaransatz blasen, der nass geworden war. Nur noch ein paar Minuten. Dann wäre sie auf dem Weg nach Hause.

Dass die mit dem fiesen Pink in den Waschraum zurückgekehrt war, hörte Siggi nicht. Auch nicht, dass sie die Tür zum Kaufhauscafé einen Spalt öffnete, kurz hinauslugte, die Tür leise wieder schloss und dann hinter sie trat. Erst der Schmerz riss sie in die Realität zurück: Die andere packte Siggis Haare und knallte ihren Kopf hart gegen die Wand. Auf der Stelle sackte Siggi bewusstlos zusammen.

Ihr Ohrringe klimperten, als sie der reichen Tante die eleganten, blassrosa Sandalen von den Füßen zog. Um sicher zu gehen, dass die nicht zu früh erwachte, rammte sie ihr den zwölfeinhalb Zentimeter hohen Absatz in die Schläfe. Die Frau zuckte kurz.

Töten hatte sie sie nicht wollen. Nur verhindern, dass sich ihr Opfer allzu schnell wieder hochrappelte und um Hilfe rief.

Ehrfürchtig zog sie die Jimmy Choos an. Sie passten wie angegossen. Verzückt seufzte sie auf. Die hatten locker neunhundert Euro gekostet! Es machte sich eben bezahlt, wenn man Schuhverkäuferin mit Profiwissen war. Die Jimmy Choos waren ihr gleich aufgefallen, als die Frau völlig aufgedreht durch das Café gerannt war.

Sie stopfte ihre Sneakers in die neue Tasche, zupfte ihre Frisur zurecht und schlüpfte hinaus.

Ihr Opfer würdigte sie keines Blickes mehr. Aber sie würde an die Frau denken. Auf Schritt und Tritt.

keikos preis

Ich bin gekommen, um mich zu verabschieden, Sobo. Morgen früh fliege ich nach Yōroppa.[1]«

»Ach, Keiko, das ist doch so weit weg. Musst du denn wirklich da hin? Ich mache mir große Sorgen um dich.«

»Es ist eine große Ehre, Sobo, ich habe einen Preis gewonnen, viel Geld.«

»Keiko, du sollst doch nicht spielen! Dein Onkel hat sein Haus und alles Geld der Familie beim Würfeln verloren. Ich habe es schon immer gewusst, du bist ihm so ähnlich.«

»Aber, Sobo, ich habe nicht gespielt. Ich bekomme einen Preis für meine Arbeit.«

»Für deine Arbeit, diese bunten Männchen, die du da zeichnest?« Die kleine, alte Frau schüttelte den Kopf.

»Sobo, ich habe Euch doch meinen Film gezeigt, wisst Ihr noch?«

»Ja, natürlich. Ich bin zwar alt, aber nicht dumm! Mir wurde ganz schwummerig dabei. Wie die rumgehüpft sind! Und das Feuer und die Explosionen! Furchtbar!«

»Das ist doch eine Sage aus unserer glorreichen Vergangenheit, Sobo, den Leuten gefällt das.«

»Papperlapapp, ich mag keinen Krieg. Ich habe gar nicht hingesehen, als du mir das gezeigt hast! Geh nicht, ich werde dich nie wieder sehen, Keiko, ich weiß das.« Sie verschränkte die Arme vor der Brust und presste trotzig die Lippen aufeinander.

---

[1] Sobo: jap. Großmutter; Yōroppa: jap. Europa.

Keiko kannte seine Großmutter und wusste, dass es keinen Sinn hatte, sie davon zu überzeugen, dass er bald wieder gesund zurück sein würde. Wie alle traditionellen Großmütter war sie die Herrscherin des Hauses und duldete keinen Widerspruch. Er freute sich so sehr auf die Reise und war stolz darauf, dass seine Arbeit unter den vielen Einsendungen aus aller Welt angenommen worden war. Und nun hatte er sogar diesen bedeutenden Computer-Animations-Prix gewonnen.

Es war noch früh. Die Sonne war gerade über dem Meer aufgegangen, als er mit dem Taxi über die lange Brücke zum Flughafen Kansai fuhr. Keiko kannte die künstlich angelegte Insel gut, wenngleich nur von oben und vom Satellitenbild auf dem Computer. Er hatte sie in einem seiner Animationsfilme als Schauplatz einer Flugzeugentführung eingebaut. Heute würde er sie das erste Mal wirklich betreten. Keiko plauderte mit dem Taxifahrer. Der hatte ihn nach dem Ziel seiner Reise gefragt und Keiko erzählte ihm von seinen Computerfilmen und dem Preis, der ihn nach Europa, in die österreichische Stadt Linz führte.

»Ich selbst war noch nie fort von hier. Da musst du sicher mehr als zehn Stunden fliegen.«

»Ja, aber das macht mir nichts aus«, entgegnete Keiko lässig, »ich reise gerne.« Er war freilich noch nie weiter als fünfhundert Kilometer von zu Hause weg gewesen, außer, als er einmal mit dem Hochgeschwindigkeitszug Shinkansen zu einem Seminar nach Tokyo gereist war.

Dann stand er in der lichtdurchfluteten Halle und war fasziniert von den gewundenen Stahlbögen, die das schwere Betondach aussehen ließen, als wäre es aus Papier. Er gab sein Gepäck auf, ging durch den Zoll und lächelte selbstbewusst den Stewardessen zu, als wäre er ein berühmter Popstar. Er war zufrieden mit seinem Spiegelbild. Vorgestern hatte er sich seine Haare bleichen und rot färben lassen. Die kichernde Friseurin hatte ihm einen hypermodernen Haarschnitt verpaßt. Er musste sich erst daran gewöhnen, sah es doch ein wenig aus, als hätte der Wind durch ein Reisfeld geweht und alle Halme wild durcheinander gewirbelt.

Er fand sein Gate, warf sich in eine der Kunststoffschalen und steckte die Kopfhörer in die Ohren. Die neue enge Hose zwickte zwar ein wenig, aber das war ihm einerlei.

Der Flug war nicht so angenehm, wie Keiko sich das erhofft hatte, und er war froh, als er endlich in Linz im Hotel ankam. Sein Zimmer war sehr komfortabel, und wieder kam er sich vor, als sei er nun etwas ganz Besonderes. Er warf sich auf das große Bett und schloss die Augen. Er malte sich aus, wie er morgen Abend auf der großen Bühne stehen würde: im Hintergrund die Bilder seines Filmes und davor eine elegante Moderatorin, die die Laudatio auf ihn hielt. »And the winner is – Keiko Hayashi!« Er sprang aus dem Bett und verneigte sich in alle Richtungen. Im selben Moment klopfte es. Rasch stopfte er sein Hemd in die Hose und öffnete. Draußen stand der Etagenkellner mit einem Tablett in der Hand. Erst sagte er etwas, was Keiko aber nicht verstand, dann nickte ihm der Mann freundlich zu und meinte: »Your Coffee, please.«

Keiko hatte nichts bestellt, außerdem trank er sonst nur Tee. Das schwarze Zeug schmeckte furchtbar, und er verstand nicht, was die Menschen hier daran so gut fanden. Aber wenn er schon einmal in diesem fremden Land war, so schadete es sicher nicht, sich den Sitten anzupassen. Er verzog das Gesicht, leerte die Tasse und spülte sich sofort den Mund mit Leitungswasser aus, um den herben Geschmack loszuwerden. In Linz war es bereits dreiundzwanzig Uhr, also sieben Uhr früh in Osaka. Sobo schlief sicher noch, er würde sie später anrufen, damit sie sich keine Sorgen machte. Keiko jedoch war gar nicht müde. Gelangweilt blätterte er die mehrsprachigen Prospekte auf dem Schreibtisch durch. Nachtlokale, Theater, Kinos, Restaurants – nichts, worauf er heute noch Lust hatte. Dann fiel sein Blick auf ein Bild in einer Zeitschrift. Es zeigte einen mächtigen Turm, frei in der Landschaft stehend, als wäre die dazugehörende Burg einfach verschwunden. »Das muss ich mir ansehen.«

Wenige Minuten später stieg Keiko in ein Taxi vor dem Hotel und hielt dem Fahrer die Zeitschrift unter die Nase. Er deutete auf einen der Punkte, den er mit Kugelschreiber eingekreist hatte. Daneben stand ein Artikel in englischer Sprache, der das auf der Karte eingezeichnete Bauwerk näher beschrieb. Ein Erzherzog Maximilian Joseph von Österreich hatte im frühen 19. Jahrhundert für viel Geld eine Turmlinie als Teil einer Reichsbefestigungsanlage errichten lassen. Er hatte wohl den Schock, dass Napoleon auf seinem Zug nach Wien nicht aufzuhalten gewesen war, nicht verdaut. Dreißig Jahre nach deren Fertigstellung waren die Türme völlig nutzlos geworden. Die Waffentechnik hatte sich weiterentwickelt, und sie boten keinen Schutz mehr gegen die neuen Geschütze. Einige der Türme verfielen, andere wurden nun privat genutzt.

Sie fuhren an der Donau entlang, dann in einen Wald hinein, bis sie schließlich auf einer Anhöhe Halt machten. Keiko bezahlte und stieg aus. Im Licht zweier Scheinwerfer zeichnete sich die Silhouette des Turmes ab, der wie ein mächtiger, in den Boden gerammter Monolith anmutete. Er sah sie förmlich, die Kämpfer, wie sie scheinbar, der Schwerkraft trotzend, auf den schmalen Gesimsen herumturnten und mit ihren Schwertern klirrten. Das wäre eine tolle Kulisse für einen neuen Animationsfilm!, dachte er. Zwei rohe Bretter führten über einen Bach zum Eingang. Keiko hörte das Gluckern des Wassers, und augenblicklich meldete sich seine Blase. Das konnte nur dieser ungewohnte Kaffee sein, der nun seine Wirkung zeigte. Das Wäldchen hinter dem Turm war von der Straße her nicht einzusehen. Dorthin würde er gehen, um sich zu erleichtern.

Plötzlich hörte er jemanden flüstern. Zwei Stimmen, eine männliche und eine weibliche. Wie im Film, dachte er aufgeregt, mal sehen, was die da machen. Keiko schlich durch das Unterholz an die Westseite des Turmes heran. Er achtete darauf, nicht auf die dürren Äste zu treten. Das Knacken würde ihn sofort verraten und ihm den ganzen Spaß verderben. Dann sah er sie. Der Mann war riesengroß, jedenfalls im Vergleich zu ihm. Er hielt eine junge Frau an den Hüften fest. Sie atmete schwer. Ein Liebespaar, dachte Keiko und sah ihnen zu. Dann, wie auf Kommando, gingen sie in die Knie, wippten dreimal, und der Riese katapultierte die Frau in die Luft. Der Lichtkegel einer Taschenlampe wanderte die Mauer hinauf bis zu einem Paar hin- und herbaumelnder Beine. Die Frau fauchte etwas von oben. Dann klammerte sie sich an eine der Eisenstangen, die die ehemaligen Schießscharten bewehrten, krümmte kurz ihren Rücken, schwang sich gekonnt auf einen darüber liegenden Sims und kroch durch ein Fenster in den Turm.

Eine Minute später vernahm Keiko ein Knarren, das schwere hölzerne Tor wurde von innen aufgezogen, und der Mann verschwand im Turm. Vorsichtig schlich Keiko sich näher. Er hatte den Eingang fast erreicht, als er an ein Hindernis stieß und beinahe hingefallen wäre. Er bückte sich und tastete danach. Es war warm und feucht. Keiko streckte seine Hände in das spärliche Licht, das von den Scheinwerfern der

Turmbeleuchtung zu ihm herüber drang. Ihm wurde eiskalt. Sie waren rot und klebrig. Blut! Er widerstand dem Drang, wegzulaufen und kniete sich nieder. Es war ein Mann, und er bewegte sich nicht. An seinem Gürtel hingen ein Schlüsselbund und eine Taschenlampe. Vorsichtig löste Keiko die Lampe und knipste sie an. Auf der Stirn des Mannes klaffte eine breite Wunde, sein Mund stand halb offen, die linke Gesichtshälfte war blutverschmiert. Wie in Trance tastete Keiko nach der Halsschlagader, er hatte das in unzähligen Filmen gesehen. Kein Puls, der Mann war tot. Keiko nahm gerade noch wahr, dass der Tote eine Uniform trug, als sich die Tür zum Turm von innen öffnete. Hastig löschte er die Taschenlampe und ging in die Hocke.

Die beiden kamen heraus. Der Riese ächzte unter einem offenbar schweren Karton. Die Frau folgte ihm mit zwei kleineren. Sie verstauten die Kisten in einem Lieferwagen, der im Schatten eines Baumes abgestellt war. Keiko hatte ihn vorhin gar nicht bemerkt. Auf der großen Kiste war ein Fernsehgerät abgebildet, und darunter stand der Name einer der bekanntesten Elektronikfirmen aus seiner Heimat.

»Diebe!«, schoss es ihm durch den Kopf. Es war wohl einer der Türme, die als Lager verwendet wurden, wie er es der Zeitschrift entnommen hatte. Diebe, die offensichtlich auch vor Mord nicht zurückschreckten. Er musste weg! Sofort! Aber wohin? Gleich würden sie wieder zurück sein, und wenn sie ihn entdeckten … und wenn er jetzt nicht aufs Klo kam … Keiko sah sich verzweifelt um. Dann erblickte er im fahlen Licht an der Seite des Turmes eine schmale Treppe. Sie führte in den Graben hinab, der den Turm umgab. Keiko löste sich aus der Erstarrung und stürmte los. Fast wäre er auf den feuchten Stufen ausgerutscht, fing sich jedoch im letzten Moment, stieß an eine Tür, sprang hinein und schloss sie. Er atmete auf. Es stank fürchterlich. Keiko hielt sich die Nase zu und lauschte in die Dunkelheit. Totenstille. Er schaltete die Taschenlampe ein.

Der enge Raum war vollgestellt mit Kanistern in verschiedenen Größen. Zwischen den Behältern eine alte Toilettenschüssel ohne Deckel. Mit zitternden Händen legte er den Riegel vor. Minuten vergingen. Dann hörte er ein Geräusch, als würde etwas über den Boden geschleift. Er hielt den Atem an. Es kam näher. Ein Poltern, und ein schwerer Gegenstand krachte gegen die Tür. Keiko wich zurück und kauerte sich auf den Boden. Hatten sie ihn gesehen? Kurz darauf wurde ein Motor angelassen.

Keiko wartete noch eine Weile, dann hielt er es nicht mehr länger aus. Egal, wie schlimm dieses Ding auch aussah, er würde die Toilette jetzt benutzen und danach so schnell wie möglich diesen Ort verlassen. Erleichterung! Endlich – tat das gut. Während er sich die Hose zumachte, fiel ihm das Taxi ein. »Ach, egal, ich habe ja mein Handy. Nur raus hier«, sagte er leise. Er löste die Sperre und drückte gegen die Tür, aber sie ließ sich nur ein paar Zentimeter öffnen. Er warf sich mit seinem ganzen Gewicht dagegen. Panik überkam ihm. Beißender Rauch drang herein, mit ihm der Geruch nach Benzin und verbranntem Fleisch. Durch den Türspalt sah er zu seinem Entsetzen lodernde Flammen. Keuchend stieß er immer und immer wieder gegen die Tür. Vergeblich. Dann verließen ihn die Kräfte, er fiel hustend zu Boden, schlug die Hände vors Gesicht und rieb sich die tränenden Augen. Erst jetzt nahm er das Symbol auf den Kanistern wahr: ein oranges Rechteck mit weißem Rand und einer Flamme in der Mitte. Sein Kopf dröhnte.

Musik erklingt, das Publikum applaudiert begeistert. Keiko steht auf der Bühne, die Kameras schwenken auf ihn.

Er hält eine goldene Statue mit Engelsflügeln in der Hand, verneigt sich tief in alle Richtungen, und die blonde Moderatorin im glitzernden Abendkleid preist seine Arbeit. Keiko spürt die Hitze der Scheinwerfer auf seinen Wangen. Im selben Moment explodiert ein gewaltiges Feuerwerk. Keiko ist überglücklich.

Das hätte Sobo sehen sollen!

ANKE GEBERT

ellas traumreise

Ella steht im Toilettenraum, der sich vor dem Restaurant *Bellevue* befindet, und sieht in den großen Spiegel an der Marmorwand. Sie versucht, tief zu atmen – ein, aus. Doch es gelingt ihr nicht, ihr Atem bleibt flach. Vor wenigen Minuten hat Ella das Abendessen im Restaurant verlassen, noch bevor der zweite Gang gekommen ist. Wieder einmal. Sie dreht einen der goldenen Wasserhähne auf und befeuchtet ihr Gesicht. Ihr Make-up ist dahin, vom Wasser, von den Tränen. Sie wirft sich noch mehr Wasser ins Gesicht.

Sie geht hinaus auf eines der Außendecks und sieht auf den silberfarbenen Streifen, den der Vollmond auf dem Meer hinterlässt, ohne ihn wirklich zu sehen. Das Haar weht um ihr Gesicht, doch Ella ist jetzt auch ihre Frisur gleichgültig. Sie wird gleich in ihre Kabine gehen, so wie die vorherigen Abende auch. Morgen wird sie auch dort frühstücken. Wenn es so weitergeht, wird sie ihre Kabine kaum noch verlassen.

Ella macht eine Weltreise. Sie hat sich mit dieser Kreuzfahrt einen Traum erfüllt. In sechs Monaten mit der MS *Azuro* um die ganze Welt. Acht Reisen am Stück, die man auch einzeln buchen konnte. Doch Ella wollte die ganze Welt – mit dem Schiff.

Seit Jahren hatte sie davon geträumt und dafür gespart, bis sie den Vertrag für diese Reise vor ein paar Monaten, am Tag ihres 60. Geburtstages, endlich unterschrieben hatte. Heimlich, denn es kam Ella vermessen vor, sich einen so teuren

Traum zu erfüllen. Niemandem hatte sie zuhause in ihrer Kleinstadt in Niedersachsen davon erzählt, auch nicht ihrer besten Freundin. Offiziell war Ella zu einer alten Tante, die sie in England ausfindig gemacht hatte, geflogen. Flüge nach England kosteten nicht viel, und bei der Tante sei sie eingeladen, sechs Monate lang, hatte sie rechtfertigend vorgegeben.

Ella hatte auf den ersten Etappen der Reise bedauert, dass sie niemandem über ihre Erlebnisse berichten konnte. Nicht einmal Ansichtskarten hatte sie schreiben können. Dabei hatte sie inzwischen Unglaubliches erlebt: vierzehn karibische Inseln in sechzehn Tagen, die schönsten Ziele im Indischen Ozean und Kapstadt, Buenos Aires, New York ...

Ella wüsste gar nicht mehr, wo sie bereits überall gewesen war, wenn sie nicht akribisch Tagebuch führen würde. Auch über das Leben an Bord: das wunderbare Essen, den tollen Service, die außergewöhnlichen Künstler, die Showprogramme, die Abendessen mit den netten Tischgästen, die Gala-Abende ... Das alles hatte Ellas Erwartungen übertroffen, sie hatte begonnen, es zu lieben und ängstlich darüber nachzudenken, dass die Tage an Bord zu schnell vergehen könnten. Bis sich vor ein paar Tagen alles geändert hatte.

Ella drückt sich gegen den Wind, um an die Außenwand der *Azuro* zu gelangen, an die Seite des Fensters zum Restaurant *Bellevue*. Von draußen sieht sie zu dem Tisch, an dem sie vorhin noch gesessen hat, zu dem Mann, der dort vor zwei Wochen neben ihr platziert worden war. Sie schaut zu ihrem Platz, der nun frei ist.

Hugo Mach war vor vierzehn Tagen auf die *Azuro* eingeschifft, Hugo Mach hatte bereits am ersten Abend begonnen, alles zu verderben. Er hatte Ella aus ihrem Traum gerissen und alles noch Kommende zunichte gemacht.

Bereits während des ersten Abendessens hatte er zum Besten gegeben, wer er sei und was er alles könne und wen er alles kenne. Er hatte von seinen Immobilien erzählt und was sie wert wären. Er hatte niemanden mehr zu Wort kommen lassen. Und er hatte schon am ersten Abend seine Hand mehrmals auf Ellas Unterarm gelegt. Ella hatte versucht, darüber hinwegzusehen, doch es war ihr nicht recht gelungen, denn die Berührung dieses Mannes hatte sie geekelt. Kurz darauf hatte sie sein Bein an ihrem gespürt.

Hugo Mach ist um die achtzig Jahre alt. Er trägt zu jedem Abendessen dasselbe bekleckerte Jackett, dieselben braunen Schuhe, dieselbe Hose. Manchmal bemerkt er nicht, dass sein Hosenstall offen ist. Hugo Mach ist ein hagerer Mann. Vor und nach dem Abendessen sieht man ihn in der Lobby ketterauchen und dem Bier zusprechen. Er sitzt dann immer allein. Wenn das Restaurant geöffnet wird, ist es, als habe er nur darauf gewartet. Er eilt zu seinem Platz, sieht mürrisch in die Speisekarte, bestellt Bier, während sämtliche anderen Gäste Wein trinken. Er redet. Und er fasst Ella an.

Ella hatte versucht, sich an einen anderen Tisch umsetzen zu lassen, doch die *Azuro* ist ausgebucht, kein anderer Platz mehr frei, hatte ihr der Restaurantchef zu verstehen gegeben. Ella hatte ihrem Wunsch vielleicht nicht genügend Dringlichkeit verliehen, doch sie hatte auch nicht negativ auf ihrem Traumschiff auffallen wollen. Sie will auch jetzt nicht für eine der vielen Nörglerinnen und Nörgler gehalten werden, die es an Bord gibt. Ella will es weiterhin nett haben, traumhaft, und weiß nun nicht mehr, wie ihr dies noch gelingen soll.

Hugo Mach wird bis zum Ende von Ellas Traumreise an Bord bleiben. Neulich, während der Welcome-Gala im Show-Saal hatte Ella beobachtet, wo Hugo Mach Platz nahm, und sich dann so weit wie möglich von ihm weggesetzt. Doch er hatte sie entdeckt und war durch den ganzen Saal marschiert, um sie zum Tanz aufzufordern. Mit offener Hose. Um kein Aufsehen zu erregen, war Ella mit ihm auf die Tanzfläche gegangen und hatte die amüsierten Blicke anderer Gäste bemerkt.

Hugo Mach war während des Tanzes über die alleinreisenden Frauen an Bord hergezogen, die angeblich alle hinter ihm und seinem Geld her waren. Er könne es ihnen nicht verdenken, sei er doch eine gute Partie. Er suche sich seine Zukünftige aber immer noch selbst aus. Und er habe sie bereits gefunden … Ella spürte Machs nasse Lippen auf ihrer Wange. Atmete einen Geruch, der nicht nur aus seinem Mund, sondern auch von seinem Körper aufstieg. Als könnte sie verhindern, dass dieser Mann *sie* meinte, wenn sie so tat, als wäre sie nicht gemeint, ging sie auch über diesen Kuss hinweg. Nach dem Tanz floh sie unter einem Vorwand aus dem Saal.

Auf der Gästetoilette vor dem Saal sah sie lange in den Spiegel. Sie sah wunderschön aus, an diesem Abend. Doch sie gefiel sich nicht. Ihr gefiel die ganze Reise nicht mehr. Seit dieser Mach an Bord war, war die Reise ein Griff ins …, dachte Ella und erschrak darüber, wie sie sich in Gedanken ausdrückte. Sie beschloss, den Rest des Abends auf ihrer Kabine zu verbringen. Als sie den Toilettenraum verließ, stand er vor ihr: Mach, mit offener Hose. Ella stürzte an ihm vorbei: weg.

Kurz darauf klopfte es an ihre Tür. Ella öffnete mit tränenverschmierten Augen, denn sie dachte, das Zimmermädchen brächte ihr Röcke und Blusen aus der schiffseigenen Reinigung zurück. Doch vor der Tür stand er, Hugo Mach, strahlend, mit einer Flasche Sekt in der Hand, dem schiffseigenen Sekt, den jeder Passagier bei Einschiffung zur Begrüßung auf seiner Kabine vorfand. Bevor Ella es abwehren konnte, stand

Hugo Mach in ihrer Kabine. Als er zwei Gläser aus der Vitrine nahm, fiel Ella auf, dass der hagere Mann einen ziemlich gepolsterten Hintern hatte. Er trägt eine Windel, ging es ihr durch den Kopf. Hugo Mach ließ lachend den Korken knallen, schenkte ein, setzte sich auf Ellas Bett und klopfte mit der Hand auf den Platz dicht neben sich. Ella blieb unschlüssig im Raum stehen, bis sie sich in dem einzigen Sessel niederließ, wieder aufstand, sich entschuldigend ins Badezimmer begab, sich auf den Toilettendeckel setzte und das Gesicht in den Händen vergrub. Ohne anzuklopfen kam Mach hinein, fragte, was los sei – und fasste Ella an. Sie schlug seine Hand weg und versuchte ihn aus dem Bad zu drängen. Mach stellte den Fuß in die Tür und meinte lächelnd, er liebe temperamentvolle Frauen. Ella trat mit den Hacken ihrer Pumps gegen sein Schienbein. Hugo Mach stöhnte vor Schmerz auf, zog den Fuß zurück und klammerte sich mit seiner hageren Hand an die Badtür. Als Ella den Mann endlich aus ihrer Kabine geworfen hatte, verriegelte sie eilig die Tür und warf sich, entsetzt über sich selbst, aufs Bett. Tränen kamen ihr nicht.

Das war vor ein paar Tagen gewesen.

Am nächsten Morgen hatte sie einen Liebesbrief gefunden, den Hugo Mach ihr unter der Tür durchgeschoben hatte. Kurz darauf standen rote Rosen in ihrer Kabine. Ella bedankte sich nicht und vernichtete alles. Dann begann Mach, ihr Drohbriefe zu schreiben. Es folgte ein Heiratsantrag. Anschließend wieder Drohbriefe. Ella vernichtete weiterhin alles sofort.

Immer, wenn sie einen Raum auf dem Schiff betrat, hielt sie nach Mach Ausschau. Entdeckte sie ihn, verschwand sie sofort. Sie kam sich gehetzt vor. Lebte nicht mehr ihren Traum, der so wunderbar begonnen hatte.

Beim Cocktail, zu dem der Kapitän alle Weltreisenden einlud, kamen Ella plötzlich die Tränen. Eilig verschwand sie auf die Toilette. Der Kreuzfahrtdirektor ging ihr nach und frage sie besorgt, ob auf dem Schiff alles zu ihrer Zufriedenheit sei. Ella beschwor es, denn sie wollte niemanden mit ihren Problemen behelligen. Vielleicht würde man ihr die Geschichte mit Mach gar nicht glauben und denken, sie wolle nur auf sich aufmerksam machen, wenn sie, als alternde Frau, berichtete, dass an Bord ein Mann hinter ihr her sei und ihr nach kurzer Zeit sogar einen Heiratsantrag gemacht hatte. Wie immer wollte sie für alle die liebenswürdige, unkomplizierte Ella sein, die Ella, die niemandem zur Last fiel und auch keinen anderweitigen Ärger machte.

Diese Nettigkeit war ihr nun zum Verhängnis geworden, wie schon so oft in ihrem Leben. Wenn man Ella einen Vorwurf machen konnte, dann den, dass sie zu lange zu nett gewesen war zu einem Mann, der ihr Verhalten missverstand. Ella wollte nicht, dass es heißen könnte, sie hätte Hugo Mach durch ihre Art ermuntert, all diese Dinge zu tun. Sie wollte nur eines: ihren Traum zurück.

Ella wendet sich von dem Anblick ihres leeren Platzes ab. Auch die andern Gäste stehen nach und nach auf. Mach sitzt noch da. Ella zählt die Tage, die ihr auf der *Azuro* noch bleiben. Sechzig schöne Tage hat sie gehabt. Siebzehn schlechte seit Hugo Mach an Bord ist. Bleiben noch siebzig Tage. Gemeinsam mit Hugo Mach werden es siebzig schlechte Tage. Doch *ohne* ihn …

In ihrer Kabine sieht sie lange in den Spiegel über dem Waschbecken. Ihre Frisur ist zerzaust. Irgendwann geht sie wie mechanisch mit dem Kamm durch die Haare, pudert das Gesicht nach, trägt Rouge auf und legt sich den roten Pashmina-Schal über die Schultern ihres Abendkleides. Aufrecht betritt sie die Bar. Überall auf diesem Schiff nur Paare. Ella vermeidet es in der Regel, sich zu welchen dazuzugesellen. Die meisten Ehefrauen könnten Angst bekommen, Ella wolle ihnen die Männer ausspannen. Doch wer würde ihr beistehen, wenn Mach sich in eine Runde drängte, um Ella nahezukommen, *zu* nahe? Vielleicht das Ehepaar Lauterbach, das sich gerade die zweite Flasche Champagner servieren lässt und mit dem Barkeeper scherzt?

Ella geht aufrecht auf das Paar zu. Sie muss an Hugo Mach vorbei, der einsam an einem Tisch sitzt. Ella würdigt ihn keines Blickes.

Mach greift nach ihrem Handgelenk. »Hier geblieben, meine Schöne!«

Ella sieht sich hilflos um. Manche beobachten die Szene, Lauterbachs lachen mit dem Barkeeper. Niemand steht Ella bei. Sie reißt sich los und stürzt aus der Bar.

Im Toilettenraum vor dem Saal reibt sie sich das Handgelenk und sieht dabei in den Spiegel. Als sie herauskommt, steht Mach vor ihr. In seinen Mundwinkeln hat sich dicker, weißer Speichel gesammelt. Er drückt sie zurück in den Raum, mit dem Rücken gegen ein Waschbecken, und küsst sie. Ella versucht ihn abzuwehren, dabei spürt sie einen Augenblick lang das Polster in seiner Hose, das bis zur Hüfte reicht. Mit großer Wucht stößt sie Mach von sich und rennt hinaus aufs Deck.

Der Wind reißt ihr augenblicklich den Pashmina-Schal von den Schultern und weht ihn über Bord. Ella versucht noch, danach zu greifen. Doch er fliegt ein Stück aufs Meer hinaus, sinkt dann und klatscht eine Etage tiefer wieder an die Bordwand. Deshalb soll man also nicht über Bord spucken, geht es ihr durch den Kopf, die Spucke kehrt zurück, und irgendwo bekommt sie ein anderer ab. Sie eilt die Eisenstufen ein

Deck hinab. Die Hacken ihrer Lackschuhe bleiben im Gitter stecken, Ella lässt einen Schuh zurück. Der Schal verharrt an der Wand, als könne er sich nicht entscheiden, ob er weiterfliegen oder dort kleben bleiben soll. Er weht schließlich auf eines der am Außendeck befestigten Tenderboote und bleibt dort liegen. Ella greift danach, doch sie bekommt den Schal nicht zu fassen.

»Darf ich?«, fragt Hugo Mach. Er hält ihr den Lackschuh entgegen und geht umständlich in die steifen Knie, um ihr den Schuh anzuziehen. Ella lässt es geschehen, auch dass der Mann die Gelegenheit nutzt, ihren Fuß zu streicheln. Was Mach dabei redet, verschluckt der Wind.

Hugo Mach richtet sich auf. Er sieht Ellas Tränen und macht den Ansatz, sie in den Arm zu nehmen.

Ella weicht zurück.

»Mein Schal«, sagt sie und zeigt zum Tender, an dem der Wind an dem Schal zerrt.

Hugo Mach zieht das Jackett und die braunen Schuhe aus und beginnt, auf die Reling zu klettern, um an den Tender zu kommen. Dabei verrutscht seine Hose und auch alles, was er darin verbirgt. Ella starrt darauf. Mach dreht sich lächelnd zu ihr um.

Er kämpft gegen den Wind und um Halt am nassen Außendeck. Er reicht ihr den Schal entgegen, damit er die Hände frei hat, wenn er zurück über die Reling, zurück zu Ella klettert. Als er den ersten Fuß auf das Geländer setzt, greift Ella danach. Hugo Mach schwankt, als könne er sich nicht entscheiden, ob er auf das Deck oder ins Meer fallen solle.

Er fällt ins Meer.

Einmal noch kurz sieht Ella seine Hände aus dem Wasser ragen. So, als wolle er Ella noch einmal anfassen. So, als solle Ella ihn aus dem Meer ziehen. Dann ist nichts mehr zu sehen, außer einer weißen Schaumkrone auf den schwarzen Wellen. Oder es ist Machs Windel, denkt Ella und ertappt sich bei einem Lächeln.

Sie schiebt Hugo Machs alte braune Schuhe an der Reling ordentlich nebeneinander. Danach legt sie sich den roten Schal um die Schultern.

Mit dieser Frisur, die keine mehr ist, kann sie sich heute nicht mehr unter den Gästen sehen lassen.

Doch ab morgen, ab morgen wird Ella ihre Traumreise fortsetzen.

eifel-zweifel

V ier alte Männer hatten sich zu verpönten Tätigkeiten verabredet: Sie wollten rauchen, trinken und denken. Bekanntlich gilt den Puritanern jeder Gesinnungsvariante das Denken schon immer, das Trinken seit Langem und das Rauchen neuerdings als abscheulich. Vier abscheuliche alte Männer also, jenseits der Grenze der gesellschaftlichen Nutzbarkeit, aber noch vor der Schwelle des sozialverträglichen Ablebens. Das Haus, in dem sie sich diesmal trafen, gehörte dem alten Kripomann Ludwig Ziegler, der bald die achtzig erreichen würde. Neben ihm saß Konrad Grünholz, vierundsiebzig, früher Gerichts- und Polizeireporter in Düsseldorf, dann in Köln und zwischendurch kurz in Bonn. Ziegler und Grünholz tranken Bier, die anderen Rotwein. Der abwesende Fünfte hätte die Fraktion der Biertrinker verstärkt.

»Was ist mit Baumeister?«, sagte Matzbach. »Baut er?«

»Bei ihm hat's heute geschüttet; sein Wagen springt nicht an.« Ziegler lugte unter der Verandakante hinaus in den bedeckten Himmel.

»Eifel-Geträufel? In die Pfeife gerieselt?«

»Wohl eher in den Zündverteiler.«

Herbert Neugebauer hob sein leeres Weinglas. Der Strafverteidiger war im Frühjahr mit siebzig aus seiner Kölner Kanzlei ausgeschieden. »Wenn der eine Hobbydetektiv fehlt«, sagte er, »muss der andere für zwei reden, Matzbach. Gibt's bei Ihnen irgendwas Neues? Interessantes?«

Baltasar Matzbach betrachtete den Aschekegel seiner

Havanna. »Darunter ist Glut«, sagte er, »aber bin ich eine Zigarre? Die kleinen grauen Zellen, aschfarben, gewissermaßen – also, die tun's noch …«

»Ha, ha«, sagte Ziegler. »Seit wann denn?« Er entkorkte einen weiteren Montepulciano und schob ihn Neugebauer hin.

»Die aschfarbenen Zellen«, sagte Baltasar, »haben ihre Aktivitäten immer schon in Regionen entfaltet, die Ihnen unzugänglich sind, Ziegler. Aber mit einundsiebzig sollte man sich nur noch dann in fremde Angelegenheiten mischen, wenn es sich nicht vermeiden lässt. Oder besonders aufregend ist. Im Moment gibt's nichts zu erwähnen.«

Ziegler grinste. »Also Universaldilettant a. D., was? Tut das sehr weh?«

Grünholz stöhnte. »Habt ihr zwei euch nicht lange genug in Bonn beharkt? Sagen Sie uns lieber, warum Sie uns hergebeten haben.«

Ziegler verschränkte die Arme vor der Brust. »Erstens, weil ich dran bin. Und zweitens, weil sich hier eine wilde Geschichte zugetragen hat.«

Matzbach nickte. »Das glaub ich gern. Haben Sie es etwa bar bezahlt?«

»Nee. Aber das war einer meiner letzten Fälle. Danach war das Haus zu haben, und ich hab ja damals etwas gesucht, für die Zeit nach dem Ausscheiden …« Er rümpfte die Nase.

Neugebauer hatte sein Glas überfüllt. Er beugte sich vor, schlürfte lautstark, richtete sich wieder auf und langte nach seinen Zigaretten. »Sie wohnen an einem Tatort, nehme ich an, und das ist Ihnen erst jetzt wieder eingefallen? Klarer Fall von H. I. V., wie? Han Isch Verjesse?«

»Unfug, Mann. Ich habe nur nicht eher daran gedacht, dass das was für unsere Puzzlerunde sein könnte.«

Grünholz betrachtete einen dünnen schwarzen Zigarillo, zündete ihn aber nicht an, sondern klemmte ihn hinter sein Ohr. »Schießen Sie los.«

»Moment.« Matzbach hob die Hand. »Heute ist die Bonner Kripo auch für den Großraum Euskirchen zuständig; war das damals schon so? Sie sind doch fünfzehn Jahre raus. Wann ist das umorganisiert worden?«

»Ungefähr zu der Zeit; ich hatte aber damit zu tun, weil der Tote aus Bonn war. Das hier war sein Wochenendhaus. Wollen Sie mich jetzt weiter unterbrechen, oder soll ich anfangen?«

Matzbach verneigte sich im Sitzen. Ziegler griff zu seiner Pfeife. Während er sie sorgsam stopfte, begann er mit seiner Geschichte.

»Also, normalerweise bereden wir ja bei unseren Runden einen mehr oder minder aktuellen Fall, der sich nicht klären lassen mag. Außer, ahemm, durch unsere Geistesblitze. Diesmal hab ich was Antikes, und unaufgeklärt ist es auch. Ich sag Ihnen aber nicht, was passiert ist.«

»Sollen wir jetzt über etwas reden, wovon wir nichts wissen? Wolken schieben?« Neugebauer machte einen Grunzlaut und schüttelte den Kopf.

»Abwarten. Ich habe mir das so gedacht, Jungs: Ich erzähle Ihnen die Zutaten, und Sie erfinden die Geschichte. Mal sehen, wer der Sache am nächsten kommt. Sie ist nämlich ziemlich, tja, meschugge.«

»Mal was Neues.« Grünholz lächelte. »Meschugge? Als wie plemplem?«

»Mehr oder weniger. Sie müssen Ihren Geist schweifen lassen.«

»Konzentriertes Schweifen in der Eifel?« Matzbach schob die Unterlippe vor. »Kleines Eifel-Geschweifel? Da bin ich aber gespannt.«

»Schade, dass Siggi nicht da ist«, sagte Neugebauer. »Für

Eifelgeschweife ist der doch prädestiniert.«

»Soll ich?« Ziegler riss ein langes Streichholz an und paffte; durch die Wölkchen sah er die anderen der Reihe nach an.

»Keiner widerspricht? Keiner ermuntert ihn?« Matzbach streifte seinen Aschekegel in einem großen irdenen Topf ab. »Dann will ich es sagen, geschätzter Hochkommissar: Walten Sie. Entfalten Sie. Gestalten Sie.«

»Das sind die Zutaten.« Ziegler bewegte den Arm in einem Halbkreis über dem Kopf. »Dieses Haus, in dem Sie nachher Ihre Skelette zur Ruhe betten können. Ein Plumpsklo, da drüben« – er wies auf ein Gehölz, etwa fünfzehn Meter entfernt –, »und darauf eine Leiche.«

»Plumpsklo?« Grünholz rümpfte die Nase.

»Apart«, sagte Matzbach. »Für After-Singles oder mit Doppelsitz? Hatte ich mal, voriges Jahrtausend, in einem Ferienhäuschen, allerliebst. Meine damalige Buhlin wusste es nicht recht zu schätzen.«

Neugebauer schnalzte. »Denk ich mir wohl. Aber ich war vorhin mal auf Ihrem bunten Keramiktopf, Ziegler – haben Sie den einbauen lassen?«

»Ja. Ich hatte keine Lust, immer durch Regen und Schnee zu dem Gebüsch da zu laufen. Na, fällt Ihnen zur Problemstellung was ein?«

Grünholz runzelte die Stirn. »Plumpsklo mit Leiche … Na ja. Wer war die Leiche? Der Besitzer, dieser Typ aus Bonn? Oder ein Fremder?«

»Nein, nein, es war der Haus- und Hofherr.«

»Er hatte wohl Grund und Anlass, das Örtchen aufzusuchen.«

»Woran denken Sie?« Matzbach sah den Ex-Anwalt an. »Exotische Leiche, aus einem Segelflugzeug ins Plumpsklo geworfen?«

Grünholz winkte ab. »Leiche«, murmelte er. »Sitzt auf dem

Topf – hat doch gesessen, oder? Nicht auf dem Boden gelegen.«

»Auch nicht davor gekniet.« Ziegler blies ein paar schwankende Rauchringe. »Ganz normal, könnte man sagen.« Dann kicherte er. »Sofern an einer Leiche auf einem Plumpsklo etwas normal ist.«

»Ehe wir weiter sinnlos denken«, sagte Neugebauer. »Kann man diesen, äh, *locus amoenus* besichtigen?«

»Man kann ihn sogar nutzen, wenn man unbedingt will. Oder muss.« Ziegler grinste. »Machen wir eine Expedition? Vorher austrinken?«

»Hinterher weitertrinken«, sagte Matzbach; er leerte sein Glas und stand auf. »Die Zigarre darf ich mitnehmen?«

»Klar doch. Das Grundstück ist rauchverbotsfrei.«

»Sympathisch.«

Die Trampelschneise, die durch das kleine Gehölz zum Sitz der Notdurft führte, war gründlich überwuchert; offenbar hatte schon lange niemand mehr erlösende Entschlackung im Grünen gesucht.

Matzbach ging geduckt unter einer Trauerweide hindurch, deren Zweige ihm Hemd und Gesicht streiften. »Eifel-Streifen?« Er meckerte wie ein hysterischer Ziegenbock. »Also«, sagte er dann, »die Beschaulichkeit des Orts erinnert mich an einen Wunsch, der sich nie hat erfüllen lassen.«

Neugebauer sagte: »Sie werden es sich zweifellos nicht verkneifen können, uns Einzelheiten mitzuteilen.«

Matzbach nickte heftig. »Und zwar habe ich mir immer – und ob dieser Idylle fällt es mir wieder ein – anstelle schnöden wiewohl dreilagigen Papiers eine flatterhafte Schmuddelelfe gewünscht, mit fransiger Zunge, die eine reinigende Amtshandlung an mir vornähme.«

»Gah bah«, sagte Grünholz. Er wies auf die mit einem Herzen versehene Tür. »Furchtbar modern, finden Sie nicht? Das

Schloss meine ich. Tät's nicht auch ein Riegel? Und zwar besser? Stilecht?«

Ziegler zog einen großen Schlüssel aus der Hemdtasche. Das herzige Häuschen stand auf einem hölzernen Sockel, war etwa zwei Meter hoch und anderthalb Quadratmeter groß. Drinnen gab es ein Tischchen mit alten Illustrierten und einer Rolle vergilbten Papiers. Der Thron war ein Holzkasten mit Sitzloch, umringt von einer dunkelbraunen Brille.

Alle warfen Blicke in den Abgrund, in dem nichts zu sehen und außer einer fernen, feuchten Ahnung auch nichts zu riechen war.

Ziegler wartete, bis alle wieder im Freien standen, dann verschloss er die Tür und steckte den Schlüssel ein.

»Gute Arbeit«, sagte Grünholz. »Nirgends ein rostiger Nagelkopf.«

Ziegler nickte. »Alles nur mit Holzstiften gemacht.«

Als sie wieder auf der Veranda saßen, füllten sie die Gläser auf und tranken stumm. Dann räusperte sich Neugebauer.

»Also, der Besitzer hockt tot auf dem Klo, ja? Wer hat ihn gefunden?«

»Spielt für unser Puzzle keine Rolle«, sagte Ziegler. »Weiß ich auch nicht genau. Er hat noch gearbeitet, in Bonn, und als er montags nicht ins Büro gekommen ist, hat man ihn gesucht. War wohl ein Mitarbeiter von ihm, aber der hatte ein felsenfestes Alibi und nix mit der Sache zu tun.«

»Okay. Sitzt tot da, als man ihn findet. Hm. Wie ist er denn umgekommen? Sie haben ja gesagt, es war ein Fall, also wird er wohl nicht an Herzversagen gestorben sein, oder?«

»Jeder stirbt an Herzversagen«, knurrte Grünholz. »Fast jeder, jedenfalls. Gab's da was, Ziegler? Wunden? Strick um den Hals?«

Ziegler grinste um seinen Pfeifenstiel herum. »Nichts.«

»Dann ist er wahrscheinlich woanders abgenibbelt«, sagte Neugebauer. »Besoffen, vielleicht, und als er seinen Rausch ausschläft, drückt ihm jemand ein Kissen aufs Gesicht und schleppt ihn dann zum Häuschen?«

»Nicht schlecht, aber das war's nicht.«

Grünholz stöhnte. »Hören Sie«, sagte er, »die Informationen reichen nicht für eine anständige Hypothese. Nicht mal für eine unanständige.«

Neugebauer nickte. »Seh ich ähnlich. Sie müssen uns etwas mehr sagen.«

Ziegler musterte Matzbach. »Sie da«, sagte er, »Schwatzbach, Sie sind so still. Haben Sie tiefe Gedanken, die Sie mit uns teilen möchten?«

Baltasar legte das letzte Drittel seiner Montecristo in den Aschetopf. »Ich hätte da gern zwei Fragen.«

»Nämlich?«

»Wie war das Wetter? Und war die herzige Tür abgeschlossen?«

Ziegler kniff ein Auge zu. »Nicht schlecht, Junge. Ich hab mich ja oft genug über Sie geärgert, damals, in Bonn, aber … Nicht schlecht. Also. Es war Winter, Frost, dünne Schneedecke. Und – ja, die Tür war verschlossen, und der Schlüssel steckte innen.«

Matzbach leerte sein Glas und füllte nach. Er hielt es in der Hand und starrte in den Rotwein. »Schnaps«, sagte er leise. »Jedenfalls Alkohol in Mengen. Vielleicht was drin, ein Schlafmittel oder so. Stimmt's?«

Ziegler streckte ihm die Zunge heraus. »Sag ich nicht. Noch nicht. Machen Sie erst mal weiter, Sie Universaldilettant, Sie.«

»War der gute Leichmann bekleidet, als man ihn gefunden hat?«

»Er war dies nicht; die Klamotten lagen im Häuschen, vor ihm.«

Matzbach nickte. »Opulente Veranstaltung. Also, wenn ich ihn hätte abmurksen wollen … Ich zeche mit ihm, und als er nicht genau hinsieht, kriegt er K.-o.-Tropfen ins Glas. Dann bring ich ihn zum Häuschen, zieh ihn aus, reib ihn mit Schnee ein und setz ihn auf den Topf. Das Gebäude ist ungenagelt, ja? Dann stemm ich das Dach hoch, schließ die Tür von innen ab, lass den Schlüssel stecken, klettere oben raus – mit dem Tisch kein Problem –, setz das Dach wieder drauf und geh. So etwa?«

»Absurd«, sagte Grünholz. »Klingt aber gut. Prost.«

»Gut«, sagte Neugebauer. »Klingt aber absurd. Ebenfalls prost. Und?« Über den Rand seines Glases schaute er Ziegler an.

Der ehemalige Hauptkommissar seufzte. »Ich sag's ungern, Matzbach, aber so ähnlich war's. Wie kommen Sie denn darauf?«

»Die kleinen grauen Zellen, Poirot. Wie mein Kumpel Sherlock sagte: Wenn man alle anderen Möglichkeiten ausgeschlossen hat, muss die letzte übrige richtig sein, wie absurd sie auch sei. Was heißt so ähnlich?«

»Das Dach«, sagte Ziegler, »ist ein bisschen zu schwer; so, wie Sie's machen wollen, geht's nicht. Also: Alkohol im Blut, das stimmt; die Tropfen? Kann sein, war aber nicht nachzuweisen. Heute wahrscheinlich kein Problem, aber das war ja im vorigen Jahrtausend.«

»Wie hat der Mörder denn das mit dem Dach gemacht?«

Ziegler hob die Schultern. »Der hatte ja Zeit. Am Boden in der Hütte gab's Kratzspuren. Wahrscheinlich hat er einen Wagenheber benutzt, mit einer Latte oder Stange drauf. Stemmt das Dach hoch, klemmt 'nen Balken oder so was rein und klettert über den Tisch raus. Dann zieht er Wagenheber und Gestänge hoch, Balken raus, Dach zu. Und der Täter spaziert fort. Die Leiche, übrigens, war mit dünnem Eis überzogen. Wohl nicht mit Schnee eingerieben, sondern mit Wasser übergossen. Und der Täter hat Sekundenkleber auf die Klobrille geschmiert.«

»Uh.« Grünholz schüttelte sich. »Stellen Sie sich vor, Sie werden nackt und nass in eisiger Kälte wach, können nicht vom Klo aufstehen und …«

»Der ist erfroren, ohne noch einmal wach zu werden«, sagte Ziegler.

»Ihr hattet doch bestimmt Verdächtige«, sagte Matzbach.

»Ja und nein. Theoretisch hätte jeder das machen können, der sich mit dem Örtchen auskennt. Freunde, Bekannte und Nachbarn. Ein Kollege aus der Firma in Bonn. Ein Bauer aus der Nachbarschaft. Ein Waldarbeiter aus dem Forst. Aber wir konnten keinen finden, der ein Motiv gehabt hätte. Nicht mal Geld; keiner hatte was von seinem Tod.«

»Niemand, der den Toten nicht mochte?« Neugebauer schnaubte. »Es gibt keine Heiligen; irgend 'nen Feind hat jeder.«

Grünholz sagte: »Wem haben Sie denn die Kate abgekauft?«

»Der Kirchengemeinde.« Ziegler verzog den Mund. »Fromm war er offenbar auch, keine nahen Verwandten, da hat er das Haus der Gemeinde vermacht. Die konnten aber nix damit anfangen.«

Matzbach legte das Gesicht in grimmige Falten. »Unbefriedigend, wie? Jemand wird ihn wohl nicht gemocht haben; muss jemand gewesen sein, mit dem der Verblichene zu trinken bereit war.« Er seufzte. »Schade, dass Baumeisters Siggi nicht da ist; dem würde bestimmt was einfallen.«

»Warum ihm und nicht uns?«

212

»Er kennt sich mit den Abgründen der Eifelseele aus. Die Seele des Eiflers ist wie das Totenmaar, und da muss man lange gründeln.«

»Jesses«, sagte Grünholz. »Haben Sie's nicht 'ne Nummer kleiner? Und wollen Sie ihn was Bestimmtes fragen?«

»Ja. Eifler sind praktisch veranlagt. Unser Bauer oder Waldarbeiter hätte den Kandidaten vielleicht erschlagen, aber diese Nummer …«

»Was meinen Sie?« Ziegler starrte Matzbach an.

»Ich meine, das ist so verrückt, das kann eigentlich nur ein Städter gemacht haben. Einer, der zu viele Krimis gelesen hat.«

»Tja.« Ziegler spitzte den Mund, als wolle er pfeifen. »Es gab da jemanden aus Bonn, aber … Wir hatten keinerlei Anhaltspunkte; vielleicht wäre das was, dem man nachgehen sollte. Sind Sie da sicher?«

»Nee. Ich hab nur Zweifel.« Matzbach grinste und hob das Glas. »Prost, die Herren. Ich glaube, morgen ruf ich Baumeister an und erzähl ihm die Sache. Vielleicht kann er meine Eifel-Zweifel zerstreuen.«

kein wässerchen trüben

Als Kind hatte ich die angenehme Vorstellung, man könne alles Unangenehme einfach im Klo wegspülen: Alpträume, Rosinen im Pudding, die Fünf in Mathe, Pickel im Gesicht, die Angst vor dem Dobermann von Hausmeister Zack, Harzer Käse, den Hunger in der Welt, das Fett im Bratenstück, die klebrigen Küsse von Onkel Walter.

Natürlich waren die meisten Widerwärtigkeiten meiner Kindheit viel zu sperrig für die Toilettenschüssel, geschweige denn ein Abwasserrohr von zwölf Zentimetern Durchmesser – Onkel Walter oder der Dobermann oder der Mathelehrer hätten da nie und nimmer durchgepasst. Ebensowenig Annkatrin, als sie mir zum fünfunddreißigsten Mal die Freundschaft aufkündigte. Hätte ich zaubern können, wäre Annkatrin sofort spurlos entsorgt gewesen, ab durch die Kanalisation. Dann hätte sie es sich nach drei Tagen nicht zum x-ten Mal anders überlegen können.

Glücklicherweise konnte ich nicht zaubern. Die Runterspülphantasie war ja nur der Weg gewesen, alles Unangenehme wenigstens in Gedanken loszuwerden. Die katholischen Kinder gingen zur Beichte, ich hockte mich aufs Klo und versenkte Abscheu, Ärger, Angst und Wut tief unter mir. Einmal die Spülung betätigt, schon rissen die reinigenden Wasserfälle mit, was über die Klinge meiner Tagträume sprang.

Später war ich dann alt genug, mir alles Unliebsame von vornherein vom Leib zu halten. Der Mathelehrer hatte sich nach dem Schulabschluss von selbst erledigt, Rosinen, fettes Fleisch und Harzer Käse wurden für immer aus dem Speiseplan gestrichen, die wankelmütige Annkatrin verschwand sowieso irgendwann spurlos aus meinem Leben, Onkel Walter saß inzwischen im Rollstuhl.

Ein kleiner nächtlicher Alptraum von Zeit zu Zeit, da war nichts zu machen, das passierte jedem. Aber manche Begegnung, vor allem mit Männern, hatte die ungute Tendenz, nach einem glückversprechenden Start plötzlich zu kippen: Absturz in die Katastrophe, Alptraumland. Jens Ending war in dieser Hinsicht Gipfel und Tiefpunkt zugleich. Im Urlaub kennengelernt, ein toller Lover, nicht nur unter Palmen. Alles Lug und Trug. »Der muss weg«, hätte der durchgeknallte Typ aus dem Film Neue Vahr Süd dazu gesagt: »Der muss weg!«

Aber noch ist er da. Es ist Juli und tiefster Winter in Neuseeland. Ich sitze, in zwei Pullover und eine Fleecejacke gehüllt, in einem Café an der Hauptstraße von Kawakawa, einem Kaff im Norden der Nordinsel. Nicht viel los hier, nur ab und zu fährt ein Auto vorbei. Der Himmel ist grau, die Häuser sind fad, die Wiesen grün, die Straßen schlecht. Den Schafen macht das nichts aus. Dass in den Motels elektrische Wärmedecken unter den Laken liegen, habe ich erst gestern Nacht entdeckt.

Keine Ahnung, warum Ending ausgerechnet im Winter nach Neuseeland reist. Vielleicht hat er es nicht gepeilt und gedacht, je weiter südlich, desto sommerlicher.

Direkt gegenüber vom Café, auf der anderen Straßenseite, befindet sich die Hauptattraktion des Ortes: die öffentliche Toilette. Der einzige Grund, weshalb die Leute auf ihrer Fahrt zur Bay of Islands überhaupt in diesem Kaff einen Zwischenstopp einlegen. Hundertwasser hat hier in der Nähe gelebt und diesem Ort seinen Abort geschenkt. Eine irre Idee, andere Leute gründen ein Theater oder ein Museum oder sorgen dafür, dass man sie nach ihrem Ableben als Bronzebüste auf einen Sockel stellt – nicht so Hundertwasser, der Friedensreiche. Kein Sockel, keine Kunst, sondern ein urbedürftiger Ort, für Jung und Alt, Groß und Klein, Reich und Arm. Ein Ort, an dem man seinen Frieden findet. Vorübergehend oder für immer – sofern der Mistkerl hier Halt macht.

Seit über zwei Wochen bin ich ihm jetzt auf den Fersen. Aufgespürt habe ich den flüchtigen Ending ziemlich schnell, nämlich in Thailand, was natürlich kein Zufall war, sondern die Ernte einer alten Liebe: Für Sandkastenfreund Lars, inzwischen Computerking, war es ein Kinderspiel gewesen herauszufinden, wohin Ending, Jens, Mister Geldbetrüger, Kontoabräumer, Liebesschwindler, geflogen war. Und zwar mit meinem nagelneuen Samsonite! Am Strand bin ich testhalber direkt an seinem Liegestuhl vorbeigeschlendert. Er hat mir leise hinterhergepfiffen, alter Macho, mich aber nicht erkannt. Meine Haare sind jetzt kurz, aus Blond mach Schwarz, Sonnenbrille, neues Outfit, fünfzehn Kilo weniger, Ending, ich komme!, nein, ich bin schon da, wie der Igel beim Wettlauf mit dem Hasen, und meine Stacheln sind tödlich. Im Flieger von Bangkok nach Neuseeland, er Business, ich natürlich Economy, war schon ein neues Opfer mit ihm unterwegs gewesen, eine kleine Zierliche mit roten Haaren. Das Hotel in Auckland jedenfalls hat sie bezahlt, der Mietwagen läuft ebenfalls auf ihren Namen. Laut Lars nicht die einzigen Abbuchungen von ihrer Kreditkarte.

Er wird nach Kawakawa kommen, ich spüre es, ich weiß es. Einer wie Ending lässt nichts aus. Keine Frau, kein Geld, keine sonstige Attraktion. Selbst wenn er kein akutes Bedürfnis verspürt, wird er sich inmitten einer grau verhangenen

Landschaft mit Hobbithügeln und miserablen, schlagloch-gepflasterten Straßen dieses friedensreiche Wunder mit gül-denen Kugeln über buntverzierten Keramiksäulen, mit Wän-den aus lichtfilternden Glasflaschen und Mosaiken nicht ent-gehen lassen. Die am häufigsten fotografierte Toilette der Welt, so jedenfalls die Behauptung der Frau im Café.

Als einen weiteren, viel zu bitteren Kaffee später der blaue Toyota in der Ferne auftaucht, stehe ich auf und gehe schon mal vor. Auf zum friedlichen Wasserlassen.

Purer Leichtsinn, Ending meine Wohnungsschlüssel zu überlassen, als ich ins Krankenhaus musste wegen der Man-del-OP, zumal ich ihn gerade einmal drei Wochen kannte. Verliebt muss man sein, dann gibt man, nein: gebe ich, ver-trauensselig das Passwort für den Computer weiter und die PIN für die Online-Überweisungen, wenn er lieb darum bit-tet, weil er doch dringend … et cetera pp. Als ich aus der Kli-nik entlassen wurde, habe ich stundenlang auf ihn gewartet. Mein Auto wurde am Flughafen gefunden.

Ich habe es vom Café aus beobachtet, seit einer halben Stunde hat niemand die Toilette betreten. Ein Vorteil, wenn man im Winter reist, es sind kaum Touristen unterwegs. Nachteil: Eine Sitzheizung hat Hundertwasser nicht einge-baut. Kalt ist es. Kalt und schön. Licht sickert durch buntes Flaschenglas, die Toilettenkabine ist weiß und schwarz geka-chelt, unregelmäßig geformte Einzelstücke, genau wie der Fußboden, ich erkenne Hundertwassers Handschrift. Wäh-rend ich auf Ending warte, denke ich, dass die Toilette Sitz der Seele ist. Das muss ich schon als Kind unbewusst begrif-fen haben.

Dann höre ich, wie sich Schritte nähern, schwere Schritte. Jemand drückt die Klinke herunter, einmal, zweimal. Nein, mein Herr, hier sitze ich. Der Kerl gibt auf, geht weiter zum hundertwässerlichen Gemeinschaftspinkelbereich. Ich halte den Atem an: Reißverschlussratschen, Plätschern, Singen. Ja, das ist Jens Ending, der Mann, der beim Pinkeln singt, als könne er kein Wässerchen trüben, Mister Unschuld, mit allen hundert Wassern gewaschen – nicht zu verkennen. Was singt er? *All you need is love!* Der spinnt ja wohl! In Gedanken bohre ich ihm das Messer in den Rücken, das ich in Auckland bei einem Chinesen gekauft habe. Ich höre ein kurzes Aufstöhnen, der Gesang bricht ab, irgend etwas knallt hart zu Boden.

Ich entriegele die Tür, schleiche vorsichtig um die Ecke. Ending liegt ausgestreckt vor den drei Pinkelbecken der Herrentoilette, in seinem Rücken steckt ein Messer. Aber es ist nicht meins. Am Waschbecken steht eine Frau, sie ist zierlich und hat kurze, rote Haare. Sie dreht mir den Rücken zu, als wäre nichts geschehen, und wäscht sich gerade alles Unangenehme von den Händen. Ohne sich zu mir umzudrehen, sagt sie: »Hast du etwa gedacht, du wärst die einzige, die er gelinkt hat?«

In den Wandfliesen direkt unter dem Waschbecken schwimmt ein großer Hundertwasser-Wal. Sein winziges Auge sieht uns freundlich an. Keine Spur von Vorwurf. Er wird nichts ausplaudern. Nur schade, dass der Mistkerl nicht in die Kloschüssel passt.

saint tropez mit hindernissen

Es war eine Scheiß-Idee gewesen, nach Südfrankreich zu fahren. Und eine noch beschissenere Idee war es gewesen, vorher einen halben Sauerkrautkuchen zu verputzen. Das hatte ich schon lange vor der ersten Raststätte hinter der französischen Grenze vermutet. Dort allerdings wusste ich es ganz genau.

Es war der erste Tag unserer selbst auferlegten Streikwoche. Wolfgang und ich hatten beschlossen, die Arbeit zu verweigern. Die Cateringfirma unseres Arbeitgebers Georg stand in der Kreide; er hatte uns schon den dritten Monat kein Gehalt gezahlt, und wir waren blank wie die Kirchenmäuse. Wolfgangs Idee, in Südfrankreich ein Bistro zu eröffnen, stand ich gelinde gesagt kritisch gegenüber, denn das setzte ein gewisses Grundkapital voraus. Auf meine Fragen, woher er das Geld nehmen wolle, hatte er nur vielsagend gelächelt und gemeint, ich solle einfach abwarten.

An diesem Morgen war er mit seinem klapprigen Audi Cabrio vor meiner Tür gestanden und hatte mir eröffnet, dass er in Saint-Tropez die perfekte Lokalität gefunden habe und sie mir gern zeigen würde. Ich konnte seine Begeisterung zwar noch immer nicht so recht teilen, aber die ganze Woche bei drückender Hitze in der Stadt zu verbringen, war mir weniger verlockend erschienen als die Aussicht auf einen Trip an die Côte d'Azur. Ich hatte also meine Sachen, eine Kanne Kaffee und den restlichen Sauerkrautkuchen, den wir im Geschäft nicht losgeworden waren, in einen

Korb gepackt und war eingestiegen.

»Hat Georg sich gemeldet?«, fragte ich kauend, als wir die Grenze passierten und auf die A 36 fuhren. Ich lebte seit Wochen von den Resten aus dem Catering und fragte mich allmählich, ob ich während unserer Streikwoche nun elendig verhungern müsse.

Wolfgang schüttelte den Kopf. »Ich kann ihn seit Tagen nicht erreichen. Vielleicht ist er vor dem Fiskus und seinen Angestellten schon ins Ausland geflohen.«

Ich schwieg. Nicht, weil mir nichts mehr zum Thema eingefallen wäre, sondern weil das Sauerkraut in meinen Därmen langsam, aber sicher, zu rumoren begann. Noch versuchte ich es zu ignorieren. Ich kannte Wolfgangs Spott über Frauen, wegen denen man bei jeder Raststätte rausfahren muss, und hatte keinen Bock darauf. Ich versuchte, tief und gleichmäßig in den Bauch zu atmen und mir vorzustellen, ich bekäme ein Baby von Brad Pitt, aber selbst das weckte in mir nur Aggressionen auf Angelina Jolie, die ihre Kinder immerhin adoptieren durfte. Als wir die französische Grenze passierten, hielt ich es schließlich nicht mehr aus.

»Kannst du bei der nächsten Toilette mal bitte anhalten?«, bat ich Wolfgang. Was heißt ich bat? Ich flehte!

Als der Audi endlich auf einen Rastplatz in der Nähe von Belfort einbog, lag ich schon fast in den Presswehen.

»Beeil dich. Ich geh so lange in die Büsche.« Wolfgang steuerte zielstrebig auf eine Hecke zu, die den einsamen Rastplatz von der Autobahn trennte.

Ich war noch nicht ganz ausgestiegen, als ich bemerkte, dass der Zündschlüssel noch steckte. Typisch Kerl! Ich zog ihn ab, ließ ihn in die Brusttasche meiner Bluse gleiten und rannte, so schnell es mein Schließmuskel zuließ, zum Toilettenhäuschen. Gottlob, es war nicht besetzt! Ich riss die Tür auf und erstarrte. Ein Schwarm Fliegen flüchtete nach draußen und gab den Blick auf eine typische französische Stehtoilette frei: Fußabdrücke links und rechts, in der Mitte ein Loch von der Größe eines Golfballs. Das Einzugsgebiet rund ums Loch in allen Brauntönen gesprenkelt. Und ein Duft, bei dem man nicht umhin kam, sich zu fragen, wie der Begriff ›Eau de toilette‹ ausgerechnet in Frankreich hatte geprägt werden können.

Ich hatte die Wahl zwischen diesem Abtritt und dem grausamen Tod durch Darmperforation. Nein, ich hatte keine Wahl. Hier wollte ich nicht sterben.

Ich positionierte meine Füße auf den dafür vorgesehenen Markierungen, ging in die Hocke und visierte das Mittelloch. Mein Jahr Mitgliedschaft bei den Jugendsportschützen nutzte hier nicht viel, denn Kimme und Korn fehlten. Viel Zeit zum Zielen blieb nicht, und so ging die erste Ladung folgerichtig daneben. Wenigstens war sie in guter Gesellschaft.

»Was machst du denn so lange da drin?«, nörgelte Wolfgang.

»Ich lese ein bisschen Bildzeitung nebenher. Ist grad so gemütlich!«, keuchte ich.

Inzwischen war ich zur Hechelatmung übergegangen. Meine Knie zitterten, und mein Gleichgewichtssinn wurde auf eine harte Probe gestellt, was das Zielen noch schwieriger machte. Die zweite Ladung traf immerhin schon den Rand. Aber da kündigte sich schon die nächste Wehe an. Im Geiste verfluchte ich die Erfinder des Sauerkrauts im Allgemeinen und die des Sauerkrautkuchens im Besonderen. Unterdessen schlug Wolfgang fast die Klotür ein.

»Jetzt mach aber mal hin, wir müssen spätestens um sechs da sein.«

»Komme ja gleich«, knurrte ich und rollte einen halben

Meter Klopapier ab. Als ich mich vornüber beugte, um mich abzuputzen, fiel der Autoschlüssel aus meiner Brusttasche. Im Gegensatz zu meinen Fäkalien traf er das Loch genau mittig.

»Ich hoffe, du hast einen Ersatzschlüssel dabei«, stammelte ich, als ich Sekunden später kreidebleich auf Wolfgang zuwankte. Meine Oberschenkel fühlten sich an, als wären sie aus Beton.

Entsetzt schüttelte Wolfgang den Kopf.

»Dann haben wir ein Problem«, sagte ich und gestand ihm mein Missgeschick.

»Du ahnst gar nicht, was für ein großes«, seufzte Wolfgang.

»Wir könnten den Pannendienst rufen«, schlug ich vor.

»Das geht nicht.« Wolfgang rang die Hände.

»Dann schließen wir den Wagen kurz.«

»Erst mal müsste ich an den Kofferraum ran.«

»Zum Kurzschließen brauchst du keinen Werkzeugkasten, ich hab ein Necessaire in der Handtasche. Um die Verkleidung abzuschrauben reicht eine Nagelfeile.«

»Es geht nicht um den Werkzeugkasten. Im Kofferraum liegt Georg.«

In wenigen Worten erzählte er mir alles. Georgs Eltern führten ein gut gehendes Hotel an der Côte d'Azur und schwammen angeblich im Geld. So war er auf die Idee gekommen, seinen Arbeitgeber zu kidnappen und Lösegeld von den alten Herrschaften zu fordern, was auch wunderbar geklappt hatte. Damit wollte er das Bistro finanzieren.

»Die Geldübergabe ist für punkt 18 Uhr in einem Waldstück bei Le Luc geplant.«

Ich schaute auf die Uhr. Es war Mittag. Wenn wir durchweg zweihundert fahren würden, konnten wir es vielleicht noch schaffen.

Wolfgang klopfte auf die Kofferraumhaube. Keine Reaktion. Ich beugte mich herunter und lauschte an der Heckklappe. Totenstille.

Mir brach der kalte Schweiß aus. Zwar hatte ich nie sonderlich an meinem Chef gehangen, aber für einen toten Georg würden wir keinen Cent Lösegeld bekommen.

»Er kann nicht antworten, ich hab ihn gut geknebelt«, beruhigte mich Wolfgang. Das heißt, er versuchte mich zu beruhigen, was ihm jedoch mitnichten gelang. »Aber er ist jetzt ziemlich lange da drin und braucht Luft. Du hast doch vorhin was von einer Nagelfeile gesagt.«

Drei Stunden und vier Klogänge später gab Wolfgang schließlich entnervt auf. »Das Scheißding ist wie zugeschweißt!«, schimpfte er, warf die Nagelfeile in die Büsche und trat wütend gegen die hintere Stoßstange. Fast synchron dazu sprang die Kofferraumklappe auf. Leider zu spät.

Ich sah auf den ersten Blick, dass Georg nicht mehr atmete. Außerdem war er steif wie ein Bügelbrett.

»Der ist seit mindestens sechs Stunden tot«, keuchte ich und musste mich übergeben. Ein Wunder, dass ich überhaupt noch etwas im Magen hatte.

»Verstehe ich nicht. Die Luft im Kofferraum hätte für ungefähr zehn Stunden reichen müssen.«

»Vielleicht hättest du beim Knebeln seine Nase frei lassen sollen.« Allmählich verlor ich die Nerven. Zudem rumorte es schon wieder verdächtig in meinem Darm.

Ich betrachtete Georgs Körperhaltung, die an einen Skispringer auf dem Schanzentisch kurz vor dem Absprung erinnerte, und hatte eine Idee.

Während ich an der Einfahrt zum Parkplatz Schmiere stand, trug Wolfgang seinen Chef zum Toilettenhäuschen. Wenige Minuten später rief er mich, um sein Werk zu begutachten.

Ich war beeindruckt. Georg kauerte perfekt ausbalanciert auf dem Stehklo; die Totenstarre sorgte dafür, dass er nicht zusammenfiel. Sie würde noch etwa zwei Tage anhalten. Wer in dieser Zeit die Kabine öffnete, würde sie beim Anblick eines offensichtlich seine Notdurft verrichtenden Mannes sofort wieder schließen und gar nicht merken, dass Georg nicht mehr lebte. Leider war er für uns keinen müden Euro mehr wert, aber wir hatten wenigstens genug Zeit zum Abhauen.

Das Kurzschließen des Wagens war ganz einfach. Aber weit kamen wir nicht. Bereits am nächsten Rastplatz, den wir wegen meiner noch immer sehr regen Verdauung anfahren mussten, wurde Wolfgang von der Autobahnpolizei kontrolliert, weil der Blinker nicht mehr funktionierte. Als der anfangs ganz friedlich wirkende Spürhund in der Nähe des Kofferraumes plötzlich anfing durchzudrehen, wurde das Fahrzeug sichergestellt und wird nun von der französischen Kriminaltechnik untersucht.

Georgs Leichnam wurde drei Tage später von Urlaubern gefunden. Auf den Polizeifotos, die man uns vorlegte, waren die Haltungsnoten allerdings nicht mehr ganz so perfekt wie wir sie in Erinnerung hatten. Inzwischen hatte sich die Leichenstarre gelöst und Georg war auf dem Stehklosett zusammengerutscht.

Nun ja, zumindest sind wir somit nicht die Einzigen, die in der Scheiße sitzen.

der blättersammler

Er rückte die Kerze ein Stück nach rechts und trat einen Schritt vom Tisch zurück. Einwandfrei! Zufrieden ließ er das Gesamtbild auf sich wirken. Ob es ihr auch gefallen würde?

Für einen winzigen Moment wurde Bert wieder unsicher, dann drängte er den Zweifel beiseite. Ach was, das erste Treffen war doch prima gelaufen, vor allem: Hätte Madeleine zugesagt, wenn ihr der Abend nicht gefallen hätte?

Ach, Madeleine. Endlich einmal eine Frau, die anders war als die ganzen blöden Weiber. Endlich eine Frau, die Verständnis zeigte. Verständnis? Mehr noch: Interesse!

Bert spazierte zum Ofen und warf einen Blick hinein. Noch fünfzehn Minuten, dann war die Spinatlasagne perfekt. Auf dem Tisch standen bereits zwei Salatteller, liebevoll dekoriert, als sollten sie gleich für ein Gourmetkochbuch fotografiert werden. Bert schnupperte gerade am Bukett des vor zwei Stunden dekantierten Rotweins, als es klingelte. Er sah auf die Armbanduhr – ach, Madeleine, pünktlich war sie auch noch!

Im Wohnungsflur warf Bert einen schnellen Blick in den Spiegel, korrigierte den Sitz der Krawatte und kämmte sich mit den Fingern durchs lichte Haar, dann öffnete er die Tür. »Madeleine!«

Sie trat ein, beugte sich vor und – hauchte ihm einen Kuss auf die Wange! »Danke für die Einladung«, flüsterte sie mit ihrer samtigen Stimme.

Bert verspürte ein Kribbeln im Nacken. Er half ihr aus dem

Mantel und musste schlucken angesichts des kurzen, eng anliegenden roten Kleids, das darunter zum Vorschein kam. Er geleitete sie an den Esstisch. Sie ließen ihre Gläser klingen, nippten.

Madeleine hob anerkennend die Augenbrauen.

»Barolo«, sagte Bert.

Madeleine trank genüsslich noch einen Schluck.

Bert hielt ihr ein Körbchen hin. »Brot?«

Sie nahm eine Scheibe, bestrich sie mit der Creme, die Bert ihr anbot, biss ab, kaute. »Hmmm!«

»Bärlauchcreme, selbstgemacht.«

»Ehrlich?« Sie sah sich im Zimmer um. »Du hast aber viele Bilder an den Wänden.«

Bert folgte Madeleines Blick.

»Was sind denn das für Bildchen? Darf ich mal sehen?«

»Natürlich.« Bert sprang auf und folgte ihr.

Madeleine begutachtete eine Wand, die an jeder freien Stelle mit Rahmen behängt war. Dann drehte sie sich zu ihm um: »Ist es das, wonach es aussieht?«

»Toilettenpapier«, sagte Bert.

»Dann hast du gar keinen Witz gemacht?«

Bert sah sie fragend an.

»Im Restaurant. Ich dachte, das war ein Scherz mit deiner Klopapiersammlung.«

»Scherz? Wieso?«

Wieder blickte Madeleine auf die Rahmen. »Du hast Klopapier hinter Glas?«

»Es gibt unglaublich viele Varianten. Total interessant.«

»Echt?« Sie trat dicht an die Rahmen heran. »Was steht denn da?«, murmelte sie.

»Hersteller, Größe, Kaufdatum, Papierart, Aufdruck, Prägung, Farbe, eventuell noch der Duft.«

»Schräg.«

»Schräg?«, fragte Bert.

»Na ja«, sagte Madeleine und schlenderte an den Esstisch zurück. »Einen Klopapiersammler habe ich bis jetzt noch nicht getroffen.«

Bert sah sie misstrauisch an.

Sie widmete sich wieder ihrer Vorspeise, schob mit dem Messer eine Walnusshälfte auf ihre Gabel. »Aber ich find's gut, wenn Leute für irgendwas brennen.«

Bert lächelte. »Ehrlich?«

»Wer hat denn eigentlich das Toilettenpapier erfunden?«

»Die Chinesen, wer sonst?«, antwortete Bert. »Vierzehntes Jahrhundert. Für den Kaiser, allerdings waren die Blätter damals einen halben Quadratmeter groß. Davor hat man Stoff verwendet. Adlige haben sich sogar mit den Federn lebender Vögel den Hintern abgewischt! Die meisten Menschen benutzten natürlich nur ihre Hand. Daher reicht man sich noch bis heute die rechte Hand zur Begrüßung. Die linke war in vielen Kulturen für die Körperreinigung vorgesehen. Und ist es teilweise noch.«

Madeleine lächelte. »Vielleicht sollten wir das Thema auf die Zeit nach dem Essen verschieben.«

»Natürlich, entschuldige. Klopapier ist ein Hightechprodukt. Und es wird immer weiter geforscht.«

»Ach.« Madeleine zog die letzten Feldsalatblätter durch die Reste des Balsamicodressings.

»Das Papier muss reißfest sein und zugleich weich. Gar nicht so einfach, das optimal hinzukriegen. Man muss die Blätter einfach abreißen können. Perforation und Papierstärke müssen im richtigen Verhältnis zueinander stehen.«

Madeleine führte ihre geschminkten Lippen, die exakt die Farbe ihres Kleids hatten, an das Weinglas.

Bert schenkte ihr nach. »Und dann ist da natürlich die ewige Frage: Knüller oder Falter?«

»Wie bitte?«

»Knüller oder Falter«, wiederholte Bert. »In Deutschland wird überwiegend gefaltet, in den USA wird fast ausschließlich geknüllt. Amerikanisches Toilettenpapier hat darum einen ganz anderen Aufbau. Es ist sehr flach und hat kaum Struktur.« Bert sprang auf, räumte die Teller ab und holte die Lasagne aus dem Ofen. Der Duft frischen Thymians und ein Hauch Muskat erfüllten den Raum.

»Und wie viele Rollen hast du in deiner Sammlung?«

Bert ließ das Messer durch den Auflauf gleiten und hob vorsichtig ein Stück auf Madeleines Teller. »Zweihundertvierundachtzig. Aber keine Rollen, sondern immer nur ein Blatt.«

»Hast du ein Lieblingspapier?«

»Nö. Privat benutze ich natürlich nur Recyclingpapier. Die haben übrigens ordentlich aufgeholt in puncto Weichheit.«

Madeleine nickte, trank, sah sich im Zimmer um.

»Weißt du, seit wann es feuchtes Toilettenpapier gibt?«

Madeleine schüttelte den Kopf, trank.

»Seit 1977! Glaubt man gar nicht, was? 1958 kam das Tissuepapier auf den Markt, 1972 das Dreilagige und erst 1984 das Vierlagige. Vierlagig ist aber Quatsch, finde ich jedenfalls, sinnloser Papierverbrauch, warte mal …« Bert sprang auf und verschwand durch die Tür.

Im nächsten Moment stand Bert wieder vor ihr, einen Rahmen in der Hand. »Guck mal, ein Scherzaufdruck. Mit aufgedruckten Rasierklingen.« Er fing an zu lachen. »Find ich total witzig. Oder?«

»Wein ist alle«, sagte Madeleine.

»Oh.« Bert starrte auf Madeleines leeres Glas, dann hob er die Flasche prüfend in die Höhe. »Schon? Ich hol schnell eine neue aus dem Keller.«

»Und ich geh mal aufs Klo«, sagte Madeleine.

Bert stöberte eine Weile in seinem Weinvorrat und entschied sich dann für einen fünf Jahre alten Châteauneuf-du-Pape. Ein besonderer Wein für einen besonderen Anlass. Madeleine war etwas wortkarg gewesen in den letzten Minuten, dachte er, während er die Treppen hinaufstieg. Hatte er zuviel geschwatzt? Hatte er sie mit seinem Gerede über Toilettenpapier gelangweilt? Sie wäre nicht die erste Frau, die mit Unverständnis reagierte.

Er fand sie am Esstisch sitzend – und sie begrüßte ihn mit einem Strahlen aus ihren tiefbraunen Augen, das all seine Zweifel hinwegwischte. Er hielt ihr das Etikett der Flasche entgegen, aber sie ignorierte es. Stattdessen sagte sie, mit immer noch warmem Blick: »Du bist mir ja einer.«

»Wieso?«

»Na ja, du besitzt die wahrscheinlich größte Klopapiersammlung der Welt – hast aber keine einzige Rolle auf dem Klo. Da musste ich zwei Rahmen öffnen.«

Er starrte sie an.

»Sorry, aber du warst nicht da, und ich wusste mir nicht anders zu helfen. Ich hab nur zwei Blätter genommen ... Was ist mit dir? ... Es hängen noch ganz viele Rahmen ...«

»Welche hast du genommen!« Die Worte kamen nur als Krächzen aus seiner Kehle.

»Was? Welche? Keine Ahnung, zwei Blätter halt. Wirklich nur zwei.«

Er stürzte aus dem Zimmer, riss die Badtür auf, sein Blick fiel auf zwei leere Rahmen, die auf dem Schränkchen neben dem Waschbecken lagen. Er sah die leeren Flächen an der Wand. Bert zuckte zusammen, als er ihre Stimme hinter sich hörte. »Bert?« Er fuhr herum.

»Wirklich nur zwei Blätter.« Unsicher sah sie ihn an.

Fassungslos starrte er auf die leeren Rahmen. Die Finger seiner rechten Hand krampften sich um den Flaschenhals.

Zehn Monate später unterhielten sich zwei ältere Damen, Freundinnen und passionierte Hobby-Prozessbeobachterinnen seit Jahrzehnten, angeregt in der Kantine des Landgerichts.

»Ich hab dir gesagt, das wird interessant, aber du wolltest ja unbedingt zu dieser Raubgeschichte«, sagte die eine und versenkte zufrieden ihre Kuchengabel in einem Stück Schwarzwälder Kirschtorte.

»Zwei Blätter Toilettenpapier?«, fragte die andere und gab mit leicht zittrigen Fingern Kondensmilch in ihre Tasse.

Die erste nickte.

»Er hat ihr die Weinflasche über den Schädel gezogen wegen zwei Blättern Klopapier?«, hakte die andere ungläubig nach.

»Nicht irgendwelches, die Schmuckstücke seiner Sammlung. Die arme Frau war sofort tot.«

»Was für eine Sammlung?«

»Der Typ hatte seine Wohnung mit Toilettenpapier quasi tapeziert. Er hat es gesammelt! Sogar im Schlafzimmer. Aber weil im Bad kein normales Klopapier da war, hat seine neue Freundin in ihrer Not zu zwei Stücken aus der Sammlung gegriffen.«

»Und?«

»Sie hat ausgerechnet das teuerste Toilettenpapier der Welt erwischt. Aus Dubai. 400 Euro!« Das letzte Stückchen Schwarzwälder Kirsch verschwand im Mund der Dame.

»400 Euro?«

»Pro Blatt!« Sie leckte sich über die Lippen.

»Quatsch!«

»Ja! Gewonnen aus der Wolle des freilaufenden Papua-Nacktmulls.«

»Ein Nacktmull? Hat so ein Vieh überhaupt Fell?«

»Nur ganz wenig, das macht das Papier ja so teuer.«

Die erste Dame stellte ihre Kaffeetasse enttäuscht ab. »Mist, und ich sitze bei diesem blöden Raub … Was hat er denn gekriegt?«

»Urteilsspruch ist in zehn Minuten.«

»Na dann, nix wie hin.«

die klobalisierte welt

Das war's dann wohl. Tja. Wahrscheinlich weint mir nicht mal der Teufel eine Träne nach. Und gemocht hat mich sowieso nie einer, außer Brummer, kein Wunder: Ich bin klein, hab 'ne Wampe wie 'n Kerl und schmutzfarbene Glubschaugen, dafür sind meine Beine zu dürr und ich humple seit exakt der zweiten Hälfte meines Lebens. Nicht, dass ich darunter gelitten hätte. Man gewöhnt sich ja an vieles, und Dreck hab ich in meinem Leben wahrlich genug fressen müssen. Aber ich hab immer mein Bestes gegeben. Dass ich ausgerechnet jetzt, wo ich endlich einen echten Coup gelandet hab, auf 'ner verdammten Baustelle in die Grube fahren muss – das hätt schon anders laufen können. Okay, selber schuld, ich hätt ihm wahrscheinlich nicht nachstellen sollen. In meinem Alter ist man nicht mehr so flink … und das kaputte Bein … bin sowieso unvorsichtig geworden. Aber der Typ hat mein Leben zerstört. Und das nicht erst vor ein paar Sekunden.

Brummer und ich – wir waren ein echtes Traumpaar. Er stand meiner Figur in nichts nach, na ja, fast. Er war 'n Tick kleiner als ich, seine Augen hatten diesen rattenscharfen Türkiston und er war überall behaart. Ich glaub, bei unserm Anblick haben die Leute gar nicht gemerkt, wer beim Sex oben und wer unten hingehört. Aber nicht, dass Sie das jetzt falsch verstehen. In der Öffentlichkeit haben wir's nur selten gemacht. Wir hatten uns etwas viel Besseres einfallen lassen:

Toiletten. Und zwar in wechselnden Häusern.

Angefangen hat alles damit, dass Brummer einfach durch ein Fenster in eine dieser Villen rein ist. Ich hinterher. Draußen war's kühl und drinnen angenehm warm, und wir selbst hatten keine feste Bude. Job auch nicht, also viel Tagesfreizeit, wenn Sie's so wollen, und die Bewohner auf Arbeit. Gelebt haben wir übrigens vom Müll, den die Leute auf die Straße kippen. Wirft für unsereins echte Delikatessen ab, das können Sie mir glauben. Na ja, egal jetzt. Brauch ich nicht mehr.

Jedenfalls ist Brummer da rein und ich hab gesagt: »Lass uns bloß keine Scheiße bauen!«, aber er hat nur gegrinst: »Ist doch nur 'n Fliegenschiss, Glubschi. Ein harmloser Besuch.« Ja, er hat echt witzig sein können, der Brummer, und er hat ja nicht ahnen können, dass später alles in einem riesigen Haufen … na ja, Sie wissen schon was, enden würde. Aber er hat auch so seine Abgründe gehabt. Es war nämlich nicht die Kuschelmuschelwärme, die ihn da reingelockt hat. So einer war Brummer nicht. Es war der Geruch.

In der Kloschüssel hatte jemand, wie soll ich's Ihnen sagen, nun … einen Haufen hinterlassen. Nicht gespült. Brummer war sofort heiß. Ich weiß, Sie verziehen jetzt angewidert das Gesicht und blähen die Nasenlöcher: Kot-Bukett! Ekelhaft. Pervers! Und ehrlich gesagt: Ich hab das ja auch nicht unbedingt haben müssen. Aber Brummer hat's gemocht. Und ich hab ihn gemocht.

Also haben wir uns nach dieser Villa einen Bungalow ausgesucht. Ziemlich unscheinbar und abgelegen, wir sind ohne Probleme reingekommen. Haben uns auf dem Lokus verschanzt und die Kotnummer abgezogen. Am nächsten Tag dann ein Asibunker. Asylantenheim. Vollgepfercht mit Afrikanern und Indern und Türken und was weiß ich. Andre

Länder, andre Sitten – die Ausbeute war sozusagen von Welt. Brummer hätt wahrscheinlich gesagt »dufte«. Ich mag übrigens Asis und Ausländer. Werden auch immer behandelt wie lästige Insekten. Das verbindet.

Dann ein Ökohaus, voll aus Holz und garantiert giftfrei gestrichen, später dann ein karger Büroschuppen, ein Altbau mit Jugendstilornamenten und immer so weiter.

Wir haben übrigens nie was weggenommen. Nie was beschädigt. Niemandem geschadet. Immer nur rein in die Toilette, Kotnummer, raus aus der Toilette. Sogar ich hab mit der Zeit Gefallen daran gefunden, wo ich mich am Anfang echt geekelt hab.

Und dann haben wir dieses Bonzending entdeckt. Gefühlte fünfzig ineinandergeschachtelte, weiße Betonquader, Parkanlage, Swimmingpool. Der Wahnsinn, sag ich Ihnen. Und drinnen: ein Lokus, so prächtig wie die Spiegelgalerie im Schloss von Versailles, auch wenn ich das nur von Bildern kenn. Brummer war wie versteinert. »Shit«! Mehr hat er nicht rausgebracht, und seine Augen haben in diesem Türkis geglitzert, das mich schärfer gemacht hat als ihn der Duft von tausend gefüllten Schüsseln. Aber am allerschärfsten waren die Wände: Fotos dicht an dicht. Die Motive: Toiletten! Kloschüsseln und Bidets aus purem Gold, drauf ein Schlitzauge im Anzug. Dann so 'ne Abstellkammer voll gestapelter Blechkisten, mittendrin 'n Astronaut, 'ne Pumpe mit Schlauch am Hintern. Ein Typ auf 'm Pott in 'nem Glaskubus, die *Times* in der Hand und draußen Passanten und rote Doppeldeckerbusse. Auf dem Nebenbild derselbe Kubus von außen – voll verspiegelt. Ein Unterwasser-Glaskasten, drumrum Schildkröten und diese scheißteuren Koi-Dinger. Eine Art Holzboot am Flussufer, mit Abteilungen drin, aus jeder glotzt ein dunkles Kindergesicht.

»Die klobalisierte Welt,« hat Brummer gemurmelt. Ja, er war klug, mein Brummer, auch wenn er in dem Moment nicht so dreingeschaut hat. Eigentlich überhaupt nie. Aber darauf kommt's ja nicht an. Und dann hat er ganz wehmütig gesagt: »Das schaffen wir nie, Glubschi, die alle mal live zu besuchen.« Klar, wie auch. Als ob unsereins mal so mir nichts, dir nichts um den Globus jetten könnte. Luxusklasse am besten.

Also haben wir unsere Taktik geändert. Keine wechselnden Häuser mehr. Nur noch die klobalisierte Welt. Wir also jeden Morgen da rein, sobald der Besitzer weg war, und ein Foto ausgesucht. Darauf haben wir's dann gemacht und uns vorgestellt, wie es an dem echten Ort wär, und Brummer hat immer phantasiert, wie's da riecht.

Nein, ich sag Ihnen jetzt nicht, was für olfaktorische Richtungen er bevorzugt hat. Vermutlich finden Sie das ohnehin schon abstoßend genug, erst recht, so eine gepflegte Sammlung zu beschmutzen. Ich geb Ihnen ja auch recht: Wir haben hinterher nicht alle Spuren beseitigt. Okay, war vielleicht 'n Fehler. Aber was dann passiert ist, das hätt nicht mal 'ne widerwärtige Schmeißfliege verdient.

Der Typ muss ganz leise reingekommen sein. Wir haben nichts bemerkt. Hat ohne Vorwarnung seine Faust in Brummers Fresse gedonnert, immer wieder, Brummer ist voll gegen das Astronauten-Klo gekracht, das hab ich noch gesehn, und aus dem linken Auge ist was rausgespritzt, aber es war nicht türkis, eher beige und glibberig. Ich selbst hab den Angriff überlebt. Mein Bein nicht.

Okay, seither ist mehr als ein brauner Haufen durch die Kloaken der Welt gerutscht. Aber ich hab nie aufgegeben, weil der Brummer … Ohne den war ich ein Nichts. Ich hab's immer nur schön haben wollen mit ihm. Jetzt wollt ich nur noch dem Typ ans Bein pissen. Aus Rache.

Also hab ich zuerst mal diese ganze Bonzenbude inspiziert. Kannte ja nichts da drin außer der klobalisierten Welt. Und da bin ich nicht mehr rein, weil der Brummer, den hat der Typ einfach da liegen gelassen, und auf dem Astronautenklo ist noch der Glibber geklebt. Ich mich dann immer in der Bude versteckt und beobachtet. Wohnzimmer wie 'n Rolf-Benz-Museum, queentaugliche Bulthaup-Küche, und in sein Designerbett hätten fünf Weiber gepasst, alles mega, alle riesig, aber nie war eine da. Klar, wer will schon mit so 'm Schläger. Hinter diese elektrischen Vorhang-Schiebedinger hat er nie geschaut, auch nicht unters Bett. Mein Glück.

Ich hab ziemlich schnell rausgekriegt, dass der Typ Bauleiter ist. Ein hohes Tier. Und jetzt raten Sie mal, für was der zuständig war: genau! Für die sanitären Anlagen. Hätt mir ja so was denken können. Kein normaler Mensch hängt sich Hunderte von Scheißhäusern in die Bude.

Einmal ist er stundenlang auf dem klobalisierten Lokus gehockt, ich war draußen im Park, das Fenster war gekippt, und die Vorstellung, dass er da neben Brummer ... Jedenfalls hat er telefoniert. Hat wem verklickert, dass zweiundvierzig Prozent der Menschheit keine Toilette hätten. Laberte was von Fäkalien und Schmutz und Krankheiten und dass fehlende Klos täglich bis zu fünftausend Kinderleben kosten. Dann ging's weiter von wegen Würde und Recht und Jahrtausendentwicklungsziel und dass das Klo zum Menschenrecht erklärt werden muss. Ich bin echt richtig sauer geworden. Macht da neben dem verwesenden Brummer Geschäfte und spielt sich als Retter der Menschheit und Hygiene auf. Alles mega, alles riesig, sogar sein Gutmenschentum. »Wir bauen die Schule«, hat er gesagt »ich organisiere die finanziellen

Mittel für die sanitäre Grundversorgung«. Hab schon wieder vergessen, wo das sein sollte mit der Schule, falls Sie das jetzt fragen. Irgendwo in Pakistan glaub ich, egal, Kranke und Kinder haben mich nie interessiert. Aber das mit den Seuchen … und dass die Leute da, wo diese Gutmenschensuperhygienepenne hin soll, alles in Flussnähe erledigen müssen und dass dadurch das Wasser und die Nahrung … Das hat mich auf diese Idee gebracht.

Irgendwie muss er was gemerkt haben. Drei Tage später war die Bonzenbude komplett dicht. Alles verriegelt und vergittert. Also bin ich ihm nach auf diese verdammte Baustelle. Auch gut, hab ich zuerst gedacht, hier würd ich die Früchte meines Tuns auch ernten können. Früchte, genau, damit Sie das auch noch hören: Papayas, Litschis, Pomelos und Feigen hatte ich mir vorgenommen. Die ganze verfluchte, silberne Schale, die da in seiner Mega-Küche gestanden hatte. Mag's eben exotisch, der Typ, und Obst soll ja gut für die Verdauung sein, sowieso für so megagestresste Cheftypen. Na ja, nicht schlimm, Brummer war ja auch ein Exot mit diesem Geruchstick. 'Tschuldigung, ich sag auch nichts mehr davon.

Bin ich da also auf der Baustelle rumgehangen, zwischen Baggern, Betonmischern und 'ner ganzen Reihe Dixiklos. Und glauben Sie's? Eins dieser blauen Kunststoffkabuffs war dreimal so groß wie die andern. Voll das Chef-Scheißhaus: mit Waschbecken, Spiegel, Kleiderhaken und 'ner Nische für keine Ahnung was, Klamotten wahrscheinlich. Typisch. Alles riesig, alles besser als bei andern.

Am ersten Tag ist nichts passiert. Am zweiten auch nicht. Der Einschaler mit diesen fiesen Sixpacks und der tätowierte Fettsack von Baggerfahrer haben mich garantiert gesehen, wie ich da überall rum bin, aber so einer wie mir spucken die höchstens ein »Verpiss dich, Miststück« ins Gesicht. Am dritten Tag dann ist der Typ stundenlang in seinem Megaklo gehockt. Hat gepresst und gestöhnt, aber man hat nichts gerochen. Da hab ich gewusst, dass mein Plan funktioniert hat. Als er rausgekommen ist, ist der Schweiß von seiner Stirn getropft, und er hat sich zwischen den Baugruben und Stapeln von Stahlträgern durch zu dem Rohbau geschleppt. Ich hab immer an Brummer gedacht und wie stolz der auf mich gewesen wär.

Jetzt nur noch abwarten. Alles andere erledigen die Typhusbakterien, hab ich gedacht und mich hinter ein paar Müllcontainer verzogen, mir mit Brotresten und 'nem schimmligen Stück Käse den Magen vollgeschlagen und zufrieden gepennt. Das war gestern.

Vorhin dann kommt der Typ plötzlich aus dem Rohbau gestürzt. Komisch. Ich hab erwartet, dass er Fieber und Verstopfung hat, sich kaum noch rühren kann und sein Schädel platzt. Wie das halt so ist bei Typhus. Seh ich ihn also durch die angelehnte Tür aufs Chef-Kabuff zurennen. Da bin ich schon seit dem frühen Morgen drin, weil ich mir das hab ansehen wollen, wie er sich da quält. Zu Tode quält. Ich mich also sofort in die Nische gedrückt, und kurz ist mir durch 'n Kopf geschossen, wie grotesk das ist, denn die Farbe von dem Kabuff ist fast so türkis wie Brummers Augen es waren, aber da hat der Typ schon die Tür vollends aufgerissen, dass das ganze Megakabuff nur so gewackelt hat, und von draußen hat einer gegrölt »Lass krachen«, und der Baggerfahrer hat dem Typ hinterhergeschrien »Soll ich's wegschaufeln?«

Er hat sich die Hose runtergerissen und »Drecksabführmittel« gejault, und ich hab noch gedacht, selber schuld, kann ich ja jetzt nichts für, aber das rettet dich auch nicht mehr, Typhus ist Typhus. Hättest du Brummer nicht erschlagen …

Da hat er mich gesehen. Hat vor mir gestanden, sein ganzes Zeug sichtbar, Sie wissen schon, und dann mit der Faust voll in meine Fresse und ich ab in das Loch.

Das war's. Oder – wenn ich Ihnen ein letztes Mal vulgär kommen darf: Ich steck bis zum Hals in der Scheiße. Tja. Erst Herz und Bein gebrochen, jetzt Flügel und Rüssel. Aber ich hab mein Bestes gegeben: Essensreste und Zucker eingespeichelt, alles schön außen verdaut und dann Mikroben und Kropfinhalt auf sein Exotenobst gewürgt. Wir Stubenfliegen haben eben ein raffinierteres Verdauungssystem als Ihrereins.

Ich darf gar nicht an Brummer denken und an das, was gleich kommen mag. Er wär durchgedreht bei dem Duft. Wir hätten's echt noch 'n paar Tage schön haben können zusammen. Aber der Typ musste ja alles kaputt machen.

Ich schau ein letztes Mal nach oben.

Was für ein Riesenarschloch!

Ia OO – bitte kommen

Als König Wilhelm im Jahr nach dem Fürstenkongreß, 1861, wieder nach Baden-Baden kam, sollte einer seiner gewohnten Vormittagsspaziergänge, die er meist ohne Begleitung unternahm, auf erschreckende Weise unterbrochen werden. Es war an einem Sonntagvormittag, man schrieb den 14. Juli, der Fürst war durch die Allee Lichtental zu gegangen, da traf er kurz vor dem Kloster der Zisterzienserinnen zufällig den preußischen Gesandten Graf Flemming, mit dem er den Spaziergang fortsetzte.

Ein junger Mann überholte die beiden, grüßte höflich, blieb dann stehen, grüßte nochmals, ließ den König und seinen Begleiter vorüber: und dann fielen zwei Schüsse. Eine Kugel verfehlte ihr Ziel, die andere riß einen Teil der Halsbinde des Königs entzwei, streifte leicht den Hals. Der König wandte sich mehr überrascht als erschrocken um: da stand der junge Mann ruhig da, der Graf rief ihm zu: »Wer hat geschossen?« Der junge Mann erwiderte: »Ich, auf den König!«

Schon waren Passanten herbeigeeilt, der junge Mann wurde festgenommen und abgeführt. Der König fand erste Hilfe in dem nahen Hirtenhäuslein bei den Klosterwiesen. Glücklicherweise stellte sich heraus, daß die Verletzung nicht gefährlich war, so daß er nach kurzer Zeit seinen Spaziergang nach Lichtental fortsetzen konnte. Von dort kehrte er mit seiner Gemahlin, die inzwischen hinaus zum Kloster gefahren war, in die Maison Messmer zurück. Abends konnte er vom Balkon des Hauses den Baden-Badenern danken, die mit einem Fackelzug die glückliche Bewahrung des Fürsten feierten.

Der 22jährige Student Oskar Becker, der Attentäter, Sohn eines russischen Staatsrates und Lyceumsdirektors, war tags zuvor nach Baden-Baden gekommen; hatte am Bahnhof einen Buben, der ihm seine Reisetasche ins Hotel trug, gefragt, ob er den König von Preußen kenne. Der hatte erwidert: »Den kennt hier jeder!«

Rolf Gustav Häbler, Geschichte der Stadt und des Kurortes Baden-Baden, Baden-Baden, 1969, Band 2, Seite 122 f.

Ja, hallo, ist da die 110, ich meine, mit wem spreche ich denn ... Ach so. Ja. Ja! ... Ja, also hier ist'n Toter ... Ich? Ich doch nicht. Aber der, der ist tot, der Mann ... Hier, vor mir, der liegt da, der trägt 'nen Frack und Gamaschen und neben ihm liegt 'n Zylinder mit Gehstock ... Silberner Gehstock! In der LA, Bedürfnisanstalt ... Könnten Sie bitte schnell kommen? ... I wo, nicht Sie persönlich ... Wo? Ja, wo. Hier, im Null-Null, in der LA, Mensch ... In der Allee, Lichtentaler Allee ... Ja, weiß ich doch nicht, nein, nicht hinter dem Hirtenhäusle, der Abort hat doch zu im Winter, LA Nummer 00 von mir aus, gegenüber von den Tennisplätzen, historische Notdurftanlage, Denkmalschutz, haha, der könnte seit hundert Jahren hier liegen … Im Frauenklo, jawoll. Messer in der Brust, oder eher 'n Säbel, so hotzenplotzartig, sieht ziemlich teuer aus, vergoldet vermutlich … Ich bin da langgejoggt, mach ich jeden Abend, und hab es verflucht, kann ich Ihnen sagen, bei diesem Glatteis, die streuen ja nicht. Kein Geld. Überall fehlt es am Geld, nur bei den Russen nicht. Die haben Geld, Geld wie Stecknadeln, ich muss es wissen, denn ich kenn viele Russen. Um mich herum wohnen lauter Russen, aber die sind ja nie da, die lassen ihre Villen leerstehen und vergammeln und dann kommen neue Russen und kaufen die verwahrlosten Villen zu einem Spottpreis. Die schieben einander die Villen zu unter Wert, um das Gelump abzureißen und Luxusappartements zu bauen und die werden dann verhökert an Spekulanten. Und dann die Hunde, teure Hunde, russische Rassen, die pissen in den Schnee, und dann rutschst du aus auf der teuren Russenpisse. Da ist Koks drin, bei den Hunden, das kannst du wiederverwerten, du kannst das Russenkoks aus der Pisse raussieben wie Gold, Mann. Aber wehe, du rutschst darauf aus … Ja klar, kann ich Ihnen sagen, wie ich heiß, aber das macht den auch nicht mehr lebendig … Ja, also jetzt haben Sie eine Streife geschickt? Wie lang kann das dauern? Fünf bis sieben Minuten? Das schaff ich. Ich rühr mich nicht von der Stelle … Glaubhaft? Wieso glaubhaft? … Sie trauen mir nicht? Ich bin Zeuge. Der Mann liegt vor mir … Ja klar, ist er tot. Wenn einer eine Klinge zwischen den Rippen hat und starr in die Neonröhre glotzt, ist doch selbst einem Laien klar, dass ein Verbrechen passiert ist, und Sie wollen mich belehren … Wie alt? Keine Ahnung … Siebenundachtzig … Nein, ich will Sie nicht verscheißern. Stalingrad-Generation, die Nachhut … Nein, natürlich war ich da nicht, aber manches hat man sich doch gemerkt. Gerade von denen, die nicht zurückkamen. Gerade da! … Das macht mich ja so fertig. Der Typ sieht aus wie mein Vater in seinem Hochzeitsanzug. Als hätte man den in die Gefriertruhe gelegt. Stellen Sie sich mal vor, Sie sehen Ihren Vater in seinem Hochzeitsanzug, totgestochen in der Christnacht, macht Sie der Anblick etwa nicht fertig? ... Klar. Sie denken, ich sei dement. Aber joggt eine geistesschwache alte Frau, auf der Flucht vor einem Oberschenkelhalsbruch, am Heiligen Abend durch die hochgradig verschneite Allee? Das ist so was von unwahrscheinlich. Wie alt sind Sie denn? ... Dreiunddreißig. Und da schieben Sie Dienst in der Nacht der Geburt unseres Herrn? Sind Sie Atheist? ... Ach so, Türke. Ja, das tut mir jetzt aber leid ... Nein, ich kenne keine Türken. Niemand kennt Türken, den ich kenne. Kennen Sie Türken? ... Ach so, ja. Was machen Sie überhaupt hier? Ich meine, wie wird ein Türke in einer Stadt, in der es keine Türken gibt, Polizist? ... Polizistin? ... O bitte, verzeihen Sie, ich hatte gedacht ... Aber sind Sie sicher, dass Sie erkältet sind? Und nicht etwa lesbisch? Lesbisch und betrunken? Eine lesbische, betrunkene Polizistin mit Migrationstapete. Kommt mir vor wie ein Abziehbild aus einer dieser Fernsehserien ... Aha. Sie glauben also, ich sei einsam. Und hätte keinen, den ich anrufen könnte. In der Heiligen Nacht. Was für ein Unfug. Ich bin getauft. Ich bin katholisch. Ich habe eine Flatrate. Ich besitze fünf Kinder und vierundzwanzig Enkel und Schwiegerenkel und acht Urenkel und der neunte ist mit dem zehnten und elften unterwegs. Ich war selber fast fünfzig Jahre lang bei der hiesigen Polizei. Und da glauben Sie, ich hätte es nötig, die 110 anzurufen und einen Mord anzuzeigen, der ... Hören Sie, der Mann ist noch warm ... Atem? Nein, der atmet nicht. Wenn ich mich bücke und dem den Finger unter die Nase halte, dann atmet der nicht ... Nein, ich bin verwitwet ... Sechs Geschwister, drei Halbbrüder gefallen, zwei Schwestern ausgebombt und erstickt. Eine blieb übrig, eine Pflegeschwester, sie lebt noch, Sie können sie anrufen in New York … Emigriert, anno 45 … Ja klar, kenn ich die Migrationsproblematik, seit Adam und Eva; Maria und Josef waren auch nichts anderes, alles Migranten – Sie wollen mir doch jetzt keine Diskussion über meine jüdische Pflegeschwester aufdrücken? Aber wenn Sie jetzt behaupten, mein Vater war insgeheim ein Nazi, dann haben Sie recht. Das wird Sie doch nicht im Ernst wundern? Wie lange leben Sie jetzt hier? … Geboren. Aha. Das rechtfertigt auch Ihren scheußlichen Akzent. Ich hab ein Lebtag lang darunter gelitten. Bitte sehen Sie mir nach, dass ich nur mit Ihnen spreche, weil ich bedürftig bin. Ohne Not gehe ich in keinen Supermarkt mehr. Zum Einkaufen fahre ich immer mit dem Taxi nach Frankreich. Das Badische bringt mich um, obwohl ich von mir sagen darf, dass ich in der zehnten Generation nahezu alteingesessen bin. Und das trotz Katholizismus. Mitsamt Nazismus und Judentum. Meine Großeltern waren Bauern. Ich bin aufgewachsen auf ihrem Schwarzwaldhof … Wie? Sind Sie noch dran? … Nein, ich könnte mir auch eine andere Christnacht vorstellen. Mich juckt's an den Füßen, und die Finger werden langsam klamm. Der Kerl liegt vor mir und kühlt aus. Dem müssen Sie ein Thermometer in den Hintern schieben, ehe es zu spät ist. Wie wollen Sie sonst den Todeszeitpunkt bemessen? Es schneit schon wieder. Einen halben Meter hat es hingeworfen. Und da reden diese Idioten von der Erderwärmung. Eine Eiszeit kriegen wir! So kalt war es schon seit Stalingrad nicht mehr. Man muss ja nicht dort gewesen sein, um die Kälte zu spüren. Die strahlte bis rüber zu uns. Wir hatten auf dem Hof einen Zwangsarbeiter, der aus Russland kam. Serge. Mein Gott. Serge! Aus einem frankophilen Trotzkistenhaushalt. Und der kriegte in dem Winter prompt Heimweh! An Weihnachten ist er ausgebüxt und hat rübergemacht bis nach Frankfurt an der Oder. Dort haben sie ihn geschnappt. Kann man sich so einen Deppen vorstellen? Überall Feuer, überall hat's gebrannt hinterher, der Seichdackel war nicht ganz dicht … Sie können mir nicht folgen? Das kann ich auch nicht, deshalb renne ich lieber selber. Bei Schneehagel und Blitzeis. Haha. Wo sind Sie eigentlich her? … Baden-Baden, ach so. Ich ja auch, aus dem Umland; Schwarzwaldhochstraße, wo der Hitler herkam, mit dem Automobil anno 1940 im Juli, Tannendingsbums, Führerhauptquartier. Dem hat ein Mädle eine Schwarzwälder Kirschtorte gebracht, das hat er dann zum Kaffee eingeladen, ich vergess es nur immer. Wissen Sie, wir sind am Sonntag runtergefahren in die Stadt. Und diese Bedürfnisanstalt, die gab es schon, als ich Kind war. Da ist mein Onkel Wilhelm immer rein. Der hatte es auf der Prostata. Außerdem war er Pfarrer. Meine Mutter war seine Haushälterin, aber auf die stand er nur, solange sie minderjährig war. Dann heiratete sie meinen Vater. Er war Schauspieler, Zwilling und verwitwet. Wochenbettfieber. Mehr muss ich ja wohl nicht … Lesen Sie Zeitung? Ich meine, können Sie das? Ach ja, und tragen Sie Kopftuch zur Uniform? Das fände ich apart. Jetzt, wo die Schupos blau sind wie die Briefträger und in Outdoor-Klamotten rumlaufen, als wollten sie hinauf auf den Merkur und dann den Rundwanderweg. Also, der Merkur ist Ihnen doch ein Begriff? Der Berg … Ach so. Nichts gegen Pfadfinder. Aber Polizisten sind doch Respektspersonen. Und ein Kopftuch hat so was Strenges … Ich wusste, dass Sie mich verstehen. Sind Sie noch dran? … Im Schwarzwaldverein. Aha … Freilich halte ich durch. Da kennen Sie mich schlecht. Aber vielleicht können Sie mir eine Geschichte erzählen, aus Tausendundeiner Nacht, damit mir die Zeit nicht lang wird …

Ich provoziere Sie nicht. Die Weihnachtsgeschichte kenn ich selber. Und ein Klischee wäre, wenn da ein Baby liegt, so ein totes kleines Butzele … Das Kloster. Ja, und? … Kloster auf der einen, Theater auf der andern Seite, Klo wie Kloster liegt genau in der Mitte … Wie? Was ich glaube? … Der Kerl kommt vom Theater. Die führen dort Dingens auf. Egal. Spielt keine Rolle. Das ist ein Schauspieler. Der hatte es eilig. Der hat sich hier verabredet. Mit einer Nonne … Mein Vater? Ob ich ihn gehasst habe? Was geht Sie das an. Hassen Sie Ihren Vater? … Verstehe. Ja, das kann ich nachvollziehen … Ich hätte nicht anders gehandelt. Ich hätte ihm die Eier abgeschnitten, auf der Stelle … Ja, Sie haben richtig gehört. Die Eier abgeschnitten … Doch, ich habe vollstes Verständnis … Ja … Ja … Nein, Sie können mir alles erzählen … Gut … Gut. Erstochen. Richtig … Genau … Also, bei mir war es so. Ich hab einen Grog getrunken und noch einen. Gegen die Kälte. Dann bin ich raus. Ich sah alles doppelt, das Schneegestöber, die Hundehaufen, die Schneeruder, das Glatteis, und dann sah ich meinen Vater mit Onkel Wilhelm. Das war doch sein Zwilling, habe ich das vorhin erwähnt. Manche Männer hält man nicht zweifach aus. Die erträgt man schon singulär nicht. Wobei mein Vater nicht das eigentliche Problem war. Ich war nur zufällig bei seiner Hochzeit dabei. Er heiratete meine Mutter. Mir fiel nichts auf, ich dachte nur später, dass ich vielleicht nicht seine Tochter bin. Dabei sah ich ihm erschreckend ähnlich. Aber ich glich nicht ihm, sondern Onkel Wilhelm. Es blieb ja in der Familie. Sind Sie gläubig? … Alles Lüge? Sie glauben mir das mit der Beziehungstat nicht? Das tut mir leid … Ja, der Mann kann sich ausweisen. Oskar Becker. Offenbar ein Russe. Kennen Sie den? Ist der in Ihrer Kartei? … Er hat eine Waffe dabei. So ein altmodisches Monstrum. Vielleicht doch kein Schauspieler … Ein

silberner Gehstock zwischen den Rippen? Da muss ich nochmal nachgucken. Ich war mir eigentlich sicher, dass es ein
vergoldeter Säbel ist. Aber vermutlich haben Sie recht … Und
Sie meinen, dass der Gehstock eher meiner ist? Stimmt. Ich
nehme zum Joggen immer den Stecken meines Vaters mit,
um mich gegen die Russenhunde wehren zu können … So
wahr mir Gott helfe: Der Grog hat meine Blase gereizt. Und
plötzlich musste ich dringend pissen. Oskar Becker stand
breitbeinig im Frauenklo. Er lauerte mir mit der Pistole auf
und schrie: – Ich hab das Attentat vermasselt, Rot Front, ich
bin ja so ein Stümper! – … Was machen wir denn jetzt? …
Was, Sie haben die Streife wieder heimgeschickt. Ja, sind Sie
denn von Sinnen? Bei wem soll ich meine Aussage
machen? … Sind Sie noch dran?

Öffentliche Toiletten in der Lichtentaler Allee,
Baden-Baden:

Tennisplätze
Damen und Herren, Mo–So 06:00–21:00 Uhr

Hirtenhäuschen
Damen und Herren, Mo–So 06:00–23:00 Uhr,
von 1. Dezember bis Mitte März geschlossen

OLIVER BUSLAU

der ruf des schweigens

Ein Schwarm Möwen umkreiste die Fähre *Siebengebirge*, doch in völliger Stille öffneten und schlossen sich ihre Schnäbel. Der Zug, der sich von Bonn her über das Rheintal heranschob, zog lautlos seine Bahn. Es war, als hätte jemand der Welt den Ton abgedreht, jeglichen Schall, alle Laute und Geräusche herausgefiltert.

Vera befühlte den zusammengefalteten Zeitungsausschnitt in ihrer Tasche, das Dokument ihres besiegelten Schicksals.

Kunstfehler: Klassik-Star taub!, hatte eine Kölner Boulevardzeitung getitelt. Für sie, die ehemalige Pianistin, waren die Worte Hammerschläge, die ihr Leben in Trümmer gehauen hatten.

Die Autos wischten die Uferstraße entlang, der Boden vibrierte, Windböen fegten und wirbelten die süßliche Mischung aus Abgasen und dem modrigen Geruch des Rheins auf. *Es ist leicht*, flüsterte die verlockende Stimme in Veras Kopf – das einzige, was sie noch hören konnte. *Tu es einfach. Nur ein Schritt. Dann ist es vorbei.*

Zu früh, schrie sie die Stimme nieder, ohne sich selbst zu hören. *Es ist zu früh …*

Seit Monaten lief sie durch das Rheintal – getrieben von der Suche nach dem verlorenen Klang, nach ihrer Musik, nach der Erinnerung. *Die Zelle von Nonnenwerth* – ein Klavierstück, das Franz Liszt auf der nahen Rheininsel geschrieben hatte – war ihre letzte Darbietung gewesen, ihre eigenen verlockenden Akkorde, mit denen das Stück verklang, waren das letzte, was an ihr Ohr gedrungen war, bei ihrem letzten Konzert. Schon der Beifall hatte sie nicht mehr erreicht. Die schwarz-weißen Tasten vor ihr hatten sich wie in einem Weichzeichnereffekt aufgelöst, hatten sich verzerrt und waren dann unter einem schwarzen Tuch verschwunden, das jemand über sie gebreitet zu haben schien. Vera war im Krankenhaus erwacht – und die Welt war stumm gewesen. Ein Hirntumor, hatte man ihr zu verstehen gegeben. Eine OP. Es hatte schnell gehen müssen. Das Gehör – dahin. Der behandelnde Arzt, Professor Erwin Römer, hatte am Anfang noch Chancen der Wiederherstellung gesehen, war aber immer zurückhaltender geworden. Schließlich hatte Vera in ihrer Verzweiflung und unter Aufbietung ihrer Ersparnisse einen anderen Arzt in London konsultiert, der ihr erklärte, dass Römer all die Untersuchungsergebnisse, die Röntgenaufnahmen und Tomographiebilder falsch interpretiert hatte. Und er hatte sie zu einem Anwalt geschickt. Gutachten war auf Gegengutachten gefolgt, längst hatte sich die Presse auf die Geschichte gestürzt. Doch was war zu gewinnen? Taub blieb taub.

Und so irrte Vera in einer Welt der versunkenen Töne umher, im Ohr die gläsernen Akkorde von Liszts Klavierstück, die letzte Ahnung ihres Klavierspiels, vor sich die herbstliche Rheinlandschaft.

Auch heute war sie in der Nähe von Nonnenwerth. Oben am Hang lag der alte Bahnhof Rolandseck, als Museum, Restaurant und Konzertsaal weit mehr als nur eine Bahnstation. Vera rannte über die Uferstraße und folgte dem Weg hinauf zu dem gründerzeitlichen Gebäude – in den frühen Tagen des Schienenverkehrs die Endhaltestelle der »Bonn-Cölner Eisenbahn«.

Sie erklomm die Treppen zur Restaurantterrasse, wo ihr das Rheintal zu Füßen lag. Je öfter Vera herkam, desto leiser wurden die Klänge in ihrem Inneren. Sie schienen aus immer größerer Ferne zu ihr zu dringen. Da half es auch nichts, wenn sie das Notenheft mitbrachte, darin las, die Finger auf dem Geländer spielen ließ und sich den schönsten Moment des ganzen Stückes vorstellte – die Stelle, in der aus dem sanften Geglitzer des Anfangs eine herrliche, weiche Melodie erwachte wie ein betörender Gesang, den die Zauberakkorde aufgeweckt hatten.

Sie befühlte ihre Manteltasche, spürte das zusammenge-klappte Springmesser und die Dose mit den Schlaftabletten. Sie hatte alles dabei, was sie brauchte. Kurz gab sie sich der Landschaft hin, dann folgte sie den Stufen nach unten zu den Toiletten für Bahnreisende und Restaurantbesucher, aber auch für Neugierige, die eine ganz besondere Version eines öffentlichen WCs erleben wollten. Die gemauerten Wände in den sauberen, gar nicht nach Abtritt, sondern nach feuchtem Stein riechenden Räume waren mit blutroter Grundfarbe gestrichen und mit riesigen naiven Motiven von Menschen bedeckt, die scheinbar den Besuchern bei ihren Verrichtun-gen zusahen – ein modernes Kunstwerk eines britischen Malers.

Bei ihren Spaziergängen hatte Vera die seltsame Wohnlich-keit dieser verspielten Toilette zu schätzen gelernt, hatte sich oft hierher zurückgezogen, wenn sie, von Weinkrämpfen geschüttelt, mit ihrem Schicksal gehadert und sich am lieb-sten gleich vor einen der Intercitys geworfen hätte, die regel-mäßig durch den Bahnhof donnerten.

Sie erinnerte sich genau an den Tag, als sie es hatte tun wol-len. Sie hatte am Bahnsteig gestanden, als ein Regionalzug einfuhr. Im Getümmel der Pendler hatte sie ein bekanntes Gesicht entdeckt: Professor Römer, der, eine Aktentasche unter dem Arm, dem Zug zugestrebt war. Ohne zu überlegen war sie ihm gefolgt, hatte sich von hinten an seinen Sitzplatz geschlichen. Er musste sich beobachtet gefühlt haben, denn er hatte sich umgedreht, schien jedoch Vera nicht zu erkennen. Oder er gab vor, es nicht zu tun, denn er widmete sich wieder seinem MP3-Spieler.

Vera blickte darauf und fühlte sich, als hätte sie ein Schwall eisigen Wassers getroffen. Der Mann, gegen den sie seit einem Jahr prozessierte, der Mann, der ihr das Gehör geraubt hatte, war ein Musikliebhaber! Der Titel war wie ein stummer Hohn über das Display in seiner Hand gewandert; Beethoven, *Pathétique*. Römer hörte Klaviermusik.

Vera hatte wohl einen Laut der Entrüstung hervorgebracht, denn die Leute sahen sich zu ihr um, auch Römer, der sie aber weiterhin unbeachtet ließ.

Da hatte dieser Plan in ihr zu reifen begonnen.

Nach wenigen Tagen hatte sie gewusst, dass er regelmäßig den Nahverkehrszug nahm, offenbar auf dem Weg zur Klinik. Sie hatte herausgefunden, wann er gewöhnlich zurückkehrte, sie war ihm zu seiner Villa nachgegangen. Innen hatten die Lichter gebrannt, er war hinter dem Fenster erschienen, hatte sich an einen schwarz glänzenden Flügel gesetzt. Mit großer Freude im Gesicht hatte er zu spielen begonnen, er spielte offenbar gut, meisterte Läufe und gebrochene Akkorde, versank in seinem Spiel, während sie innerlich immer mehr zerbrach, während immer heißer der Hass glühte. In diesem Moment war ihr klar geworden, dass sie diese schweigende Welt nicht allein verlassen würde!

Sie hatte alles ganz genau erkundet: dass der Arzt vor dem Besteigen des Zuges meist das WC am Bahnhof aufsuchte. Dass sich darin eine Reihe von Pissoirs an die Wand reihte, dass es auf der anderen Seite zwei Kabinen gab, ein Stück weiter einen Waschtisch mit Papierhandtüchern. Sicherheitshalber war Vera später als Mann aufgetreten. Trenchcoat, Anzug, Hut. Das reichte. Seit der OP trug sie das Haar ohnehin kurz.

Jetzt stand Vera vor den Kabinen – allein, nur beobachtet von den Figuren, von denen eine an Clara Schumann erinnerte, die berühmte Pianistin, die einst wie Liszt das Rheintal bereist hatte und auch auf diesem Bahnhof angekommen war. Vera sah auf die Uhr. Römers Zug ging in sechs Minuten. Die Tür öffnete sich, der Arzt kam herein und steuerte auf seine Kabine zu. Jetzt! Was folgte, hatte Vera in Gedanken so oft durchgespielt, dass es wie von selbst ablief.

Von hinten trat sie an ihn heran, das Messer in der Hand. Sofort stieß sie zu. Der Arzt erstarrte für einen Atemzug, drehte sich langsam zu ihr, sah Vera verständnislos an. Seine Tasche rutschte nach unten. Er hielt sich an der Tür der Kabine fest, taumelte. Sie hatte die Klinge aus seinem Körper gezogen, das Blut auf dem Metall glänzte. Der Farbton war viel dunkler als das Rot der Wände. Wie schnell war das gegangen. Vera war fast enttäuscht. Sie hätte nach ihrer Rache gerne größeren Triumph empfunden.

Sie füllte die Tablettendose am Waschbecken mit Wasser auf und schwenkte den Inhalt durch, bis er ein zäher Brei war. Es war schwer, die Masse zu schlucken, immer wieder musste sie sie verdünnen. Römer lag reglos neben einer schmierigen, dunklen Pfütze.

Vera setzte sich auf den Steinfußboden und hoffte nur noch, dass niemand kam, der zu früh den Notarzt holen würde. Die Müdigkeit kam bald und umfing sie wie eine weiche, warme Decke.

Vera begann zu zählen. Bei fünfzig bemerkte sie, dass Römers Brieftasche aus seinem Mantel gerutscht war. Der Personalausweis ragte heraus. Buchstaben waren dort erkennbar, wo der Nachname stand ...*ior*, las Vera. Sie hob ihre Hand. Sie war schwer geworden, doch sie konnte das Plastikkärtchen ganz hervorziehen. Römer hieß nicht Römer, sondern *Melchior*.

Sie zog sich am Waschbecken hoch, schleppte sich, von Schwindel erfasst, zur Tür. Die kalte Luft machte ihren Kopf klarer, doch an der Treppe verschoben sich die Stufen wie auf einem unscharfen Foto.

Sie stellte sich den Mann vor, den sie nach dem Aufwachen mehrmals in der Klinik gesehen hatte. Die Bilder überlagerten sich. Römer in der Klinik, Römer auf dem Bahnhof. Es war doch derselbe Mann!

Bis zur Villa waren es zweihundert Meter, vielleicht dreihundert. Immer wieder musste Vera sich an einer Straßenlaterne, einem Zaun oder einem parkenden Auto festhalten. Die Zeit schien sich zu dehnen. Irgendwann bemerkte sie, dass die Passanten ihr seltsame Blicke zuwarfen. Wahrscheinlich hielt man sie für eine Betrunkene.

Ihr Blick verengte sich zu einem Tunnel. Sie drückte das eiserne Tor zu der Villa auf, stürzte, kam auf die Beine, fiel erneut. Bis zum Eingang musste sie kriechen. In einer übermenschlichen, allerletzten Anstrengung gelang es ihr, sich aufzurichten und zu lesen, was auf dem Briefkasten stand: Melchior. Tatsächlich.

Mühsam formte ihr verlöschendes Bewusstsein die Erkenntnis, dass sie den Falschen ermordet hatte. Einen Mann, der diesem Pfuscher von Arzt so ähnlich sah ... einen Musiker obendrein ...

Sie sank entkräftet hin und blieb liegen. An ihr inneres Ohr drang Musik. Erst leise, dann kamen die Töne näher und näher. Die gläsernen Akkorde waren nun mit einemmal so deutlich wie lange nicht mehr. Versonnen lauschte Vera dem sanften Geglitzer der *Zelle von Nonnenwerth.* Und da begann sie, die betörende, singende Melodie. Hob ihr schönes Haupt wie ein aus flirrendem Wasser auftauchendes Märchenwesen, floss weich und gedämpft dahin – sich weiter und weiter verzweigend, in wellenartigen Steigerungen.

Vera verfolgte sie bis zu ihrem leisen Verklingen.

Bis sie mit der Musik verschmolz und in der dunklen Stille versank.

geständnis bezüglich gewisser vorkommnisse

ANNO 1951 IN EINEM KLEINEN DORF
AN DER NORDSEEKÜSTE

Sie gab seltsame Geräusche von sich. Die Augen waren ein Stück weit aus den Höhlen getreten, und ihr Blick war starr.

Es konnte nicht mehr lange dauern. Gerrit hielt meine Hand fest umklammert. »Still!«, sagte er. Dabei hatte ich gar nichts gesagt.

Mittlerweile waren die Vorderbeine zu sehen; schneeweiß, wie die von Malwine.

Malwine war etwas Besonders: fast ganz weiß, mit nur wenigen, zudem ungewöhnlich kleinen, schwarzen Flecken. Tante Harda hatte vorgeschlagen, das neue Kälbchen *Maiglöckchen* zu nennen. Onkel Eilerts Rinder hatten alle Namen mit M. Aber Onkel Eilert fand Maiglöckchen damals einfach nicht würdevoll genug für eine friesische Milchkuh, und sie wurde Malwine genannt. Kurz danach war Tante Harda gestorben. Bestimmt tat es Onkel Eilert später leid, dass er ihren Namenswunsch nicht erfüllt hatte.

Das ungefähr waren die Gedanken, die mir an jenem 12. Oktober 1951 durch den Kopf gingen. Sekunden später war sie tot.

Damals wusste ich noch nicht, was ein Flittchen war. Schließlich war ich gerade erst sechs, und in den Fünfzigern sprach man ohnehin nur hinter vorgehaltener Hand über lose Frauenzimmer. Erst recht in Ostfriesland.

Wir waren ein typischer Nachkriegs-Familienrest: ein Witwer, eine Vollwaise und eine Halbwaise. Die Vollwaise war ich. Als meine Mutter starb, entschied man mit bestechender Logik, mich in nahrhafter Umgebung unterzubringen; dort, wo es Schinken, gute Butter und die besten Kartoffeln der Welt gab: auf Onkel Eilerts Bauernhof an der ostfriesischen Küste. Dass Onkel Eilert nicht dazu in der Lage war, ein fremdes und ein eigenes Kind allein großzuziehen, war allen Beteiligten klar, aber ein gutaussehender Landwirt würde zweifellos ohne viel Federlesens eine neue Frau finden. Schließlich herrschte nach wie vor akuter Männermangel.

Doch die Sache zog sich hin. Als ein halbes Jahr nach meiner Ankunft noch immer keine Verlobung in Aussicht stand, zog ein Kindermädchen bei uns ein: Tant' Eetje. Weder verwandt, noch verschwägert, eine nicht mehr ganz junge, magere Frau mit wirren rötlich-blonden Haaren und leichtem Silberblick. Mein Vetter Gerrit und ich liebten sie vom ersten Augenblick an.

Unser Haus war wunderschön: einer jener typisch ostfriesischen Gulfhöfe aus rotem Backstein; ein behäbiger Koloss, zu achtzig Prozent aus Dach bestehend. Vom Flur aus ging es – vorbei an der Küche – zum Karnhaus, in dem sich die Regenbacke befand, aus der noch bis in die sechziger Jahre hinein alles Trink- und Waschwasser mit dem Eimer geschöpft wurde. Von dort aus gelangte man in die Scheune und zu den Stallungen und – ganz am Ende des Kuhstalls – zu unserem Plumpsklo. Ein Zweisitzer, das braune Holz glatt und glänzend, poliert vom Gebrauch ganzer Generationen. Für Gerrit und mich war dieser Doppelthron ein Zauberort:

Hierhin zogen wir uns zurück, um uns Geschichten zu erzählen und Geheimnisse auszutauschen und um ganz nebenbei zu lernen, dass Jungen unten herum völlig anders aussehen als Mädchen. Das kleine Klofensterchen ging auf den Misthaufen hinaus, und der anheimelnde Duft von Rinderkot und -urin, vermischt mit nassem Stroh und verrottenden Küchenabfällen, überlagerte wohlig die Ausdünstungen menschlicher Exkremente. Über dem Fenster hatte eine große, schwarze Spinne ihr Netz gespannt, und wenn Gerrit in der Schule und Onkel Eilert draußen auf den Feldern war, konnte ich Stunden damit verbringen, ihr dabei zuzusehen, wie sie in gespannter Erwartung da hockte, bis sich eine der fetten, blau schillernden Fliegen in ihren klebrigen Fäden verfing.

Onkel Eilert hatte das Flittchen in Berlin kennengelernt, auf der Grünen Woche, und irgendwann im Spätsommer '51 stand Erika Sorzick – einen alten, braunen Pappkoffer in der Linken und einen verschnürten Margarinekarton in der Rechten – vor unserer Tür. Sie trug Hackenschuhe und Nahtstrümpfe und redete ununterbrochen, wobei sich das bröselige Rot ihres Lippenstifts mit Spucke vermischte und in kleinen Klümpchen in ihren Mundwinkeln sammelte.

Am Anfang verstand keines von uns Kindern, wovon das Flittchen redete.

»Berlinerisch«, sagte Tant' Eetje, »so sprechen sie in Berlin.«

Onkel Eilert schenkte dem Flittchen einen goldenen Ring mit einem hellen, glitzernden Stein darin und sagte, Gerrit würde nun bald eine neue Mama haben.

»Und ich?«

Sie taten so, als hätten sie meine Frage nicht gehört.

Am Abend saßen Gerrit und ich stumm vor uns hin brütend auf unserem Doppelthron. Beim Milchholen hatten die

Leute getuschelt und verstohlen zu uns rübergeschaut, und Tant' Eetje hatte geweint. Gerrit wischte sich wieder und wieder mit dem Ärmel über die Wange, da, wo das Flittchen ihn mit seinem lippenstiftbröseligen Mund hingeküsst hatte.

»Sie muss weg«, sagte er schließlich, »wir müssen was machen, damit sie weggeht. Für immer.«

Ich dachte an die roten, klebrigen Lippen und die passend lackierten Krallenfingernägel, und wie das Flittchen wieder und wieder hingerissen über den Glitzerstein an ihrer Hand gestrichen hatte. Wenn das Flittchen heimlich in Onkel Eilerts Schlafzimmer herüber schlich, lag der Ring unbewacht in einer kleinen, blauen Porzellanschale auf dem Waschtisch.

Als Erika Sorzick am nächsten Morgen sein Fehlen bemerkte, war sie außer sich. Tant' Eetje sei eine gemeine Diebin, keifte sie, und müsse auf der Stelle das Haus verlassen.

»Ich hab ihn genommen«, sagte ich, »zum Spielen.«

Onkel Eilert nickte erleichtert und machte sich auf den Weg nach Pewsum, um Kälberfutter zu besorgen. Als die Haustür hinter ihm ins Schloss fiel, schlug mir Erika Sorzick mit der flachen Hand ins Gesicht.

»Mistgör«, zischte sie. Die Lippenstiftbrösel in ihren Mundwinkeln waren von weißen Schaumkrönchen überdeckt.

»Er ist mir wo rein gefallen«, sagte ich und lief los. Wie verabredet. Natürlich hatten wir den Ring nicht wirklich ins Plumpsklo geworfen. Er steckte in Gerrits Hosentasche. Ich wollte nicht lügen, denn Lügen war ja Sünde. Aber Gerrit hatte gesagt, ich sollte einfach ans Ende des Kuhstalls laufen und vor der Klotür stehenbleiben. Dann würde sich das Flittchen von selbst einen Reim auf alles machen und sich kopfüber in einen der Klositze zwängen und nach dem Glitzerring suchen. Wenn das Flittchen so richtig verstunken und verschmiert war, würde Gerrit den Ring aus der Tasche ziehen und wir würden schadenfroh lachen. Bei so bösen Kindern würde Erika Sorzick sicher nicht bleiben wollen. Das war unser Plan.

Aber so weit kam es nicht: Im Karnhaus stand Tant' Eetje an der Regenbacke und zog einen Zinkeimer mit Wasser hoch.

»Malwine kalbt«, sagte sie und schleppte den Eimer in Richtung Kuhstall. Damit hatten wir nicht gerechnet.

»Also«, herrschte mich das Flittchen an. »Wo ist er?«

Ich wusste nicht, was ich sagen sollte. Lügen war ja Sünde. Stattdessen lief ich weiter. In den Stall. Malwine zerrte nervös an ihrer Kette. Die rosigen Hufe ihres Kälbchens waren schon zu sehen.

Gerrit hatte seinen Posten vor der Klotür verlassen und den T-förmigen Geburtshelfer geholt, für den Fall, dass es Komplikationen gab. Erika Sorzick nahm mich bei den Schultern und schüttelte mich. »Jetzt sag schon! Wo hast du ihn?«

Ich starrte Gerrit beschwörend an. Ich wollte doch nicht lügen. Eine zweite Ohrfeige landete in meinem Gesicht. Tant' Eetje zuckte zusammen. Als das Flittchen zum dritten Mal ausholte, gab Malwine einen lang gezogenen Schmerzenslaut von sich. Von da an geschah alles wie in Zeitlupe: Gerrit griff in seine Hosentasche, beförderte etwas Glitzerndes daraus hervor und warf es in Malwines Box. Das Flittchen stürzte sich mit einem Aufschrei hinterher. Er muss so etwas wie »Da hast du ihn« oder »Hier, hol ihn dir« gerufen haben, aber Malwines Klagelaute übertönten Gerrits Worte. Der Ring lag an der Mauer, die die einzelnen Boxen voneinander trennte. Als Erika Sorzick darauf zukroch, setzten bei Malwine die Presswehen ein. Wir wussten, was jetzt kam, hielten den Atem an und nahmen einander fest bei den Händen: Gerrit, Tant' Eetje und ich.

Das Flittchen streckte die Krallenfinger aus und Malwine ging in die Knie. Erst vorne, dann hinten.

»Still!«, sagte Gerrit, obwohl ich gar nichts gesagt hatte.

Als Malwines Leib Erika Sorzicks Brustkorb zerquetschte, glitt das Kälbchen wie von selbst heraus.

Tant' Eetje sprach ein kurzes Gebet, klaubte den Ring aus dem blutigen Stroh und steckte ihn der Toten an den Finger.

Das Kalb wurde auf den Namen Maiglöckchen getauft.

Onkel Eilert hat nie wieder geheiratet. Tant' Eetje pflegte ihn hingebungsvoll bis er – in gesegnetem Alter – starb.

Wir hatten eine wundervolle Kindheit.

dreckig

Sie werden versuchen, mich reinzulegen. Sie würden mir nur zu gern an die Karre pissen. Die Bullen. Aber sie können mir nichts. Gar nichts. Mintrop-Manni wäre der einzige, der ihnen wirklich hätte weiterhelfen können, aber … der war tot. Jemand hatte ihm aus nächster Nähe mit drei Kugeln das schwüle Rotlicht-Leben aus dem feisten Körper geballert. Zweimal in die üppig behaarte Brust und einmal mitten in die erstaunt gerunzelte Stirn.

Weshalb ich das so genau weiß? Ohne den Obduktionsbericht gelesen zu haben? Na, raten Sie mal!

»Wir kriegen dich«, knurrt der Bulle mir gegenüber, aus dem man ohne Probleme auch einen Kleiderschrank hätte machen können. Aufpassen! Der Cop war alt genug, um es drauf zu haben und zu jung, um müde zu sein. Hellwacher Blick, scharfer Verstand, abgewichster Typ. Aufpassen!

»Bin ich der einzige Verdächtige? Dann sehe ich schwarz für eure Aufklärungsquote.«

»Mach dir um unsere Quote keine Sorge, Richie. Wir kommen schon klar.«

»Sicher. War es das dann?« Der Bulle fing an, mir auf die Nerven zu gehen.

»Fürs erste. Du kannst dich verpissen!«

»Aber, aber, Herr Kommissar. Wo bleibt die professionelle Distanz? Wo ist das freundliche *Sie*?«

»Einkaufen. Mord ist eine Nummer zu dick, Richie. Das

solltest du den Profis überlassen. Wir kriegen dich«, grinst der Bulle und reckt sich im Stuhl das breite Polizistenkreuz gerade.

Ich grinse zurück, schieb mir zwei Minuten später eine Kippe zwischen die Lippen und lass das rostbraune Düsseldorfer Polizeipräsidium hinter mir. Während ich Richtung Rhein schlendere, um mir an den Kasematten ein paar Grad Julisonne zu gönnen, gehe ich noch mal alles in Ruhe durch.

Der Anruf vor genau einer Woche. Anonym. Fünfzig Riesen für einen kalten Mintrop-Manni, die berühmt-berüchtigte Düsseldorfer Rotlicht-Größe. Das Ganze in kleinen, nicht nummerierten Scheinen, die Hälfte vorab.

Der Typ am Telefon hatte sich nicht vorgestellt. Ich hatte allerdings eine vage Ahnung, war aber nicht lebensmüde genug, dieser Vermutung nachzugehen.

Karo-Charly besorgte mir die Knarre. Das war entgegen der landläufigen Meinung tatsächlich ein wenig komplizierter, als es sich der Normalbürger sonntagabends im Fernsehsessel vorstellt. Und teurer. Aber Charly war nicht nur teuer, sondern auf ihn war Verlass. Drei Tage später hielt ich eine frisch geölte und nicht registrierte Smith & Wesson in meinen Fingern.

Der Rest des Jobs bestand in der Hauptsache aus Geduld. Mintrop-Mannis Büro hatte ein Fenster nach hinten raus. Nach hinten raus gab es ein Flachdach. Flachdächer und Fenster kann ich gut.

Drei Stunden bin ich in dem lauwarmen Büro gehockt, bedudelt von der schwachsinnigen Einheitsmucke aus dem Tabledance-Bums in der Etage unter mir. Dafür hätte ich einen Riesen extra raushandeln sollen …

Er war wirklich überrascht.

»Richie? Was machst du denn hier?«

Ich erklärte es ihm. Indem ich drei Mal abdrückte.

Tschüss, Fenster, Flachdach, und in einer der schmierigen Seitenstraßen hab ich die Knarre in einer Restmülltonne entsorgt. Ich bin ein sehr ordentlicher Mensch.

Zufrieden spuck ich die Kippe in den grünen Randstreifen. Die können mir nichts, die Bullen. Gar nichts.

Wenn ich nur wüsste, warum der Bulle so dämlich gegrinst hat …

Kaum in meinem Appartement zurück, klingelt das Telefon. Anonyme Xe im Display, eine unterdrückte Nummer. Ich hab eine Geheimnummer und werde nicht besonders oft angerufen. Meistens beruflich. Deshalb heb ich ab.

»Ja?«

»Du hast Scheiße gebaut!« Gallige Stimme.

»Hä?«

»Pass auf! In der Altstadt, am Ende der Liefergasse, gibt es eine Kneipe. *Leierkasten*. Toilettenbereich, drei Scheißhäuser. Du nimmst das mittlere. Im Spülkasten liegen ein Reisepass, ein Flugticket und ein bisschen Klimpergeld. Du wirst klarkommen.«

»Moment, Moment! Was soll die Scheiße?«

»Halt die Klappe, du Niete! Die Bullen wissen Bescheid. Irgendeine Staatsanwaltsschlampe unterschreibt gerade deinen Haftbefehl, du Armleuchter. Du hast die Knarre bei Karo-Charly gekauft, du Versager! Und rate mal, wer vor einer knappen halben Stunde den Bullen geflüstert hat, wem er neulich eine nagelneue Puste vertickt hat? Na? Kommst du drauf?«

Ich hol tief Luft.

»Mach hin! Das ist deine letzte Chance. Hast du wenigstens … das … verstanden?« Er wartet keine Antwort ab, die

Leitung ist tot. Ich kann auflegen. Tu ich auch.

Nachdenklich. Langsam.

Moment, Moment … Das geht mir alles ein bisschen zu schnell. Karo-Charly und plaudern, das ging zusammen wie Arsch auf Eimer. Ich kratz mir den Schädel. Die Stimme. Das war definitiv nicht der gleiche Typ, wie der, der mir den Job besorgt hatte. Langsam, langsam … So schnell schießen die Preußen nicht!

Altstadt, Liefergasse, *Leierkasten* …

Charlys Stammkneipe liegt praktisch auf der Strecke. Irgendwas sagt mir, dass Karo-Charly keineswegs bei den Bullen eine Arie gesungen hatte, sondern stattdessen brav und bierselig, wie immer im schwarz-weiß karierten Jackett, dort bei einem dunkelbraunen Kaltgetränk am Tresen sitzen würde.

Grinsend klopf ich mir eine Kippe aus der Schachtel.

Harry steht hinterm Tresen und verteilt mit einem feucht-fleckigen Stofflappen tödliche Keime in einem Weizenbierglas. Modrig-fauler Gestank weht über die klebrige Theke zu mir rüber.

»Möchtest du was trinken, Richie?«

»Auf keinen Fall. Wo ist Karo-Charly?«

Er hält inne und beugt sich über die Theke. »Verdammt, Richie, den haben vor zwei Stunden die Bullen einkassiert. Ziviles Kommando, sah nicht gut aus.«

»Aha«, murmele ich nachdenklich.

»Alles klar, sonst?«, lauert Harry verschlagen.

»Klar, du Stricher!« Ich flüchte nach draußen. Gelassenen Schrittes, natürlich. Aber die Kippe, die ich mir zwischen die Lippen schiebe, hört einfach nicht auf zu wippen.

»Scheiße!«

Leierkasten … Meine Güte. Ein Drecksladen. Hatten die vom Ordnungsamt die Kaschemme nicht schon vor Jahren dicht machen wollen? Zum Durchqueren der stickigen Kneipenluft braucht man eine Machete. Verdammt. Jobs, die mich in solche asozialen Höhlen führen, hab ich eigentlich nicht mehr nötig. Heavy Metal brüllt mir in die Ohren und hat den ungepflegten Trottel hinterm Tresen derartig verblödet, dass es eine Pracht ist. Seine spärliche Restintelligenz tropft in ein schmieriges Asterixheft, in das er seinen Kopf versenkt hat. Während sich um diese späte Nachmittagsstunde die benachbarten Kneipen schon gut füllen, hat sich hierhinein ins muffige Dunkle kein weiterer Gast verirrt.

Ich hatte den Laden auch noch nie betreten. Und würde es freiwillig auch nie wieder tun.

»Scheiße!«

Der Trottel hebt seine Nase aus dem Comic und glubscht mich glasig an, was offenbar seine Art ist, die Frage nach einem Getränk zu stellen, die ich selbstverständlich ignoriere.

Toiletten: Pfeil nach links.

Nein! Diese nur von altem Siff und feuchter Fäulnis zusammengehaltene Spelunke hat tatsächlich eine Toilettenfrau im hellblauen Kittel zu bieten. Mit Tischchen und Groschenteller. Um die dreißig, herber Gesichtszug, vermutlich eine Studentin, die zum Kellnern zu doof war. Gar nicht unhübsch. Sie erinnert mich an meine ehemalige Englischlehrerin.

Ich will mich grußlos an ihr vorbeidrücken.

»Männer is besetzt.«

»Ich muss aber …«

»Pissen?«

»Nee, Kontoauszüge ausdrucken lassen, du Birne! Natürlich!«

»Geh auf Weiber«, schlägt die Hygienefachkraft vor.

»Vergiss es!«

»Moment ...«, seufzt sie, drückt sich gelangweilt in die Senkrechte, öffnet die Tür zur Herrentoilette einen Spalt weit und brüllt: »Wie weit seid ihr?«

Als Antwort torkelt ihr ein Pärchen entgegen. Sie richtet ihre blondierten Haare, er schließt seinen Hosenschlitz.

Na, klasse!

Ich schieb mich vorsichtig an ihnen vorbei in den abgeschlossenen Toilettenbereich für Männer. Hier werden meine hohen Erwartungen im vollsten Maße erfüllt. Es ist nicht die dreckigste Toilette, die ich je in meinem Leben gesehen habe, aber sie kommt in die Top Five.

»Weltklasse.«

Alle Sprayer dieser Stadt haben sich auf den Wänden krakelig verewigt. Die hatte der Erbauer dieser repräsentativen Räumlichkeit letztmalig Ende der Sechzigerjahre frisch gestrichen. Über das gelb-stumpfe Waschbecken fällt mein Blick in einen blinden Spiegel mit rostig-braunen Einschlüssen. Drittklassig! Kopfschüttelnd mach ich einen großen Schritt und zähl durch.

»Eins, zwei, drei.«

Mit spitzem Finger drück ich gegen die verkratzte Toilettentür Nummer Zwei. Sie klemmt. Natürlich. Ich schieb ein bisschen heftiger.

Irgendetwas ...

Die Tür gibt nach. Ich guck nach oben. Tatsächlich. Ich steh in der Toilettenbox, die als letzte Europas mit einem Spülkasten und einer verrosteten, herabbaumelnden Eisenkordel ausgestattet ist. Unten dunkelweiße Keramik mit schwarzer Kunststoffsitzfläche. Ohne Deckel, was an braunschwarzen Anhaftungen vorbei einen exklusiven, tiefen Einblick in die

Düsseldorfer Kanalisation ermöglicht.

Ich rümpf die Nase.

Schnell. Keine Sekunde länger bleiben als unbedingt nötig! Bevor mutierte Bakterien sich auf mich stürzen und zu Boden reißen können.

Ich setz einen Schuh auf die Schüssel und wuchte mich hoch. Der Spülkasten hat oben drauf einen Deckel, der lose aufliegt. Den hab ich schon in der Hand, als mein Blick von oben in die Nachbarbox fällt.

Das karierte Sakko hätt ich unter Tausenden erkannt! Selbst mit dem frischen, roten Blutfleck auf der Vorderseite.

»Verdammt!«

Im gleichen Moment fliegt die Tür der Box auf und zwei Typen recken runde, schwarze Löcher auf mich.

»Polizei, keine Bewegung!«

Ich denk nicht mal dran, sondern lass mich widerstandslos von der Keramik ziehen und mir die Hände auf den Rücken drehen. Einer der Bullen legt mir Armschmuck an und schiebt mich raus aus der Box.

Eine übel schmeckende Ahnung überkommt mich, als ich erkenne, wer gerade zufrieden lächelnd und keineswegs überrascht einen Blick in die Box Nummer drei mit Karo-Charly geworfen hat.

»Tot. Erschossen. Wir brauchen die Tatwaffe. Wir sollten uns mal den Spülkasten nebenan ansehen.« Er grient mich direkt an.

Die Bullen zerren mich durch den engen, dunklen Gang in die Gaststätte. Funkgeräte quaken. Merkwürdigerweise fällt mir auf, dass die Klofrau verschwunden und der Blick des Typen hinter dem Tresen nicht mehr glasig ist. Er telefoniert und ordnet an, dass der Streifenwagen jetzt vorfahren soll.

Als die Bullen mich mit festem Griff auf den Rücksitz des

Zivilwagens packen, hab ich es endgültig kapiert. Der Kleiderschrank-Cop aus der Vernehmung beugt sich massig in die halb geöffnete Fahrzeugtür.

»Richie, Richie. Ich hab dir doch gesagt, dass Mord eine Nummer zu dick ist. Überlass das den Profis!«

»Also euch«, knirsche ich.

Er grinst breit. »Mach dir um unsere Aufklärungsquote keine Sorgen!«

Verdammt! Die Bullen haben mich so richtig dreckig reingelegt. Er wirft die Tür zu, mein Blick fällt nach vorne. Am Steuer sitzt eine Frau. Gar nicht unhübsch … Die Polizistin hat Ähnlichkeit mit meiner ehemaligen Englischlehrerin.

ach, wien ...

Es würde jetzt zu lange dauern, wenn ich erzählte, wie es dazu kam, dass ich mehr als vierzig Jahre gebraucht habe, bis ich endlich wieder einmal nach Wien kam. Nur soviel: Wegen ein paar lächerlichen Ladendiebstählen und einer verfahrenen Beziehung in Deutschland wollte ich neu anfangen. Der Legende meiner slawischen Verwandtschaft nach war meine Ururgroßmutter mütterlicherseits eine »echtes Wiener Madl«, vermutlich eine Dienstmagd oder Wäscherin. Also war es naheliegend, mich zunächst in der Stadt meiner Träume umzusehen. Mit dem letzten Geld kaufte ich ein Ticket, meine wenigen Habseligkeiten würde ich später nachholen.

Und dann war ich da! Es war später Nachmittag, sonnig und noch ein wenig kühl, Frühling in Wien. Im Prater blühten die Bäume, die Donau war bestimmt blau – das hoffte ich zumindest – denn bald würde ich sie mir aus der Nähe ansehen können. Schon als ich am Flughafen in die Bahn stieg, fühlte ich mich Zuhause, denn der Schaffner, an dessen Revers ein Schildchen mit einem kroatischen Namen hing, begrüßte mich freundlich. Bitte, wo gibt es denn so etwas noch? Ich stieg in Wien-Mitte aus und schnupperte zum ersten Mal bewusst echtes Wiener Flair. Würziges Aroma nach Wiener Gulasch, das an einem Stand angeboten wurde, stieg mir in die Nase.

Ach, Wien…

Auf dem Weg zu meiner Pension, die hinter dem Alten Rathaus lag, war ich wie benommen vom Duft des rosa Flieders, dem Anblick der blühenden Kastanienbäume und der Blumenrabatte im Volkspark. Der Himmel hing voller Geigen, in meinem Kopf spielte Johann Strauß den Wiener Walzer. Eine alte Frau saß auf einer Bank, zerkrümelte eine Semmel und fütterte die Tauben, die um ihre Beine herumpickten. Ich summte *Gemma Tauben vergiftn im Park*. An der Ampel vor dem prächtigen Parlamentsgebäude schaute ich verträumt einem Fiaker nach und wäre dabei fast von der Elektrischen überfahren worden. »Scheiß Piefkes«, rief mir ein Radfahrer zu, doch das kümmerte mich nicht. Hauptsache, ich war in meinem Wien!

Eine viertel Stunde später hallten meine Schritte im gekachelten Treppenhaus der Pension, einem gelben, vierstöckigen Gebäude aus der Gründerzeit. Ich bestaunte die geschliffenen Jugendstilfenster, durch die milchiges Sonnenlicht hereinfiel. Der Geruch nach Schmierseife sollte wohl signalisieren, dass es sich um ein ordentliches und sauberes Haus handelte.

»Ich weiß noch nicht, wie lange ich bleibe«, sagte ich zu der auffällig geschminkten Frau, die sich eine Glasperlenkette um die gichtigen Finger wickelte, während ich das Anmeldeformular ausfüllte.

»Samma's erste Mal in Wien?« Mit einer eleganten Bewegung nahm sie einen Schlüssel von der Wand und gab ihn mir.

»Ja, ich bin geschäftlich hier«, schwindelte ich.

»Na, dann wünsch ich an schönen Aufenthalt.«

»Danke sehr, ich liebe Wien …«

»Die Stadt kann man nur mögen, wenn man da nicht wohnen muss. Das Zimmer ist ganz hinten, im linken Flügel, nehmen'S den Lift in die zweite Etage, dann eine halbe Treppe nach unten und gleich nach rechts, die Feuerschutztür müssen'S ganz fest aufdrück'n, die klemmt a bisserl. Dann den Gang geradeaus und wieder links. Frühstück gibt's net, kein

Personal. Aber hier in der Gasse ist ein kleiner Billa, da kriegen's alles. Oder besser, gehn'S ins Café Eiles, das ist zwei Minuten von hier entfernt, und sagen'S dem Oberkellner, das ist der Josef, dass die Vera Sie g'schickt hat, dann kriegn'S a schönen Fensterplatz.«

Ich fand das Zimmer, warf meinen Koffer aufs Bett, das zu der wackeligen Einrichtung aus den Siebzigerjahren passte, machte mich ein wenig frisch, und beschloss, mir das Café schon mal anzusehen. Keine zehn Minuten später fiel die verzierte Glastür klirrend hinter mir zu, wofür ich sofort den strafenden Blick des Oberkellners erntete, der in schwarzem Anzug und weißem Hemd mit Fliege neben der Kasse am Tresen lehnte. Ich setzte mich an den nächstbesten freien Tisch und sah mich um. An den gelb gestrichenen Wänden hingen Bilder mit Stadtmotiven, eine große Vase mit Frühlingsblumen stand auf einer Anrichte, die Messinglampen und Wandleuchten spendeten behagliches Licht. Ältere Herren lasen ihre Zeitung, die Damen plauderten leise, es duftete nach frisch gemahlenem Kaffee.

Der Oberkellner kam an den Tisch, und ich wollte gerade ein Kännchen Kaffee bestellen, als er freundlich, aber bestimmt sagte: »Da können'S aber nicht sitzen bleiben.«

»Wieso? Der Tisch ist doch frei.«

»Nein, weil das ist nämlich der Platz vom Herr Doktor Stary, Professor im Ruhestand, verstehn'S?«

»Aber …«

»Also bittschön, kommen'S mit.«

»… die Empfangsdame in der Pension sagte, ich soll Ihnen sagen, dass …«

»Ach, Sie wohnen bei der Vera? Na, dann schau ma.« Sein Gesicht hellte sich auf, und er führte mich zu einem Tisch am Ende des Saales. »Was darf ich der Dame jetzt bringen?«

»Ich nehme einen Cappuccino, bitte.«

»So was hamma net. Bei uns heißt das Melange. Mit Schlag?«

Ich sah ihn fragend an.

»Sahne«, erklärte er.

»Ja, mit viel Schlag.«

Während ich wartete, hörte ich eher unfreiwillig einem Pärchen zu, das am Nebentisch saß. Ich schnappte ein paar slawische Worte auf. Der Mann redete auf die dunkelhaarige, nervös wirkende Frau ein und hielt ihre Hände fest in seinen.

Ach, Wien …

»Hör jetzt auf zu jammern. Ich bin doch nicht blöd. Das lass ich mit mir nicht machen. Nicht mit mir! Diesem Kerl schlag ich die Zähne ein!«, sagte der Mann und sah sich um.

Ich tat so, als würde ich hochkonzentriert die Speisekarte studieren. In Wirklichkeit spitzte ich die Ohren, denn mein Wiener Aufenthalt versprach nun eine aufregende Note zu bekommen.

»Was bist du nur für ein blöder Idiot! Der Drago hat die Sachen sicher längst verscherbelt. Lass uns lieber mit dem nächsten Bus nach Hause fahren.«

»Bist du denn verrückt? Zwei Drittel davon gehören uns! Wer ist denn damals mit dem Auto in das Schaufenster reingedonnert? Wer hat das Zeug von den Vitrinen geholt, wer hat jetzt nix zu beißen, wer riskiert es, geschnappt zu werden? Er oder wir? Ich warte keinen Tag länger! Der Kerl kann sich auf was gefasst machen!«

»Lass uns abhauen, bitte. Die Polizei sucht nach uns.«

»Ach, die ist doch selbst blöder als die Polizei erlaubt. Ich weiß, wo diese miese Ratte untergetaucht ist – im Scheißhaus. Und wenn ich mit ihm fertig bin, geht's ab nach Monte Carlo.«

»Typisch! Alles gleich wieder verspielen. Was bist du nur für ein Idiot!«

Ein sommersprossiger junger Kellner, offensichtlich Josefs

Lehrjunge, brachte mir die Melange, und ich bezahlte sofort, weil ich den beiden unbedingt folgen wollte, sobald sie aufbrechen würden.

Eine halbe Stunde später, es war fast dunkel geworden, ging ich ihnen nach, verlor sie aber im Gewühl der Fußgängerzone aus den Augen. Meine Blase drückte inzwischen sehr. Wäre ich bloß im Café noch auf die Toilette gegangen, dachte ich. Dann entdeckte ich die Frau vor dem Schaufenster eines teuren Geschäftes. Sie beobachtete die Umgebung, stand offenbar Schmiere. Ich folgte ihrem Blick zu einem dunkelgrün gestrichenen, verschnörkelten Eisengeländer, das mitten auf dem Platz stand und wohl zu einer Treppe in irgendeine Tiefe gehörte. So unauffällig wie möglich schlenderte ich zu der Stelle und sah nach unten. Es war der Eingang zu einer Toilette! Prima! Hastig stieg ich hinunter. Was für ein Schmuckstück von einem Klo! Reinster Jugendstil! Ein kleiner, hagerer Mann mit weißer Schürze und einem Wischmopp in der Hand verlangte fünfzig Cent von mir, und schon war ich in der blitzsauberen Kabine. Der Türgriff und Wasserhahn am Marmorwaschbecken aus Messing, ornamentale Fliesen am Boden, an der Wand ein Kristallspiegel, dunkles Holz und geriffeltes Glas an der Schiebetür. Nur die Schüssel schien neu zu sein. Als ich mir nach dem kleinen Geschäft die Hände wusch, hörte ich, wie im Vorraum vor den Kabinen etwas scheppernd umfiel. Schreie und dumpfe Schläge folgten. Unfähig mich zu rühren, drückte ich mich in eine Ecke.

»Sag sofort wo das Zeug ist, sonst bring ich dich um!« Es war eindeutig die keuchende Stimme des Mannes aus dem Café. Dann folgte ein dumpfer Schlag, und wieder einer.

»Lass mich in Ruhe … Bitte … aaahhhh!«

»Ich lass mich doch von dir nicht verscheißern, spuck's aus, wo ist es?«

»Ist weg … nicht mehr da … verkauft … du kriegst dein Geld …«

»Das will ich auch schwer hoffen, du Scheißkerl!«

Und wieder ein Schlag, diesmal stärker als die zuvor. Die Klotür wackelte, etwas krachte zu Boden.

»In zwei Minuten bist du oben, mit Geld, ich warte auf dich. Und wisch dir das Blut vorher ab.«

Ich hörte schnelle Schritte, gurgelndes Husten – dann war es still. Ich zitterte am ganzen Leib. Was tun? Klar, ich musste die Polizei rufen, aber vorher unbedingt hier raus. Die beiden warteten sicher oben, und ich war Zeugin. Sie durften mich auf keinen Fall sehen! Ich wartete noch ein wenig, es war noch immer still. Endlich wagte ich, die Tür meiner Kabine zu öffnen, doch sie ging nicht auf. Jemand lag auf der anderen Seite genau davor. Nach schweißtreibenden zwei Minuten gelang es mir, die Tür soweit zur Seite zu schieben, dass ich mich hinausquetschen konnte. Es war der Klomann, der wahrscheinlich dieser Drago war. Unter seinem Kopf hatte sich eine Blutlache gebildet. Ich ging in die Hocke und befühlte seinen Puls. Der arme Mann schien mir eindeutig tot.

Ach, Wien …

Mein Blick fiel auf die blutverschmierte Wand, an der sich eine Fliese abgelöst hatte. Dahinter war ein Hohlraum sichtbar. Ich griff hinein und zog eine quietschgelbe Billa-Tüte heraus. Ohne nachzudenken knotete ich sie auf. Gold- und Silberschmuck, teure Armbanduhren und Juwelen funkelten mir entgegen.

Jetzt musst du aber die Polizei anrufen. Und für den Schmuck gibt es sicher einen Finderlohn, flüsterte mir meine dunkle Seite zu.

Nein, nein, nicht schon wieder, keine krummen Sachen mehr, widersprach mein Gewissen.

Ach, überleg doch mal: Bis die Untersuchungen abgeschlossen

sind und die etwas herausrücken, bist du alt und grau. Du nimmst
ja nicht alles, nur eine Kleinigkeit, als Andenken sozusagen …

Ich schloss die Augen, wühlte in der Plastiktüte und nahm einen Ring mit einer ovalen Koralle heraus. Dann stürmte ich kreischend die Treppe hoch. Schließlich hatte ich ja eine Leiche entdeckt und war völlig schockiert!

Die Polizei traf ein paar Minuten später ein. Passanten blieben stehen, schüttelten die Köpfe, diskutierten. Vom Räuberpärchen fehlte jede Spur. Während ich aufgelöst meine Zeugenaussage machte, steckte der hübsche Ring so selbstverständlich an meinem Finger, als hätte er schon immer dort hingehört.

Später, nach einem leichten Abendessen im Café Eiles, servierte mir der Oberkellner höchstpersönlich ein Glas Schampus und fragte charmant: »No, wie gefällt Ihnen unser Wien, gnä Frau?«

Ich prostete ihm zu und seufzte tief. Vierzig Jahre. Ich war genau zur richtigen Zeit hierher gekommen.

Ach, Wien …

lange schläuche

Afsaneh wusste, dass Habib wieder alles im Institut beobachtete, am Ende des Ganges stand und seine Augen nicht von ihnen ließ. Dabei konnte er doch nicht einmal verstehen, worüber sie und Nouri mit der österreichischen Wissenschaftlerin redeten. Nur das Lachen würde er hören und sofort missdeuten, wie er alles auf ihrem wunderbaren Campus in seinem Sinn interpretierte. Und seit er erfahren hatte, dass sie jeden Abend die Österreicherin vom Universitätshotel abholten, um mit ihr außerhalb des umzäunten Campus in Privathäusern bis weit nach Mitternacht zu verschwinden, war er unerträglich für alle geworden. Kein verstohlenes Händchenhalten der Pärchen mehr, wenn er einen Raum betrat, kein ausgelassenes Lachen, das auf schlüpfrige Witze hinweisen konnte, keine familiären Schilderungen, die zu viel verrieten. In den Sprachinstituten war aufgrund der Ausländerdichte unter den Gastdozenten nicht nur das Leben noch farbiger, sondern auch der Schatten des Regimes deutlich spürbar. Habib war ein verlässlicher Diener der Mullahs.

Afsaneh zupfte an ihrem langen Mantel und spürte das Nylongeknister auf ihren nackten Beinen. Wenn der blöde Kerl wüsste, dass sie unter dem schwarzen Schlauch ein rotes Nichts trug, gerade den Hintern bedeckend! Sie musste nur darauf achten, dass keiner der Mantelknöpfe aufsprang. Golshan kam hinzu, auch sie stellte sich intuitiv mit dem Rücken zu Habib und dem Gang, bildete nun mit den anderen eine dunkle Stofffront, die so wenig wie möglich verriet. So waren die heißen Dinger, in denen sie schon jetzt am Morgen schwitzten, wenigstens für irgendetwas gut.

In den letzten Monaten hatte sich das Klima an der Universität verschlechtert, wie überall wohl. Isfahan war nicht Teheran, wo es immer noch wilde Parties und schnellen Sex in Autos gab, wo man andere Nischen als hier gefunden hatte, um der Überwachung und den Geboten wenigstens für ein paar Momente zu entkommen. Spitzel gab es dort sicher wie hier, aber Habib war extrem übel, ein Schleimer, ein verlogener Kerl, der Unglück säte, das Recht beugte.

Asfaneh seufzte.

Nouri erklärte der Österreicherin gerade leise, wohin sie am Abend gebracht würde: zu einem privaten Fest mit ausgewählten Freunden.

»Und?«, tönte hinter der schwarzen Mantelmauer Habib, der lautlos näher gekommen war.

Nouri schrak zusammen und ließ ein Buch fallen. Blitzschnell hob Habib es auf, hielt es abwägend in der Hand, der papierene Schutzumschlag verdeckte den Titel, es war klar, dass Habib es aufschlagen würde. Und dann?

»Danke, Habib«, die Stimme der Österreicherin war ungewohnt laut, sie griff resolut, ganz lehrende Respektperson, zwischen den Studentinnen hindurch nach dem Band, lächelte, während ihre Finger Habibs Haut wie von ungefähr streiften und er sofort zurückzuckte. »Wie hilfsbereit du bist!«

Meinte sie das ernst? Golshan kicherte. Einer wie er, der in Dr. Haalehs Büro zu oft verschwand, ganz offensichtlich den Dekan über alle möglichen Gerüchte informierte, war nicht nett. Ein falscher Freund war er, ein Denunziant, ein Spitzel, ein kriecherisches Arschloch, zum Fürchten. Afsaneh wusste genau, was Golshan dachte, aber sie sah auch den verschlagenen Blick Habibs, bevor er sich wortlos umdrehte und verschwand. »Der kriegt dich noch«, sagte sie.

»Ach was, feuchte Träume hat er und sonst nichts«, erwiderte Golshan.

»Kann er an eure Taschen oder soll ich das Buch für euch aufheben?«, fragte die Österreicherin. Zwar sollten sie in den Sälen und Seminarräumen getrennt sitzen, aber wen kümmerte es, wenn sie leidenschaftlich Poeten des Westens diskutierten, eigene Texte hitzig vortrugen, dabei die Männer- und Frauenseiten wechselten?

»Soll er sich doch trauen, dann kratz ich ihm die Augen aus.« Nouri wollte das Buch nehmen.

Verbotene Lyrik, verbotene Dichter, das würde diesem Zensurbegeisterten gefallen. Habib, dieser Paradestudent, hatte schon einige verpfiffen, in Bedrängnis gebracht, aus der Bahn geworfen. Er hatte sich nicht nur selbst mit dem Regime arrangiert, er war gefährlich für alle.

»Wenn er dich damit erwischt, werde nicht ich die Schwierigkeiten haben, sondern du.«

Die Österreicherin hat recht, dachte Asfaneh und dass Habib versuchen würde, Nouri, der er bereits seit Monaten mit diesem Sabberblick nachging, zu erpressen. Nouri passte zwar auf, dass sie ihm nicht allein begegnete, hatte das Haar immer sorgfältig verhüllt, trug nie einen kurzen, engen Mantel wie Golshan, nie einen durchsichtigen Spitzenschal, der im Sonnenlicht den Lockenschimmer unterstrich.

Schon begann Nouris Unterlippe zu zittern.

Habib konnte ihr Studium ruinieren: Eine Lüge in Dr. Haalehs gierige Ohren, und mit ihrer erträumten Karriere war es vorbei. Wenn nicht noch Schlimmeres passierte.

Asfaneh spürte die alte Wut hochkriechen. Und plötzlich drückte Golshans Hand die ihre, und da war ein Flüstern

»Wir machen ihn fertig, endlich«, das klang so süß, und die Österreicherin nickte: »Aber ohne Gewalt, und so, dass er jeden Wert als Denunziant verliert«, und Nouri stotterte »Das Recht der Mullahs ist auf seiner Seite«, was natürlich keine von ihnen hören wollte.

»Wir brauchen Zeugen, und alle verlässlichen Freundinnen und Freunde müssen in der Nähe sein. Überlegt genau, wen wir einweihen und wer nichts wissen darf. Bald wird Habib niemandem mehr schaden können«, sagte Asfaneh. »Wir nutzen die Schwächen des System!«, und sie wandte sich an die Österreicherin: »Wenn du mitspielst und Nouri sich traut, ihn zu ködern und zu uns zu locken.«

Ein Spiel, ein ernstes Spiel – und sie ließen sich darauf ein mit Zorn, ein wenig Angst und einem Hochgefühl von Mut.

Während des nächsten Workshops mit der Österreicherin spannten Asfaneh und Golshan ihr Netz. Gemeinsam mit Dr. Fard, der Linguistin, erarbeiteten sie Unterschiede in männlichen und weiblichen Dialogen, mussten aufstehen, in der fremden Sprache Figuren erfinden, eine ungewohnte Haut überstülpen. Es wurde laut, lebhaft, für iranische Unterrichtsverhältnisse vergnüglich unübersichtlich. Dr. Fard machte begeistert mit, das Lachen schwoll an, Habib wurde an den Katheder gebeten, musste als altes Weib überzeugen, quälte sich in der fremden Sprache. Asfaneh fühlte sich sicher, er hatte nichts vom konspirativen Geflüster mitbekommen.

In der nächsten Vorlesungspause sah Asfaneh, wie Nouri auf Habib zuging, die Augen sittsam niedergeschlagen, ein helles ungeschminktes Gesicht, helle Fingerspitzen, die den Beutel festhielten, der bodenlange, schwarze Mantel zugeknöpft. Sie redete ihn an, er hörte zu, hob einen Arm, als wollte er ihn verbotenerweise um ihre Schultern legen. Er tat es nicht, aber seine Hand schwebte kurz und knapp über ihrem Kopf, bevor er einen Schritt zurücktrat, mit der Zunge über die Lippen fuhr. Er hatte angebissen, und Nouri redete weiter in demütiger Haltung wie ausgemacht, mit dieser ängstlich-hohen Stimme, um die sie sich vermutlich gar nicht bemühen musste. Golshan gesellte sich zu den beiden, sagte etwas. Habibs Gesicht verfärbte sich, er ging. Der Gong hallte in den Gängen. Spitzel sind Verräter, dachte Asfaneh noch, Verbrecher der Macht, und ihnen zu schaden konnte keine Sünde sein. Die Falle war ausgelegt.

Im Trubel der großen Mittagspause schoben sich die jungen Frauen in Richtung Toiletten. Die zwei Eingangstüren lagen weit auseinander, konnten also nicht so leicht verwechselt werden, unendlich wichtig in einem Land, dessen Regime Mann und Frau getrennt haben wollte. Asfaneh und Golshan verschwanden drinnen. Kurz darauf folgte die Österreicherin, die Tür schlug zu. Vor dem gesprungenen Spiegel banden die zwei Studentinnen ihre Kopftücher neu. Asfaneh war schon fast fertig, Golshans Lockenfülle umrahmte noch ungebändigt das hübsche Gesicht. Asfaneh nickte und wies ums Eck auf eine der offenen Nischen.

Alles grün verfliest, keine Türen, vier Koben zwischen den zwei Meter hohen, gekachelten Mauern, auf dem Boden eingelassen das weiße Becken mit den Trittsteinen, links der Kübel für das benutzte Papier, das man selbst mitbringen musste, rechts der fast hüfthohe gemauerte Wasserbehälter, in dem ein riesiger roter Plastikschöpfer schwamm. An dem Wasserhahn über dem Behälter war der lange dünne Schlauch befestigt, der zur Reinigung des Körpers diente, die östliche Variante des Bidets. Alles war wie an anderen Orten üblich, fand Asfaneh, nur die fehlenden Türen waren eine Spezialität dieser Uni, eine widerliche Schikane, die den Frauen jede Intimität verweigerte.

Oh diese elendiglich langen Schläuche, dachte Asfaneh, und dass es für Fremde schon recht gewöhnungsbedürftig war, beim Pinkeln zu zielen, wenn schwere Taschen an den Schultern zerrten und die Hände damit beschäftigt waren, Kleid oder Hosen einigermaßen trocken zu halten, während man über dem Trittstein hockte, den langen Mantel hochgeschoben oder mit den Zähnen festhaltend. Freundinnen halfen einander natürlich, damit es nicht zu einem schweißtreibenden Balanceakt geriet, aber es blieb trotzdem entwürdigend, auch wenn es zum Lachen verleitete. Türen mit einem Kleiderhaken hätten alles erleichtert. Aber die Uni hatte ja kein Geld, weder dafür noch für die Reparatur der zerbrochenen Fensterscheiben und lädierten Sessel in den Seminarräumen.

Studentinnen kamen herein, sahen die Österreicherin und blieben sofort beim Spiegel stehen, wollten ihr wenigstens etwas Raum verschaffen. Asfaneh und Golshan, die damit gerechnet hatten, schoben die Kommilitoninnen unauffällig beiseite, schufen Platz für das, was kommen sollte. Die Büchertasche blieb wie ausgemacht auf dem Rücken der Lehrerin, die verbotene Lyrik sollte sich bei einer eventuellen Kontrolle, falls irgendetwas schief ging, bei keiner Studentin wiederfinden.

Asfaneh hörte Stoffrascheln, vermutlich richtete sich die Österreicherin gerade her, hob den Mantel, schob den Saum zwischen die Zähne, rückte das dünne Baumwollkleid über den Hüften zurecht, klemmte den Slip in den Kniekehlen fest. Kein Mann musste unter solchen Umständen pinkeln! Asfaneh verwickelte die nicht Eingeweihten in ein Gespräch, überspielte die Peinlichkeit der Situation.

Draußen vor dem Eingang wogte das Stimmenmeer Hunderter Menschen, drinnen wurde Asfaneh langsam kribbelig, als plötzlich die Tür gegen die Mauer donnerte, Nouri hereinraste, an den schwarzen Mantelsäulen vorbei ums Eck, vorbei an der besetzten Toilette, in die letzte Nische hinein. Hinter ihr bremste Habib ab. Frauenbereich! Aber da tauchten Golshans Brüder Emad und Heydar auf, rempelten ihn an, und die nächsten Mädchen stießen Habib hinein, an den kreischenden Studentinnen vor dem Spiegel vorbei. Asfaneh sah, dass Habib überall sein wollte, nur nicht hier, aber er kam nicht mehr hinaus, wurde noch weiter gedrängt, stolperte – und blieb perplex vor der zweiten offenen Nische stehen.

Die Augen fielen ihm fast heraus, sein Kinn klappte herunter, die Österreicherin brüllte, zog den Slip hoch (nicht zu schnell), Asfaneh tauchte neben Habib auf. Sie würde später bezeugen können, dass er seiner Lehrerin auf den nackten Leib geglotzt hatte. Einer fremden, älteren Frau, einem Gast der Universität! Was für ein Eklat!

Schreien nun rundherum. Die Menschentraube vor dem Klo wurde immer größer, nun kamen Professoren, ein Putzmann, schon lief einer der unauffälligen Männer, deren Aufgabenbereich nicht viel mit Wissensvermittlung zu tun hatte, die Treppe herunter und teilte mit durchdringendem Befehl die Menge. Vor der Tür blieb er stehen, bellte hinein, wurde von der resoluten Dr. Fard beiseite geschoben, die die Studentinnen hinaus befahl. Asfaneh und Golshan machten auch Platz, ließen sich jedoch nicht vertreiben. Wie wunderbar hatte alles geklappt! Kein Fehler bisher! Dr. Fard ging ums Eck, wo Habib, ein Klotz mit tiefrotem Gesicht, nun auf eine Kachelwand starrte. Sie blickte an ihm vorbei. Die Österreicherin hatte in der Zwischenzeit ihr Gewand einigermaßen geordnet, das Kopftuch war verrutscht, zeigte verschwitztes blondes Haar, sie zischte etwas, das niemand verstand.

Dr. Fard stellte sich vor sie, ihr Gesicht mühsam beherrscht, die Stimme aber, mit der sie befahl, den Mann zu entfernen, verriet Asfaneh eine Mischung aus Wut und Scham.

Habib wurde abgeführt, von Schmährufen begleitet, und sofort ins Büro des Dekans gebracht.

»Er ist offensichtlich etwas schwierig«, sagte die Österreicherin laut genug, diesmal auf Englisch, sodass sie fast alle verstanden sodass alle Deutschstudenten sie hören konnten, »und ich denke, Türen wären wirklich angebracht.« Dann verließ sie hinter Dr. Fard die Toiletten, bewegte sich mit vorbildlich gesenktem Blick durch das leiser werdende Rufen, das plötzliche Schweigen mit gesenktem Kopf, ignorierte ihre Schüler und ging in das Büro des Institutsvorstandes. Asfaneh unterdrückte ein Lächeln: Nun würde die Ausländerin aus ihrer Sicht berichten, die versammelten Professorinnen und Professoren würden sich winden vor Scham. Welch Gesichtsverlust! Es war klar, dass der Dekan sich entschuldigen würde, dass es allen Beteiligten ungemein peinlich war, dass sie so schnell wie möglich zum normalen Lehrbetrieb zurückfinden mussten.

Asfaneh sah ihr nach, drehte sich dann um und holte lächelnd mit Golshan die immer noch in der letzten Nische kauernde Nouri ab. Es fiel nicht auf.

»Ein wenig Vorsicht reicht in den nächsten Tagen«, meinte sie, die Befragungen würden genug Staub aufwirbeln. Habib war weg, das war klar wie Brunnenwasser. Woanders würde er sicher wieder bald Kummer verbreiten, Jammer verursachen, Böses säen, aber nicht mehr hier!

Fröhlich klatschte sie mit der flachen Hand gegen eine Kachel. Die Österreicherin hatte sich eine richtige Party verdient, gemeinsam mit der sanften Nouri. Courage, Verbundenheit, weibliche List. Und dumme Verbote, die man zu nutzen wissen musste.

Was für ein feines Klo sie doch hatten!

der totale überblick

Diesmal habe ich Garnschröder am Sack. Von hier oben habe ich den totalen Überblick, da entgeht mir nichts. Okay, es riecht ziemlich streng, aber das war ja nicht anders zu erwarten. Von hier aus sind es nur ein paar Schritte bis zur Scheune und knapp fünfzig Meter bis zum Haus, ich sitze ihm gewissermaßen direkt vor der Nase, aber trotzdem nimmt er keine Notiz von meinem Versteck. Es liegt ein wenig erhöht, direkt am Rand des Feldes. Das Herzhäuschen wird schon lange nicht mehr genutzt, denn seit 1978 hat der Hof einen Kanalanschluss mit allem Drum und Dran. Und eine Dusche gibt es auch. Im ersten Stock, zwischen Eltern- und Kinderschlafzimmer. Resedagrün war damals modern. Sieht wahrscheinlich immer noch gut aus.

Seit anderthalb Jahren wohnt Garnschröder jetzt auf dem Hof. Er hat ihn gekauft und meint seither, tun und lassen zu können, was er will, nur weil er Geld hat. Man kann ihm doch nicht alles durchgehen lassen. Seine Mülltonne so an die Straße zu stellen, dass ich mit dem Auto erst ein Stückchen auf die Gegenfahrbahn rüber muss, um den Schlenker so hinzukriegen, dass ich in unsere kleine Garage reinkomme, muss so was sein? Gut, hat er nur einmal gemacht, da lag dann eben alles im Straßengraben. Nicht meine Schuld, oder?

Und dann sein Hund, eigentlich ein süßer, kleiner Kerl … Muss doch nicht in unserem Garten rumlaufen, oder? Tja, kann er jetzt nicht mehr. Sein neuer Hund übrigens auch nicht.

Den hat er nicht frei rumlaufen lassen, muss man schon sagen, aber mit einem Stückchen Wurst kriegt man ja jeden Hund gelockt, und da ist das lose Stück Zaun, das man nur zur Seite biegen muss …. Und dann war er auf meinem Grundstück. Wehret den Anfängen, hat mein Onkel Gustav immer gesagt. Wenn so ein Tier das erstmal raushat, dann streunt das auf einmal jeden Tag bei mir rum. Na ja, hat sich, wie gesagt, erledigt. Ist ja auch eine stark befahrene Straße, hier bei uns.

Mann, es stinkt ja doch ganz schön hier drin. Diese Fliegen … Ich kann von Glück sagen, dass es nicht wärmer ist, dann würde es hier aber ganz schön dampfen. Ob er das Häuschen doch ab und zu noch benutzt? Zuzutrauen wär's dem Kerl ja. Wie dem überhaupt alles zuzutrauen ist, wenn Sie mich fragen.

Ich sehe die gesamte Rückfront. Irgendwo da drin ist er, und er ist nicht allein, und das ist sein großer Fehler. Eine Frau aus unserem Dorf. Großer Fehler, Herr Garnschröder! Wo werden die wohl zusammen rumhängen, er und diese Frau? Im Elternschlafzimmer? Im Kinderzimmer, in dem jetzt das kleine Büro eingerichtet ist? Ich versuche, mir in Gedanken die Räume vorzustellen. Dort kenne ich jeden Winkel, denn dort bin ich aufgewachsen. Und auch wenn meine Frau Cornelia und ich den Hof vor zwei Jahren zum Verkauf haben anbieten müssen, bleibt er doch immer noch unser Zuhause. Und Garnschröder, dieser aufgeblasene Städter, der jetzt auf Landwirt macht, ist hier nur zu Gast. So sehe ich das jedenfalls, auch wenn meine Cornelia sagt, ich hätte den Überblick verloren.

Diesmal würge ich ihm richtig einen rein. Diesmal läuft er mir direkt vor die Flinte. Also, im übertragenen Sinne. Ich bin ja nicht gewalttätig, nein, da habe ich andere Methoden. Da hat er eben mal wochenlang keine Post im Briefkasten. Sehr interessant, was man da alles zu lesen kriegt. Oder seine Satellitenschüssel ist vom Vordach gefallen. Na und? Könnte doch der Sturm gewesen sein! Natürlich hat er auch schon Verdacht geschöpft. Seit der durchgeschnittenen Telefonleitung, genauer gesagt. Aber ich habe ihm damals ganz freundlich erklärt, dass ich nichts damit zu tun habe. Wir seien Nachbarn, und da müsse man doch freundlich zueinander sein. Ich wohne mit meiner Frau Cornelia in dem kleinen Häuschen gleich neben ihm, bei der Bushaltestelle, und er hat sich auf dem großen Bauernhof breit gemacht, der bis vor zwei Jahren mir gehört hat.

Freundlich, immer schön freundlich. Ich lasse mich doch von so einem nicht provozieren!

Als er dann irgendwann aus dem Urlaub zurückgekommen ist und festgestellt hat, dass der Gartenschlauch anderthalb Wochen munter vor sich hin gesprudelt hatte, hat er mich schon gar nicht mehr darauf angesprochen. Auch nicht, als ich vier Tage lang munter Altreifen hinterm Haus verbrannt habe, als der Wind besonders günstig stand. Also günstig für mich … ungünstig für ihn. Ich glaube, er meidet den Kontakt. Ich bitte Sie, nennen Sie das Nachbarschaft?

Jetzt entdecke ich ein kleines Bündel Zeitungspapier, das an einer alten, brüchigen Kordel an einem Nagel baumelt. Zum Abwischen. 1978! Na, was habe ich gesagt! Hier drin habe ich manchmal heimlich geraucht. Jetzt würde ich auch gern eine paffen, aber da würde er gleich auf mich aufmerksam werden, wenn Qualm aus dem Herzhäuschen aufsteigt. Heute darf ich auf keinen Fall entdeckt werden, denn heute fliegt er auf. Ich wende nervös den Fotoapparat in meinen Händen. Ich bin kein Meisterfotograf, aber dafür wird's schon reichen.

Kürzlich habe ich ihn in der Stadt gesehen. Mit Marianne, der Frau vom Ortsbürgermeister. Marianne! Hätten Sie das gedacht? Dass die auf so einen Schnösel steht? Der Alois ist doch so ein Bild von einem Mann! Sah ganz unverfänglich aus, wie sie da plauderten, aber ich ahne schon seit einiger Zeit, dass Garnschröder hin und wieder Frauenbesuch bekommt. Letztens hat er Blumen mit nach Hause gebracht. Rote Rosen. Für wen? Für sich? Für das Karnickel im Stall hinter der Scheune? Wohl kaum, das ist ja ausgebüxt. Hat übrigens gut geschmeckt.

Wenn das wirklich die Frau von Metzlers Alois ist, dann kann er einpacken! Heute werde ich ihn erwischen!

Was sucht einer wie der überhaupt hier auf dem Dorf? Das muss er doch selber einsehen, dass er hier nicht hingehört. Er macht zwar einen auf Kumpel, hat mir in der Kneipe im Nachbardorf schon mal einen ausgegeben, aber nachdem die Bullen zweimal einen Tipp bekommen haben, dass er mit ein paar Promille unterwegs war, und ihn hopsgenommen haben, sieht man ihn da auch nicht mehr. Mit den Bullen hat man ja nicht so gern zu tun. Ich auch nicht, und deshalb habe ich die auch gar nicht erst gerufen, als vor vier Monaten während seiner Abwesenheit die Einbrecher bei ihm waren. Ich habe mir ein paar Erdnüsse geholt und zugeguckt, wie die Taschenlampen durch das Wohnhaus geflackert sind. Meine Frau Cornelia hat zwar gemault, ich solle wieder ins Bett kommen, aber die versteht das sowieso alles nicht.

Bah, diese Fliegen! Irgendwo müssen hier noch meine Initialen eingeritzt sein. Irgendwo hier unten … Ah, da sind sie ja! Kann man immer noch gut lesen. Eigentlich müsste ich ja mal dringend, aber ich traue mich nicht, den Deckel vom Loch zu nehmen. Stinkt dann bestimmt noch viel schlimmer hier drin. Außerdem muss ich aufpassen. So eine Chance kriege ich nämlich so schnell nicht wieder. Ich habe vorhin unterdrückte Lustschreie gehört, als ich nach dem Mittagessen mal wieder meinen Kontrollgang am Gartenzaun gemacht habe, und das war auf keinen Fall seine Katze, die da schrie, denn die ist im Kofferraum eines Polen, der gegenüber im Laden Zigaretten gekauft hat, wahrscheinlich Richtung Warschau unterwegs. Wenn es mir gelingt, ihm das mit der Frau unseres Dorfchefs zu beweisen, dann aber gute Nacht, Herr Garnschröder!

Das ist jetzt was anderes als angebohrte Autoreifen, als Pizzas, Taxis und Schlüsseldienste, die man nicht bestellt hat, das bricht ihm das Genick, garantiert.

Da kommt er! Er verlässt das Haus durch die Küchentür, ruft etwas. Ha, er ist nicht allein, genau wie ich es geahnt habe! Was er ruft, kann ich leider nicht verstehen. Irgendetwas Liebevolles. Er schlüpft in seine Gummistiefel. Vermutlich will er zurück zur Arbeit. Seit Tagen ist er mit dem Mähdrescher unterwegs, der Möchtegern-Agrarökonom. Mit meinem Mähdrescher!

Jetzt sehe ich etwas hinterm Schlafzimmerfenster. Eine Frau. Ich hab's doch gesagt! Hab ich's nicht gesagt? Das Fenster wird aufgestoßen, ich sehe einen blanken Busen, eine zärtlich winkende Hand, und mir entfährt ein Schrei. Cornelia! Die ist doch beim Treffen der Landfrauen …

Beide recken gleichzeitig die Köpfe in meine Richtung. Cornelia! Und Garnschröder! Ich habe zu laut geschrien, natürlich. Ich fasse es nicht! Cornelia … Cornelia … Und jetzt brüllt Garnschröder auf wie ein Tier. Er tobt. Moment mal! Ich bin es doch, der jetzt toben müsste! Er kommt auf mein Versteckt zugerannt, er flucht, er reißt und rüttelt an der Tür, aber ich habe sie verriegelt, packe ängstlich den Metallgriff.

Garnschröder ist zwei Köpfe größer als ich. Typisch, sich an Kleineren und Schwächeren zu vergreifen! Seine Faust fährt durch das Herzchen-Loch in der Tür, und seine Finger greifen ins Leere.

»Komm raus!«, brüllt Garnschröder. »Du kleines Frettchen, jetzt ist endgültig Schluss! Jetzt hast du den Bogen überspannt!«

Was habe ich ihm denn getan? Was habe ich ihm getan, dass er mir den Hof nimmt und dann auch noch die Frau?

»Was hab ich Ihnen getan?«, rufe ich.

Da hört plötzlich das Rütteln auf, und seine Schritte entfernen sich.

Was tut er?

Ein Geräusch ertönt. Ein schwerer, lauter Motor wird angeworfen. Der Mähdrescher, mein Gott, *mein* Mähdrescher. Er dreht den Motor auf Hochtouren, lässt ihn drohend aufbrüllen. Ich kann durch die Herzöffnung nur meine Frau sehen, die sich inzwischen etwas übergeworfen hat und aus der Küchentür herausstürmt. Sie schreit mit schriller Stimme etwas Unverständliches, und irgendwann bleibt sie schreckensstarr mitten auf der gepflasterten Fläche stehen und glotzt mit offenem Mund und weit aufgerissenen Augen zu meinem Herzhäuschen herüber.

Ich versuche, die Tür aufzustoßen, aber Garnschröder hat sie anscheinend von außen blockiert, hat irgendetwas unter den Griff geklemmt. Ich werfe mich gegen das Holz, aber es ist zwecklos. Und das malmende und röhrende Geräusch rechts von mir wird lauter, ohrenbetäubend laut, wälzt sich dröhnend auf mich zu, wie ein gigantisches Gewitter, wie eine nicht enden wollende Explosion. Das Letzte, was ich sehe, sind Cornelias geweitete Augen. Sie hat recht, irgendwann habe ich den Überblick verloren.

tod eines möchtegerndichters

Ich schreibe keine Scheißhausliteratur!«
Marthe hatte die Stimme noch im Ohr. Den schnarrenden
Tonfall. Und den Wiener Akzent, der jedes »ei« künstlich in
die Länge zog, so dass die Sätze noch arroganter klangen. Sie
sah Franz-Josef Voitenleitner vor sich, wie er das Publikum
angeblafft hatte. Und dann hatte er sie und die sympathische
junge Krimikollegin, ebenfalls Österreicherin, ins Auge
gefasst, mit einem Blick, zu dem nur noch das Monokel fehlte, um die Karikatur perfekt zu machen. »Meine Gedichte
können'S nicht vor dem Einschlafen lesen, auf der Bettkant'n,
oder dem Scheißhäuserl. Das sind keine trivialen Kriminalromane von und für Frau Gschisti-Boahavacek, bitte schön, das
ist Lyrik – für g'scheitere Leut.«

Es war deutlich, dass er sie und speziell die hübsche Kollegin hatte fertig machen wollen, und leider war die junge Frau
auf Voitenleitners Tour hereingefallen und so dumm gewesen, im Anschluss an die gemeinsame Lesung im Wiesbadener Literaturhaus – zwei Krimidamen, ein Lyriker – zwei
Exemplare seines im Selbstverlag publizierten Gedichtbänd-
leins zu erwerben, eines für Marthe und eines für sich selbst,
und den Kerl auch noch um eine Signatur zu bitten. *Krimi
meets Poetry*, an sich ein schönes Konzept für eine genreüber-
greifende Literaturveranstaltung – wenn nur der dritte im
Bunde nicht so ein unflätiges Arschloch gewesen wäre!
Natürlich habe man den richtigen Franz-Josef Voitenleitner
einladen wollen, hatte die Leiterin des Literaturhauses Mar-

the beim Umtrunk nach der Lesung zugeraunt. Nur leider habe die Praktikantin statt des populären Slammers versehentlich diesen unbekannten Möchtegerndichter gleichen Namens aus dem Wiener Telefonbuch gefischt – die Berufsbezeichnung »Dichter« habe sogar hinter seinem Namen gestanden. Als sich der Irrtum herausstellte, habe man ihn schlecht wieder ausladen können. Das sei leider recht dumm gelaufen.

Beim bloßen Gedanken an den »falschen« Voitenleitner spürte Marthe noch jetzt, am Vormittag nach der Lesung, wie sich alles in ihr verkrampfte. Nicht genug damit, dass dieser Scheißkerl ihr und der Kollegin den Auftritt versaut hatte – nun verdarb ihr die Erinnerung an sein selbstzufriedenes Grinsen auch noch den Stadtrundgang. Sie hatte seine Visage auf dem Grund ihres Weinglases gesehen, als sie auf dem Wochenmarkt ein Gläschen des neuen Federweißen probiert hatte, sein Gesicht hatte sich auf Dostojewskis Züge gelegt, vor dessen Büste sie am Nizzaplätzchen innegehalten hatte, und sogar aus dem Auge Gottes hatte Voitenleitner soeben von der Kuppel der russisch-orthodoxen Kirche spöttisch auf sie herabgelächelt. Auf Schritt und Tritt musste sie an ihn denken – und sich grämen, weil ihr erst jetzt mögliche Antworten einfielen, mit denen sie diesem unangenehmen Zeitgenossen hätte Paroli bieten können. Gestern Abend hatte ihr die nötige Schlagfertigkeit leider gefehlt.

Wieder zogen sich ihre Eingeweide zusammen. Sie schnappte nach Luft. War es vielleicht gar nicht Franz-Josef Voitenleitner, der ihr auf den Magen geschlagen war? Hatte sie ganz einfach nur dem Federweißen zu früh am Tag zugesprochen – und zu viel Zwiebelkuchen genossen?

Plötzlich ging alles ganz schnell, musste schnell gehen, zum Nachdenken blieb keine Zeit. Ehe Marthe es sich versah, hockte sie unter einem verwilderten Oleanderbusch, zum

Weg hin zusätzlich abgeschirmt durch einen verwitterten Grabstein, der als Sockel für ein überdimensioniertes orthodoxes Kreuz fungierte. Nur gut, dass es ein trüber Oktobertag war, die Bäume noch nicht entlaubt, und dass außer ihr gerade niemand, so schien es, den russischen Friedhof besuchte. Für Pietät und Scham war jetzt nicht der Moment, und genau das würde sie auch dem Richter sagen, so sie sich denn je vor dem Kadi würde rechtfertigen müssen: Manchmal mussten die Bedürfnisse – nein, die Not! – der Lebenden höher veranschlagt werden als die Ruhe der Toten.

Anna Merderowa hatte die Frau, auf deren Grab sie hockte, geheißen, wenn sie die Überreste der kyrillischen Inschrift auf dem Grabstein richtig entzifferte. 1876 war die Gute gestorben. Marthe schaute sich vorsichtig um. Gab es hier wilde Tiere? Gemeine Totengräberkäfer, bissige Ratten, giftige Klapperschlangen …? Schräg über ihr ragte das Kreuz mit seinen zwei Querbalken in den Himmel empor. Soviel sie wusste, zeigte der untere Balken auf der einen Seite nach oben – zur Erinnerung an den Schächer, der seine Taten bereute und »noch heute« ins Paradies kommen würde. Das andere Ende wies nach unten, in Richtung Hölle, zur mahnenden Erinnerung an den, der Jesus verspottet hatte.

Schächer … Schächer … Was war eigentlich ein Schächer? Seltsam, da benutzte man ein Wort seit Jahren – und kannte es eigentlich nicht. Das wäre einmal ein Anlass, um Gedichte zu schreiben … Das Kreuz stand extrem schief auf dem ebenfalls schiefen Grabstein, drohte jeden Moment herunterzufallen. Ob in Hessen gar nicht die gute alte Grabsteinrüttelpflicht galt, so wie in anderen Bundesländern, nach der alle Grabsteine einmal im Jahr auf ihre Standfestigkeit hin überprüft werden mussten? Oder handelte es sich hier vielleicht um exterritoriales Gelände? Der orthodoxe Friedhof hatte zunächst auf herzoglich-nassauischem Boden gelegen, war 1864 dann aber in den Besitz der Russischen Kirche übergegangen – sie hatte doch wirklich gut aufgepasst vorhin bei der Führung. Blieb zu hoffen, dass das Kreuz wenigstens noch so lange hielt, bis sie ihr Geschäft erledigt hatte. Ein wahres Totschlagsinstrument – vielleicht könnte sie so etwas einmal in einer Kurzgeschichte verwenden?

Doch war jetzt nicht der Moment, neue Ideen zu spinnen. Oh Gott – nie wieder Zwiebelkuchen! Und nie wieder diesen süffigen Federweißen, der nicht nur eine derart durchschlagende Wirkung hatte, sondern zu allem Überfluss auch noch üble Kopfschmerzen erzeugte. Und offenbar auch Visionen. Dort drüben wankte doch nicht wirklich eine Art Monster den Weg entlang, in der rechten Hand eine Pistole und unter den linken Arm ein zappelndes Bündel geklemmt? Das Wesen war unnatürlich groß und trug ein altertümliches schwarzes Gewand, eine Art Mönchskutte mit einer Kapuze, die es tief über Stirn und Augen gezogen hatte. Wie der leibhaftige Tod sah die Gestalt aus, ein moderner Tod freilich, der statt der traditionellen Sense immerhin zu einer Feuerwaffe gegriffen hatte.

Was aber hatte er mit dem Menschlein vor, das er unter dem Arm trug? Er wollte den armen Wicht doch nicht etwa erschießen? Vorsichtig spähte Marthe durch das Buschwerk, verzweifelt bemüht, keinen Laut von sich zu geben. Beim genaueren Hinsehen erkannte sie, dass das bedauernswerte Etwas, dessen letztes Stündlein nun offensichtlich geschlagen hatte – es war doch ein Mann und nicht nur ein leerer Sack, der im Wind flatterte? –, kein anderer als Franz-Josef Voitenleitner war. Nicht der echte Franz-Josef Voitenleitner natürlich, sondern sein kleines Abziehbild mit den anderthalb Publikationen. Na denn!

Sie zog sein Gedichtbändchen aus der Manteltasche, blätterte kurz darin, schlug die Widmung auf. *Für Elfi – geh scheißen!* Offenbar hatten die Kollegin und sie ihre Exemplare vertauscht. Darauf konnte sie jetzt allerdings keine Rücksicht nehmen – und sicher hatte der Typ auch für sie keine freundlicheren Worte gefunden. Sie riss eine Seite heraus – *Powidltatschkerln im Mai* war das Poem überschrieben – und führte es seiner bestimmungsgemäßen Verwendung zu. *G'hupft wie g'hatscht* – ebenfalls in den Orkus damit! Und mit *Fünf Kniebeugen an Mozarts Grab* desgleichen.

Halt!

Sie war doch noch nicht fertig. Die drei hochliterarischen Ergüsse – voreilig, vergeblich geopfert auf diesem profanen Altar …

Aber jetzt, endlich! *Lavendelschmäh für Elise* – ein schöner Titel, der allerdings mehr versprach, als der nachfolgende Vers halten konnte. Schnell das Blatt herausgerissen. Zugegeben, es gab zu viel gotterbärmlich schlechte Kriminalliteratur. Aber der Beweis dafür, dass ein schlechtes Gedicht per se besser sein sollte als ein »schiacher Krimi«, wie Voitenleitner sich ausgedrückt hatte, wäre erst noch zu führen.

»Urinpoesie …« Stammte die Bezeichnung von Heinrich Heine? Ja, genau: *Spülicht in Strophen … Jeder Vers ein Esel.* Warum war ihr dieses Bonmot nur gestern Abend nicht eingefallen? Herrje, was war das aber für ein billiges Papier, das man für Voitenleitners Büchlein verwendet hatte! Was immer man von seinen Gedichten halten mochte – selbst zum Arschabwischen taugten sie nur bedingt. Als Marthe sich erhob, hatte sie das Gefühl, als würden ihr noch ein paar überflüssige Buchstaben am Hintern kleben.

Mit den restlichen Seiten deckte sie das Corpus delicti notdürftig zu. Vom Buchdeckel grinste Voitenleitner sie an. Der

Mann mochte zwar recht haben mit seiner Behauptung, dass er keine Scheißhausliteratur schrieb. Wenn man aber das kleine »s« durch drei andere, nicht minder zierliche Buchstaben ersetzte, ein »f«, ein »e« und ein »n«, so kam man der Wahrheit schon näher. Sollte sie Voitenleitner je wiedersehen, würde sie ihm das sagen.

Am anderen Ende des Friedhofs krachte ein Schuss. Ein Schwarm schwarzer Vögel stob auf. Noch ein Schuss. Eine Nebelkrähe fiel im Sturzflug zu Boden. Erleichtert trat Marthe den Rückzug an, wenn auch mit weichen Knien.

das brautkleid

Ariane Mommsen, geborene Kornitzke steht vor dem Spiegel der Damentoilette und wischt mit dem Puderschwämmchen über ihre Nase. Die Wimperntusche ist zerlaufen, sie sieht aus wie ein Zombie. Kein Wunder, der Saal kocht. Gerade führen die Gymnastik-Damen auf der Saalbühne des Goldenen Hirschen den Bananentanz vor. Vorhin haben Ariane und Lorenz die Hochzeitstorte mit dem Plastikpärchen obendrauf angeschnitten, seither picheln die Damen Sekt und Likörchen, die Männer haben den ersten Klaren schon mittags gekippt, dem Spanferkel hinterher.

Ihre Hochzeit. Es fühlt sich immer noch an wie etwas Fremdes, das gar nicht ihr passiert, sondern bloß einem Abbild von ihr. Aber da hilft alles nichts: Sie, Ariane, ist heute die Braut.

Wer hätte das gedacht, vor gut einem Jahr, als Lorenz Mommsen sie beim Osterfeuer hinter den Getränkewagen der Landjugend gezerrt und ihr zwischen den Bierkisten die Zunge in den Hals gesteckt hatte? Nach Zwiebel und Schnaps hatte er gerochen, das weiß sie noch, obwohl auch sie zu dem Zeitpunkt schon nicht mehr ganz nüchtern gewesen war. Wenige Wochen darauf, beim Maisingen, hatte Lorenz ihr zugewunken und war sogar ein bisschen rot dabei geworden. Und dann, beim Erdbeerfest, hatte er ihr einen Antrag gemacht. Sogar mit Ring, Weißgold. Ihre Verlobung war in beiden Dörfern wochenlang *das* Thema der Klatschmäuler gewesen. Gerade vorhin, als sie heimlich hinter den Glascontainern eine geraucht hat, hat Ariane gehört, wie sich die Frau des Metzgers mit einer Bäuerin aus dem Dorf unterhalten hat: »*Ach, irgendwie sind doch alle Bräute ganz hübsch – sogar die Ariane.*«

»*Hübsch muss eine Bäuerin nicht sein. Arbeiten muss sie können.*«

»*Das Land, das ist es. Deswegen hat der alte Mommsen der Sache gehörig nachgeholfen, wetten?*«

»*Der Teufel scheißt immer auf den größten Haufen.*«

Ja, zugegeben, es ist keine Liebesheirat. Den Mommsens gehört die größte Schweinezucht im Umkreis, und Arianes Eltern sind Getreidebauern und bewirtschaften einen ansehnlichen Hof in der Nachbargemeinde. Es ist ihr egal. Sie liebt Lorenz ohnehin nicht, sie liebt nur einen: Robert Pettinson. Was natürlich Blödsinn ist, völlig aussichtslos, das weiß sie genau – und doch ist es so. Und davon abgesehen: Heiraten, das wollte sie schon immer. Einmal der Mittelpunkt sein, die Braut.

Sie denkt an ihr Zimmer, in dem sie heute früh mit Hilfe ihrer Mutter und ihrer Tante das Brautkleid angezogen hat. Es ist tief ausgeschnitten, dennoch gibt es nicht viel zu sehen; es hilft auch kein Push-up, wo es nichts zu pushen gibt. Aber unterhalb der Taille gewinnt sie durch das Kleid endlich einmal an Umfang, denn über den Reifrock breiten sich mehrere Lagen Stoff: Rüschen, Spitzen, Seide – ein Traum.

Die Poster von Robert Pettinson müssen leider in ihrem Mädchenzimmer bleiben, denn es würde Lorenz bestimmt nicht gefallen, wenn der attraktive Vampir aus der *Twilight*-Saga die Wände ihres ehelichen Schlafzimmers zieren würde. Aber vielleicht könnte sie ja eines der Bilder an den neuen amerikanischen Kühlschrank pinnen, der auch Eiswürfel machen kann. Eiswürfel, die wären jetzt gefragt, bei diesen Temperaturen. Hinter Ariane rauscht eine Toilettenspülung und eine Tür geht auf.

»Hi, Ariane, hier bist du. Wolltest du dir auch den Auftritt der Hupfdohlen ersparen?«

Ariane nickt Katrin Klausen im Spiegel zu. Katrin trägt Jeans und eine blaue Leinenbluse. *So geht die zu einer Hochzeit,* werden die anderen Gäste hinterher tuscheln. Sie haben ja immer was zu tuscheln.

Katrin legt Ariane kurz die Hand auf die Stelle, wo sich der Träger des bräutlichen BHs über ihre knochige Schulter spannt. Katrins Hand ist warm, trocken und ein wenig rau. »Alles Gute zur Hochzeit, Ariane!«

»Danke, dass du gekommen bist«, sagt Ariane verlegen.

Katrin wäscht sich die Hände mit den vielen Ringen und fährt mit einem Kajalstift um ihre Perlmuttaugen. Mit einem Kamm, den sie aus der hinteren Tasche ihrer Jeans zieht, streicht sie durch ihr honigfarbenes Haar, das ihr herzförmiges Gesicht in sanften Wellen umspielt. Alles an ihr ist weich und harmonisch.

Arianes Augen sind zwei kleine, tief in den Höhlen liegende Schlitze, ein Eindruck, der durch die hohen Wangenknochen und die lange, hakenförmig gebogene Nase noch verstärkt wird. Und wenn sie lächelt, so wie jetzt, sind ihre schmalen Lippen kaum noch zu sehen. Alles an ihr ist irgendwie zu dünn und zu lang: Beine, Arme, Finger, Hals – und auch sie selbst. Ihre Bewegungen wirken ungelenk und hektisch, und mit eins sechsundachtzig überragt sie die meisten Männer, auch ihren Bräutigam. Zur Feier des Tages hat sie ihre mausbraunen Flusen in Löckchen legen lassen, die sich nun unter dem Schleier herausgewunden haben und an ihren bleichen Wangen kleben. Da hilft weder Rouge noch Puder und auch kein Solarium: Ihr Gesicht sieht immer durchscheinend blass aus, als wäre sie gerade einem Sarg entstiegen. Schon seit ihrer Kindheit ist das so. *Bohnenstange* nannten sie sie im Kindergarten, oder *Heuschrecke*. Später dann *Frankensteins Braut, Zombie, Spiderwoman*.

Katrin anzusehen ist dagegen so, als würde man eine geschmeidige Katze betrachten. Nun zwinkert sie Ariane im Spiegel verschwörerisch zu – als wären sie Freundinnen. Das tut gut. Ariane hätte gerne eine Freundin wie Katrin, es würde ihr nichts ausmachen, der hässlichere Teil des Duos zu sein. Es ist ihr auch egal, dass man im Dorf behauptet, Katrin sei verrückt und außerdem eine Schlampe. Warum eigentlich? Weil sie mit dreißig anstatt eines Eherings lieber einen Ring am Nasenflügel trägt? Oder weil Lorenz Mommsen, Arianes Bräutigam, mal was mit Katrin Klausen hatte? Richtig verliebt soll der Dorfcasanova angeblich in sie gewesen sein. Aber Katrin hat ihn nur wie ein Spielzeug benutzt, ein Spielzeug, das ihr rasch langweilig geworden ist. Ihre Abfuhr soll ihn seinerzeit schwer getroffen haben.

Durch das Fenster der Toilette, das von Spinnweben überzogen ist und auf den Hof weist, dringen Geschirrgeklapper, das hektische Gezänk des Küchenpersonals, der Geruch von Marihuana und die Stimmen dreier junger Männer: »*Dass es den Lorenz jetzt so schnell erwischt, das hätte ich nicht gedacht.*«

»*Ey, wirklich, dem graust vor gar nichts.*«

»*Und es steht schon in der Bibel: Es wird eine lange Dürre kommen!*« Gekicher.

»*Nee, nich für viel Geld würd ich's der besorgen wollen. Da holt man sich ja blaue Flecken!*«

»*Aber der Katrin schon, ja?*«

»*Die … die hatte ich doch längst schon in der Kiste.*«

»*Zwei Liter Herrenhäuser machen sogar eine Heuschrecke schön. Prost, auf Lorenz!*«

Bierkrüge klirren aneinander.

»*Ich sag nur: Fahne drüber und für Deutschland!*«

Katrin und Ariane sehen sich an.

»Scher dich nicht um diese Arschlöcher«, sagt Katrin laut zum Fenster hinaus, und dann drückt sie Ariane an sich und reibt ihr dabei tröstend über die hervorstehenden Halswirbel. Für einen Moment liegt Katrins heiße Wange an Arianes Brust. Katrin ist ein gutes Stück kleiner als ihr Gegenüber.

Eigentlich kennen sie sich kaum. Katrin ist acht Jahre älter als Ariane, fast schon eine andere Generation.

»Ich muss mal.« Rasch verschwindet Ariane in der Kabine der Toilette.

»Soll ich dir beim Pinkeln helfen? Ich meine, mit dem Kleid?«

»Nein, nein, es geht schon«, versichert Ariane und rafft Lage um Lage ihres Kleides in die Höhe, aber selbst ihre langen Arme bekommen diesen Überfluss an Stoff nicht in den Griff. Sie hat Angst, sich das Kleid vollzupinkeln. Das fehlte noch, das wäre Gesprächsstoff für Monate – die bepisste Braut! Schließlich ruft Ariane doch nach Katrin.

Keine Antwort. Mist, sie ist schon weg. Oder doch nicht? Die Tür des Toilettenvorraumes geht mit einem Quietschen wieder auf, herein dringt ein Schwall abgestandener Luft und Gesang.

Lebt denn der alte Holzmichel noch, Holzmichel noch, Holzmichel noch …

»Hast du eben nach mir gerufen?«, fragt Katrin.

»Ja, ich … das Kleid … es geht doch nicht.«

Katrin schlüpft zu ihr in die Kabine. Sie lässt die Tür offen, so haben sie mehr Platz.

»Das ist nett von dir«, sagt Ariane und denkt: Vielleicht ist das der Anfang einer Freundschaft. Vielleicht mag mich Katrin. Man hilft doch niemandem beim Pinkeln, den man nicht mag, oder?

»Na, Mädels, was treibt ihr denn da?« Lorenz trägt ein weißes Kunstblumensträußchen am Revers und stiert die beiden aus glasigen Augen an.

»Was glaubst du wohl?«, zischt Katrin.

»Wird das 'ne Lesbennummer, oder was?« Seine Stimme klingt verwaschen, sein Atem riecht nach Nordhäuser.

»Blödmann. Deine Zukünftige muss mal pinkeln und ich helfe ihr mit dem Kleid.«

»Geh weg, das mach ich schon. Da muss der Meister persönlich ran.«

»Meinetwegen.« Katrin windet sich an ihm vorbei und verschwindet. Für Sekunden hört man wieder das Holzmichel-Getöse aus dem Saal.

Lorenz quetscht sich zu Ariane in die enge Kabine. Ihren Einwand, dies sei das Damenklo, da hätte er nichts zu suchen und überhaupt – wie würde das denn aussehen, wenn man ihn hier entdeckte, ignoriert er und schließt stattdessen die Tür. Beide ringen mit dem Volumen des Brautkleides. Arianes Schleier verrutscht bei dieser anstrengenden Aktion, ihr wird heiß, und auch Lorenz ächzt, aber das hat andere Gründe. Von einer Hochzeitsnacht im traditionellen Sinn scheint ihr Bräutigam nichts zu halten. Offenbar hat er vor, seine ehelichen Pflichten jetzt und hier zu erledigen, auf dem Damenklo des Goldenen Hirschen. Ariane ist das gleichgültig. Schon spürt sie die kalten Fliesen in ihrem Rücken und seine kleinen Wurstfinger, die sich in ihr Gesäß krallen. Wie eine seidige Würgeschlange legt sich der staubige Saum ihres Kleides um ihren Hals. Das rhythmische Grunzen ihres Bräutigams dicht an ihrem Ohr und seinen Alkoholatem in der Nase verfällt sie in Duldungsstarre und denkt an ihren schönen Vampir. Was für ein wunderbares Paar sie doch wären: der Vampir und seine Spinnenfrau. Und während der Adamsapfel ihres Angetrauten vor ihren Augen auf und ab zuckt und sein Schweiß von seinem geröteten Gesicht auf ihr Marmordekolleté tropft, lauscht sie den müden Witzen des Küchenpersonals hinter dem gekippten Fenster, durch das warme, stickige Sommerluft dringt, die einen Hauch von Raps und Schweinedung mit sich führt. Plötzlich wird Ariane unerträglich heiß. Eine Welle von Platzangst überrollt sie. Dieses verdammte Kleid! Überall ist nur noch Tüll und Seide, sie kann kaum noch atmen. Mit heftigen Bewegungen reißt sie sich den Schleier aus dem Haar und ringt das Kleid nieder, drängt es nach unten, nur weg von ihrem Gesicht, weg von ihrem Hals. Sie schnappt nach Luft. Ihren Bräutigam sieht sie jetzt nicht mehr, irgendwo zwischen Unterrock, Reifrock und Spitzenüberwurf ist er verschwunden, sie hört nur noch sein Röcheln und Keuchen. Es begleitet seine verkrampften Bemühungen, sie zu begatten, welche nun in einem hektischen Gestrampel ihren Höhepunkt finden. Fast unbemerkt entgleitet er ihrem Schoß, und dann es ist ruhig, bis auf das Summen einer Fliege vor dem Fenstergitter, die im Todeskampf in einem Spinnennetz zappelt. Endlich kann sie pinkeln. Es läuft und läuft, sie stöhnt auf, vor Erleichterung. O, Gott, tut das gut!

Als sie fertig ist, sagt sie unwirsch: »Lorenz, rück doch mal zur Seite oder mach die Tür auf.« Keine Reaktion. Ihr Ehemann klemmt zwischen der Kloschüssel und der Tür, eine massige Raupe, eingesponnen in einen weißen Seidenkokon.

Ariane beugt sich weit über ihn, ihre langen Finger bekommen die Klinke zu fassen, und sie stößt die Kabinentür auf. Endlich Luft! Sie atmet ein paar Mal tief aus und ein.

Ein paar angeheiterte Frauen betreten die Toilette, kichernd, giggelnd, dann, recht abrupt, ist es vorbei mit der Fröhlichkeit, und ein spitzer Schrei hallt von den weißen Kacheln wider: »Lorenz!«

Im Saal johlt derweil die Hochzeitsgesellschaft: *Jaah, er lebt noch, er lebt noch, er lebt noch …*

Allerdings ist das ist ein Irrtum – zumindest was Lorenz Mommsen angeht.

die autorinnen und autoren

Nessa Altura hat viele Storys für Anthologien, zwei Kurzprosabände und den Roman »Die 13. Klasse« veröffentlicht. Unter anderem gewann sie den Friedrich-Glauser-Kurzkrimipreis und den Kurzgeschichtenpreis von »Quo Vadis«, der Vereinigung deutschsprachiger Verfasser historischer Romane. Sie lebt in Süddeutschland und betreibt seit 2009 ein literarisches Blog mit Beobachtungen und Glossen zum Literaturmarkt: www.autorenexpress.de. Bibliographie, Presse, Vita und mehr: www.nessaaltura.de.

Mischa Bach handelt nach dem Motto »Besser gut erfunden als schlecht erinnert.« Entsprechend zieht sie es vor, Kurzkrimis, Erzählungen und Romane, Theaterstücke oder Drehbücher statt Autobiografien zu schreiben. Wenn sie nicht schreibt, malt sie. Oder sie unterrichtet, falls sie nicht gerade Gebärdensprache lernt. Es sei denn, sie treibt sich im Theater herum. Oder sie liest, gut und gerne auch vor. Manchmal übersetzt sie auch, hauptsächlich aber lebt sie. Wer unbedingt mehr wissen will, sich für ihre literarischen Verbrechen, Preise oder »Pissenden Punker« interessiert, kann im Internet nachschauen: http://mischabach.blogg.de

Richard Birkefeld, 1951 in Hannover geboren, ist Historiker und Politologe. Er veröffentlichte zahlreiche Texte zur Stadtgeschichte und über kulturelle Phänomene der Moderne. Gleich sein erster Roman (zusammen mit Göran Hachmeister) »Wer übrig bleibt, hat recht« wurde mit dem Deutschen Krimipreis und dem Friedrich-Glauser-Preis fürs beste Debüt 2003 ausgezeichnet. Birkefeld lebt heute als freier Autor in Hannover.

Ulrike Bliefert studierte Germanistik, Anglistik, Theaterwissenschaften/Schauspiel und arbeitet als TV- und Filmschauspielerin, Hörfunksprecherin und Theaterregisseurin. 2006 beendete sie ihre Tätigkeit als Drehbuchautorin und schreibt seitdem ausschließlich Prosa. www.ulrikebliefert.de

Michael Bohnert, Professor Dr. med., ist Vorstand des Instituts für Rechtsmedizin der Universität Würzburg. Geboren 1963 in Gernsbach im Nordschwarzwald, studierte er Medizin in Freiburg und war als Pathologe in Konstanz und als Rechtsmediziner in Bern und Freiburg tätig. Beruflich bedingt ist er ein notorischer Krimi-Hasser, der wider Erwarten viel Spaß beim Schreiben seiner Mördchen-fürs-Örtchen-Story hatte.

Petra Busch, Jahrgang 1967, freie Autorin, Texterin und Journalistin, vermutete schon im Pampersalter ein Verbrechen hinter kratzenden Windeln. Sie bereiste die Örtchen der Welt, ließ dabei manch Ballaststoff des Lebens hinter sich und erwarb nebenher drei Hochschulabschlüsse sowie einen Doktortitel. Dennoch fand sie nie heraus, weshalb Männer auf dem Lokus inbrünstig singen, während Frauen taktvoll schweigen; wieso die Menschheit sich in »Knüller« und »Falter« spaltet; und warum das Klopapier in Deutschlands Supermärkten immer dienstags knapp wird. Ihre Leidenschaft gehört dem Schreiben von Kriminalromanen (Verlag Droemer Knaur) und Kurzthrillern. www.petra-busch.de

Oliver Buslau hatte es schon immer eilig – auch mit dem Schreiben. Schon als Schüler verfasste er Zeitungsartikel. Parallel zu seinem Studium der Musikwissenschaft schrieb er Fachtexte über Musik und begann Ende der 90er mit dem Krimi-schreiben – was zu einem Ausstoß von sieben Fällen des Bergi-schen Privatdetektivs Remigius Rott, zu Musikthrillern wie »Die fünfte Passion« und »Das Gift der Engel«, aber auch des in Köln spielenden Fantasyromans »Der Vampir von Melaten« führte. Seit gut zehn Jahren regt Buslau auch andere Autoren dazu an, ihrer Inspiration freien Lauf zu lassen: 2000 gründete er die Zeitschrift »TextArt – Magazin für Kreatives Schreiben« für angehende Schriftsteller. www.oliverbuslau.de.

Carola Clasen schreibt seit 1998 Kriminalromane, die in der Eifel spielen. Zuletzt erschien 2009 ihr Roman »Spiel mir das Lied vom Wind«, im Frühjahr 2011 folgt »Tote gehen nicht den Eifelsteig«. Auch mit Kurzgeschichten und Lesungen hat sie sich einen Namen in der Region gemacht. Die »Queen of Eifel-Crime« ist Mitglied im *Syndikat* und lebt und arbeitet in Hürth.

Angela Eßer wurde in Krefeld geboren und studierte Theater-wissenschaft in München. Unter dem Titel »Mordshunger« gibt sie mörderische Kochseminare, in denen die Teilnehmer Ess- und Trinkvorlieben von berühmten Privatdetektiven und Kommissaren aus der Kriminalliteratur aufdecken. Sie ist Organisatorin von Krimifestivals, Autorin zahlreicher Kurz-krimis sowie Herausgeberin von Krimi-Anthologien. Gemeinsam mit Andreas Izquierdo und Sabina Naber vertritt sie als Sprecherin seit 2005 das *Syndikat*, die Autorengruppe deutschsprachiger Kriminalliteratur. www.angelaesser.de

Jürgen Ehlers, geboren 1948, arbeitet im Geologischen Lan-desamt Hamburg. Geowissenschaftler sind sehr friedliche Leute, auch wenn die Story um den heulenden Kojoten ande-res vermuten lässt: Von den dreißig Teilnehmern, mit denen er vor einigen Jahren in Wyoming und Idaho gewesen ist, sind alle heil zurückgekehrt. Seit 1992 schreibt Ehlers Kurzkrimis. Für seine Kriminalgeschichte »Weltspartag in Hamminkeln« erhielt er 2006 den Friedrich-Glauser-Preis in der Sparte Kurzkrimi. Kriminalromane: »Mitgegangen«, »Neben dem Gleis« und »Die Nacht von Barmbeck« (KBV). Im Frühjahr 2011 erschien sein Buch »Das Eiszeitalter« (Spektrum), in dem auch ein Bild des Baggers vom Yankee Fork zu finden ist. www.juergen-ehlers.com

Anke Gebert studierte Kunsterziehung und arbeitete mehrere Jahre als Pädagogin. In Hamburg absolvierte sie ein Film-Studium an der Master School – mit dem Schwerpunkt Drehbuch. Seit einigen Jahren ist sie freie Autorin von Romanen und erzählenden Sachbüchern und gibt Seminare für Kreatives Schreiben. Zu ihren bekanntesten Büchern zählen der Krimi »Das Treiben« (S. Fischer Verlage), die Biografie »Die Strafverteidigerin« (Kindler Verlag) und der Roman »Die Summe der Stunden« (S. Fischer Verlage). Anke Gebert lebt mit ihrer Familie in Hamburg. www.ankegebert.de

Nina George, Schriftstellerin und Reporterin, schreibt Krimis, Romane (zuletzt: »Die Mondspielerin«), Sachbücher. Sie arbeitet seit neunzehn Jahren für Frauen-, Fernseh- und Fachzeitschriften und war 2005–2010 Kolumnistin des Hamburger Abendblatts. Unter ihrem Pseudonym Anne West erschienen elf Sachbücher und ein erotischer Kurzgeschichtenband, unter Nina Kramer Sciencethriller. George lebt in Hamburg. www.ninageorge.de

Gunter Gerlach wurde in Leipzig geboren und lebt in Hamburg. Er hat zahlreiche Bücher veröffentlicht, zuletzt »Fried-

307

hof der Beziehungen« beim Ars Vivendi Verlag, Cadolzburg. Zu seinen vielen Auszeichnungen gehören: Deutscher Krimi Preis, Short-Story-Award, MDR-Literaturpreis, Friedrich-Glauser-Preis (Sparte Kurzkrimi). 2010 wurde ihm gemeinsam mit seiner Co-Autorin Urszula Michalowska der Astro-art-Literaturpreis auf der Sternwarte Bergedorf in Hamburg verliehen. www.gunter-gerlach.de

Peter Godazgar, Jahrgang 1967, ist in Hückelhoven (NRW) aufgewachsen. Er studierte Germanistik und Geschichte und besuchte die Henri-Nannen-Journalistenschule in Hamburg. 1997 schrieb er den Roman zu Til Schweigers Kinohit »Knockin' on heaven's door«. Derzeit arbeitet er als Redakteur der Mitteldeutschen Zeitung in Halle (Saale), wo auch sein tölpelhafter Privatermittler Markus Waldo durch seine Fälle stolpert – zuletzt »Unter schrägen Vögeln«. Auf Godazgars Klo liegt ein mysteriöserweise nie kleiner werdender Stapel mit Zeitungsartikeln, den der Autor dennoch stoisch abzuarbeiten versucht. www.peter-godazgar.de

Lisa Graf-Riemann ist Lektorin, Redakteurin und Autorin eines guten Dutzends Sprachkurse und Lernhilfen. 2011 erschien ihr »Fettnäpfchenführer Spanien« im Conbook-Verlag. Sie war als Dolmetscherin für die Bundespolizei am Flughafen München tätig und schreibt Kurzkrimis und Kriminalromane. Ihre Romane »Eine schöne Leich« und »Donaugrab« sind 2010 und 2011 bei Emons erschienen. Lisa Graf-Riemann lebt im Berchtesgadener Land, in Salzburg-Nähe. www.graf-riemann.de

Edwin Haberfellner, geboren 1957 in Steyr, Österreich, studierte nach seiner Tätigkeit im medizinischen Bereich Rechtswissenschaften und ist heute Marketing- und Informatikleiter in Linz. Er schreibt Wissenschafts- und Medizinthriller. Für seine Kurzgeschichte »Im Tod sind alle gleich« erhielt er 2009 den ersten deutschsprachigen Krimi-Hörbuch-Preis. www.edwin-haberfellner.com

Gisbert Haefs, geboren 1950 in Wachtendon, lebt und schreibt in Bonn; er ist als Übersetzer/Herausgeber zuständig u. a. für Jorge Luis Borges, Rudyard Kipling, Georges Brassens, als Autor haftbar für Erzählungen, Krimis *(Matzbach)* und historische Romane (»Hannibal«, »Alexander«, »Die Rache des Kaisers«, zuletzt »Die Mörder von Karthago«).

Karola Hagemann, Dr. phil., wurde zunächst mit der *Silvanus*-Tetralogie bekannt – Krimis aus der Römerzeit, gemeinsam verfasst mit Ilka Stitz unter dem Pseudonym Malachy Hyde. Nach diesem Erfolg entstand unter Hagemann & Stitz eine neue Serie, zuletzt erschien darin »Jung stirbt, wen die Götter lieben«. Schauplatz ist die Provinz Niedergermanien zur Zeit des römischen Kaisers Commodus. www.malachy-hyde.de und www.hagemann-stitz.de.

Uta-Maria Heim, 1963 in Schramberg (Schwarzwald) geboren, lebt als Hörspieldramaturgin und Autorin in Baden-Baden. Sie schrieb zahlreiche Features, Hörspiele und Erzählungen und veröffentlichte neben Beiträgen in Anthologien und literarischen Zeitschriften 25 Bücher, davon 15 Kriminalromane wie »Dreckskind«, »Totschweigen«, »Das Rattenprinzip«, »Wespennest« und zuletzt »Totenkuss« (2010). »Wespennest« erreichte Platz 7 der KrimiWelt-Bestenliste von ARTE. Auszeichnungen u. a.: zweimal Deutscher Krimi Preis, Förderpreis Literatur des Kunstpreises Berlin, Studienaufenthalt der Villa Massimo in Olevano Romano, Friedrich-Glauser-Preis für den besten Kriminalroman, Krimipreis der Stadt Singen.

Silvija Hinzmann, geboren 1956 in Kroatien, ist Übersetzerin und Dolmetscherin und hat so auch mit realen Kriminalfällen zu tun. Sie ist Autorin zahlreicher Kurzkrimis, Mitautorin des Kriminalromans »Die Farbe des Himmels« (mit Britt Reißmann, Emons 2005) sowie Herausgeberin zahlreicher Anthologien. Zuletzt erschienen die Sammlungen »Bis zum letzten Tropfen« (gemeinsam mit Martina Fiess, Emons 2010) und »Herrgotts Bescheißerle« (Ariadne, 2011).
www.silvija-hinzmann.de

Thomas Kastura, geboren 1966, lebt in Bamberg und arbeitet unter anderem als Autor für den Bayerischen Rundfunk. Er veröffentlichte zahlreiche Erzählungen, Jugendbücher und Kriminalromane. »Der vierte Mörder« (Verlag Droemer Knaur) hat sich Platz 1 auf der ARTE KrimiWelt-Bestenliste erobert. Zuletzt erschien 2010 »Das geheime Kind«, der dritte Band in der Reihe um Kommissar Klemens Raupach.
www.thomaskastura.de

Amelie Kirsch, geboren 1976, ist Online-Redakteurin und passionierte Antiquitäten-Sammlerin. Nach einigen Jahren in Witshire (Großbritannien) und Lehraufträgen rund um den Globus zog sie mit ihrer Familie nach Hamburg ins schöne Schanzenviertel. Immer dabei: ein gutes Buch, das MacBook und Musik von den Dresden Dolls.

Regine Kölpin, geboren 1964 in Oberhausen (NRW), lebt seit ihrer Kindheit in Friesland. Sie hat einige Preise und Auszeichnungen erhalten, zuletzt das »Krimistipendium Tatort Töwerland« (2010). Für Kinder und Jugendliche schreibt sie unter ihrem Mädchennamen Regine Fiedler. Regine Kölpin leitet seit Jahren fortlaufende Schreibwerkstätten für Kinder und Jugendliche sowie in der Erwachsenenbildung. www.regine-koelpin.de

Beatrix Kramlovsky, geboren 1954 in Österreich, vehemente Europäerin im Weinviertel, Schriftstellerin und bildende Künstlerin mit den Lebensthemen: Aus- und Abgrenzungen, gewaltsamer Tod. Als Literaturvermittlerin in vielen Ländern tätig. Mehrere Literaturpreise und Kunststipendien. Zahlreiche (Krimi-)Kurzgeschichten, viele davon in mehrere Sprachen übersetzt, zwei Kriminalromane, Erzählungen und Belletristik, die sich mit dem Begriff der Heimat beschäftigt. Letzte Krimikurzgeschichte: »Auferstehung« in »Gemischter Satz« (Hrg. Sabina Naber, Echomedia Wien 2010). Zuletzt veröffentlichte Einzelpublikation: »Die Erde trägt ein Kleid aus Worten«, Europa Verlag Zürich 2010. www.kramlovsky.at

Ralf Kramp, geboren 1963, lebt in der Vulkaneifel. Für seinen Debütroman »Tief unterm Laub« erhielt er den Eifel-Literatur-Förderpreis. Seither erschienen zahlreiche weitere Kriminalromane. Mit Vorliebe widmet er sich aber auch der kleinen Form und verfasst schwarzhumorige Kriminalgeschichten. Seit 1998 veranstaltet er unter dem Titel »Blutspur« Krimiwochenenden in der Eifel, bei denen Krimifans ihr angelesenes »Fachwissen« bei einer Live-Mördersuche in die Tat umsetzen können. Im Jahr 2002 erhielt er den Kulturpreis des Kreises Euskirchen, 2010 die »Herzogenrather Handschelle«. Mit seiner Ehefrau Monika leitet er in Hillesheim »Das Kriminalhaus«, mit dem »Deutschen Krimi-Archiv« mit 26.000 Büchern und Deutschlands erstem Krimi-Café, dem »Café Sherlock«.

Kramp nutzt jede Sitzung, um sich literarisch fortzubilden, der Tagespresse zu widmen oder knifflige Sudokus zu lösen.

Barbara Krohn, geboren 1957 in Hamburg, studierte Germanistik und Italianistik und arbeitet seitdem als freie Schriftstellerin, literarische Übersetzerin und Dozentin für Kreatives Schreiben. Ihr erster Kriminalroman »Der Tote unter der Piazza« (1998) war ebenso wie »Weg vom Fenster« (1999) für den Friedrich-Glauser-Preis nominiert. 2002 folgte »Rosas Rückkehr«, vom ZDF unter dem Titel »Der Tote am Strand« verfilmt. Nach weiteren Buchveröffentlichungen erschien 2008 »Die achte Todsünde«, der dritte Teil der Neapelkrimiserie um Commissario Gentilini und die Hamburger Journalistin Sonja Zorn, sowie zuletzt im Herbst 2010 »Alltagsrettung«, 54 poetische Texte zum Überleben im Alltag. www.barbara-krohn.de

Tatjana Kruse, Jahrgangsgewächs aus süddeutscher Hanglage mit Migrationshintergrund (Vater Schweizer, Mutter Friesin), ist Vielfahrerin und kennt so ziemlich jede Toilette der Deutschen Bahn. Sie legt in diesem Zusammenhang Wert auf die Feststellung, dass sie über eine vorzügliche Blasenkontrolle verfügt. Seit dem Jahr 2000 schreibt sie Kriminalromane, u. a. die »Kommissar Seifferheld«-Reihe bei Droemer Knaur. Bei KBV erschien ihr krimineller Sammelband »Klappe zu, Gatte tot«. www.tatjanakruse.de

Paul Lascaux schreibt kulinarische Krimis, denn jedem Besuch auf dem stillen Örtchen geht die gepflegte Nahrungsaufnahme voran. Seine Romane »Gnadenbrot« (2010), »Feuerwasser« (2009), »Wursthimmel« und »Salztränen« (2008)

sind im Gmeiner-Verlag erschienen. Der Autor lebt in der Schweiz. www.literatur.li

Judith Merchant wurde in Bonn geboren und unterrichtet an der dortigen Universität. Für ihre Kurzkrimis wurde sie bereits mit dem Friedrich-Glauser-Preis und dem Krefelder Krimipreis ausgezeichnet. Ihr erster Kriminalroman »Nibelungenmord« erscheint im Frühjahr 2011 bei Knaur.

Urszula Michalowska wurde in Ketrzyn geboren und lebt in Hamburg als Übersetzerin und Journalistin. Sie schreibt Gedichte und Kurzgeschichten. 2010 wurde ihr gemeinsam mit ihrem Co-Autor Gunter Gerlach der Astroart-Literaturpreis auf der Sternwarte Bergedorf in Hamburg verliehen.

Susanne Mischke hat mehr als ein Dutzend Romane veröffentlicht, vorwiegend Kriminalromane (»Mordskind«, »Die Eisheilige) sowie vier Jugendkrimis (»Nixenjagd«, »Zickenjagd«). Dazu kommt eine große Anzahl von Kurzgeschichten. Mit dem Roman »Der Tote vom Maschsee« begann ihre erfolgreiche Hannover-Krimiserie um den kauzigen Kommissar Bodo Völxen und seine Schafe. Nach »Tod an der Leine« erschien im Herbst 2010 der dritte Band dieser Serie mit dem Titel »Totenfeuer«. www.susannemischke.de

Elke Pistor, 1967 in der Nordeifel geboren und dort aufgewachsen. Nach dem Studium der Pädagogik und Betriebspsychologie arbeitet sie in der Erwachsenenbildung und leitet Schreibworkshops. Seit sie 2007 das Schreiben für sich entdeckt hat, erschienen etliche Kurzgeschichten und Kurzkrimis, der Eifelkrimi »Gemünder Blut« und der Mysterythriller »Das Portal«. Sie ist Mitglied bei den *Mörderischen Schwestern* und im *Syndikat*. Elke Pistor lebt heute mit ihrer Familie in Köln. www.elke-pistor.de

Petra Plaum, Jahrgang 1972, hat mit »Vaters letztes Geschäft« eine nicht ganz unautobiographische Story geschrieben. Wie dem Opfer, so fiel ihrer eigenen kleinen Schwester während einer Sitzung ein Fensterflügel auf den Hinterkopf. Die damals Sechsjährige überlebte den Handwerkerpfusch leicht verletzt – ihre siebenjährige Schwester machte es sich seit damals zur Angewohnheit, auf dem stillen Örtchen Ideen für Geschichten zu entwickeln. Die Folgen: Petra Plaum wurde Journalistin. Und schaute beim Hausbau den Handwerkern genau auf die Finger.

Jutta Profijt war Exportmanagerin, Übersetzerin und Unternehmerin, bevor sie 2006 das Schreiben zum Beruf machte. Ihr Krimi »Kühlfach 4« wurde für den Friedrich-Glauser-Preis 2010 nominiert. Bisher erschienen sieben Kriminalromane und ein heiterer Roman aus ihrer Feder, einige auch als eBook und Hörbuch. Mehr unter www.juttaprofijt.de.

Britt Reißmann, Jahrgang 1963, arbeitet bei der Mordkommission Stuttgart und ist Autorin der Krimiserie um die Ermittlerin Thea Engel und einer Vielzahl von Kurzkrimis. Ihr Roman »Der Traum vom Tod« wurde 2009 mit dem DeLiA-Literaturpreis ausgezeichnet. Sie lebt mit ihrer Familie in Stuttgart, liebt Krimis und hasst französische Stehtoiletten. www.britt-reissmann.de

Claudia Rossbacher, geboren in Wien, suchte aufgrund einer Windelallergie schon sehr früh das Örtchen auf. Später bereiste sie als Model, Texterin und Kreativdirektorin Toiletten von Paris bis Tokio. Seit 2006 brütet sie als freie Autorin meist am eigenen WC in Wien Kriminalromane und Kurzkrimis aus. www.claudia-rossbacher.com

Jobst Schlennstedt hat auf der Suche nach dem perfekten Örtchen schon so manchen Umzug hinter sich gebracht. Der Ostwestfale studierte Geographie in Bayreuth und lebt heute in Lübeck. Dort spielt auch seine Krimireihe um Kommissar Birger Andresen. Doch auch an anderen Örtchen findet Jobst Schlennstedt kriminellen Gefallen, jüngst erst in Westfalen (Emons Verlag) und Bayreuth (Piper Verlag).
www.jobst-schlennstedt.de

Anna Schneider wurde 1966 in einem kleinen Örtchen im Oberbergischen Land geboren. Nachdem sie lange bei einer Bank arbeitete, beging sie 2008 ihr erstes literarisches Mördchen und gewann damit prompt den Women's-edition-Kurzgeschichtenpreis. Seitdem schreibt die Autorin Krimis für kurze – und derzeit auch für wirklich lange Sitzungen. www.schneideranna.com

Stefan Slupetzky, Jahrgang 1962, lebt als Schriftsteller in seiner Geburtsstadt Wien. Er verfasst Romane, Bühnenstücke, Kurzgeschichten und Liedtexte. Seine Kriminalromane um den Ermittler Leopold Wallisch, genannt »Lemming«, finden sich auf der KrimiWelt-Bestenliste und sind mehrfach ausgezeichnet: Friedrich-Glauser-Preis, Burgdorfer Krimipreis, Radio-Bremen-Krimipreis, Leo-Perutz-Preis … Dem stillen Örtchen hat Slupetzky übrigens auch als Illustrator des Kinderbuchs »Geschichten vom Klöchen« ein Denkmal gesetzt. www.stefanslupetzky.at

Klaus Stickelbroeck, geboren 1963, wohnt in Kerken am Niederrhein und arbeitet als Polizist in Düsseldorf. Sein erster Kurzkrimi erschien im Jahr 2000. Heute ist der Autor in zahlreichen Anthologien vertreten. »Fieses Foul«, sein erster Kriminalroman um den coolen Privatdetektiv und ehemaligen Fußball-Profi Hartmann, erschien 2007. Es folgten in dieser Reihe »Kalte Blicke« (2008) und »Fischfutter« (2010), alle im Verlag KBV. www.klausstickelbroeck.de

Ilka Stitz, geboren 1960, studierte Kunstgeschichte, Germanistik und klassische Archäologie und absolvierte eine Ausbildung zur Journalistin für Presse- und Öffentlichkeitsarbeit. Derzeit arbeitet sie als freie Journalistin und Autorin in Köln. Gemeinsam mit Karola Hagemann hat sie, auch unter dem Pseudonym Malachy Hyde, zahlreiche historische Romane veröffentlicht. Zuletzt erschienen »Das Geheimnis des Mithras-Tempels« und »Jung stirbt, wen die Götter lieben«. 2010 veröffentlichte Ilka Stitz mit »Wer Fortuna trotzt« den ersten Roman, den sie im Alleingang geschrieben hat. www.ilkastitz.de und www.hagemann-stitz.de

Regula Venske, geboren 1955, Dr. phil., lebt als freie Schriftstellerin in Hamburg und »gehört zu Deutschlands ungewöhnlichsten Krimiautoren, deren Romane großen Unterhaltungswert besitzen« (Literaturmarkt.info). Sie wurde u. a. mit dem Oldenburger Jugendbuchpreis und dem Deutschen Krimipreis ausgezeichnet. Zuletzt erschienen »Der Bajazzo« und »Ein allzu leichter Tod« im Suhrkamp Verlag. www.regulavenske.de

Tatjana Kruse
KLAPPE ZU, GATTE TOT

Taschenbuch, 237 Seiten
ISBN 978-3-940077-82-0
9,50 EURO

Wer sagt denn, dass Mord eine todernste Sache sein muss?
Alles im Leben birgt Komik, auch der Tod. Und alles im Leben
lässt sich heiter angehen, sogar ein Auftrags- und vor allem ein
Rachemord.

Hier beißen nicht nur Ehemänner unfreiwillig ins Gras, auch
kurpfuschende Schönheitschirurgen, prahlende Arbeitskolle-
gen, grobmotorische Stripper und Männer, die zufällig das fal-
sche Aftershave verwendeten, müssen gezwungenermaßen ins
Licht am Ende des Tunnels gehen. Mit einer ordentlichen Por-
tion schwarzem Humor werden sie vom Leben zum Tode ver-
bracht. Wobei es mitnichten männerfeindlich zugeht: hie und
da stirbt auch eine hochnäsige Cousine oder eine Grande Dame
des deutschen TV-Talks.

Gelegentlich werden auch nur die Schlafzimmertresore abfin-
dungssatter Ex-Banker geknackt, völlig leichenlos und unblu-
tig. Kurzum, die ganze Bandbreite des fiktiven Verbrechens
wird in diesem Sammelband augenzwinkernd serviert.

»*Tatjana Kruse ist der Ladykracher unter den deutschen Kri-
mi-Comedians.*« *(FOCUS)*

»*Tatjana Kruse bietet ein Höchstmaß an Süffisanz, Tempo
und Pointen.*« *(Wiesbadener Kurier)*

Sandra Lüpkes (Hg.)
**WER TÖTETE
FISCHERS FRITZ?**

Taschenbuch, 215 Seiten
ISBN 978-3-940077-28-8
9,50 EURO

»Blaukraut bleibt Blaukraut und Brautkleid bleibt Brautkleid.«
»Zahme Ziegen ziehen zehn Zentner Zucker zum Zoo.« »Der
Whiskymixer mixt Whisky an der Whiskymixbar.«
Diese Sammlung von köstlichen Kriminalgeschichten gibt bisher sinnlosen Sätzen endlich ein literarisches Zuhause: Zwanzig Zungenbrecher - bislang nur wegen ihrer Buchstabenkonstellation relevante Wortspiele - haben nun endlich einen tieferen Sinn bekommen und erleben jeweils in einem spannenden Kurzkrimi ihren großen Auftritt.
Angestiftet von Sandra Lüpkes haben zwanzig prominente deutsche Krimiautorinnen und -autoren ihrer mörderischen Phantasie freien Lauf gelassen. Mit diabolischer Lust haben Jürgen Kehrer, Regula Venske, Sabina Naber, Ralf Kramp, Angela Esser, Jürgen und Marita Alberts, Jürgen Ehlers, Tatjana Kruse, Marcel Feige, Peter Gerdes, Gunter Gerlach, Nina George und andere sich die vertrackten Wortspielchen zur Brust genommen und haben ihre Lieblingszungenbrecher in ihren kleinen kriminellen Kabinettstückchen verarbeitet. Herausgekommen ist eine vergnüglich verhaspelte, genial gestammelte Krimianthologie.

»... tolle Grundidee, ... clever und spannend umgesetzt ... - echte Zungen(ver)brecher mal erfrischend anders.« (media-mania.de)

KRIMINALROMAN

KBV

Wolfgang Kemmer (Hg.)
**IN KÜRZE
VERSTORBEN**

Taschenbuch, 239 Seiten
ISBN 978-3-940077-42-4
8,90 EURO

Das blüht ihnen allen, den armen Opfern. Es rafft sie gleich reihenweise dahin, denn zwanzig ruchlose Krimiautoren haben die Messer gewetzt, die Pistole geladen, das Giftfläschchen entkorkt. Sie sind preisgekrönt und vielgelesen, und neben ihren Romanveröffentlichungen frönen sie auch von Zeit zu Zeit der kurzen, knappen Form.

Der Herausgeber Wolfgang Kemmer hat mit feinem Gespür für's Besondere Texte von Thomas Kastura, Carsten Sebastian Henn, H.P. Karr, Sandra Lüpkes, Jürgen Kehrer, Anne Chaplet, Jürgen Ehlers, Jan Zweyer, Friederike Schmöe, Frauke Schuster, Alfred Bekker, F.G. Klimmek, Anne Grießer, Martin Schüller, Eva Karnofsky, Christoph Güsken, Richard Lifka, Martin Spiegelberg, Michaela Küpper und Ralf Ströcker zu einer bemerkenswerten Sammlung zusammengefasst.

»Fazit: Große Namen, gute Geschichten, solide garantierte Unterhaltung für ein paar entspannte Lesestunden.« (www.krimi-forum.net)

»In zwanzig brillanten Kurzgeschichten beweist die crème de la crime Deutschlands, dass sie durchaus Ihr mörderisches Handwerk versteht.« (Literatur-Report)

KBV KRIMINALROMAN

Ralf Kramp
**VOLL INS
SCHWARZE**

Taschenbuch, 248 Seiten
ISBN 978-3-940077-95-0
9,50 EURO

Der »Meister des Schwarzen Humors« zieht in diesen einundzwanzig bitterbösen Storys wieder alle Register seines Könnens. Diesmal mordet der Eifeler Autor nicht nur vor der Haustür, im »Wilden Westen Deutschlands«: Die blutige Spur führt den Leser zum Kaffeebüdchen nach Köln, mit dem Navigationssystem und dem Regionalzug durchs mörderische Westfalen, zu blutigen Künstlern in die Pfalz, auf den schaurigen Trödelmarkt nach Wien, zu liebeshungrigen Frauen nach Pompeji und zu verschrobenen alten Weinbauern in die Champagne. Kramps Mörder sind weder coole Killer noch abgefeimte Auftragstäter, sie töten ungelenk und ungeübt, und das Glück ist ihnen selten hold. Mit seinen kleinen kriminellen Kostbarkeiten trifft Ralf Kramp wieder einmal voll ins Schwarze!

*»Angenehm kurzweilig und mit bitterbösen Wendungen gespickt,
präsentiert Ralf Kramp eine Auswahl von mörderischen Kurzgeschichten und trifft damit wirklich ›Voll ins Schwarze‹.«
(Media-Mania.de)*